天·地·人 한자삼국지

삶과지식
Life and Knowledge Publishing

천・지・인 한자삼국지

저자_ 이성균

초판 1쇄 인쇄_ 2012. 11. 08.
초판 1쇄 발행_ 2012. 11. 16.

발행처_ 삶과지식
발행인_ 김미화
편집_ Michelle Soyeon Lee(이소연)
디자인_ 다인디자인
표지 및 내지 삽화_ 소리글샘

등록번호_ 제2010-000048호
등록일자_ 2010. 8. 23.

서울특별시 강서구 내발산동 742 | 우편번호 157-931
전화_ 02)2667-7447
이메일_ dove0723@naver.com

값은 표지에 있습니다.
ISBN 978-89-967386-4-0 43710

天·地·人 한자삼국지

이성균 지음

얼마 전 어느 TV 방송에서 초등학교 3학년 정도로 보이는 어린 학생이 한문 급수 2급을 공부하는 것을 방영한 적이 있다.

얼핏 보니 한문 옥편에, 손이 많이 가는 사전 옆 부분이 약 1cm가량 닳아 없어진 것이 보였다. 대단하다는 생각이 들기보다는 어딘지 모르게 가슴을 억누르는 무언가가 있었다.

내 나이가 50을 넘겼지만, 한문 옥편이 저 정도로 닳아 없어진다는 것은 생각도 못할 노력이다. 어린 나이에 얼마나 많은 노력과 시간을 소요하였겠는가? 저렇게까지 한문이 필요하였을까? 다른 방법은 없을까?

기성세대의 한 사람으로서 어린 학생에게 공동의 책임을 느꼈다. 그래서 예전에 내가 공부했던 방법을 최대한 활용하여, 초등학생에서 중학생까지 힘들이지 않고 한문을 쉽게 배울 수 있도록 새로운 방법을 고안하였다.

한문을 학년에 맞게, 급수별로 필요한 만큼의 분량에 맞추어, 반복적인 학습 방법을 선택하여 공부할 수 있도록 하였다. 학생들이 이 책을 재미있게 보고, 재미있게 공부하여, 한문이 절대로 어렵지 않고 웃으며 대할 수 있는 학문이라는 것을 알았으면 좋겠다.

책을 보다가 내용이 재미없고 이해가 되지 않는 부분이 나오면, 읽은 곳까지만 1~2회 반복하여 공부하고 나머지는 1년도 좋고 2년도 좋고 쉬었다가 다시 해도 한문 공부는 늦지 않는다. 부디 한문이 재미없고 부담되는 공부라는 생각을 하지 않았으면 좋겠다.

이 책은 흥미 위주로 쓴 소설책이 아니다. 이 책은 지금까지의 암기 위주의 공부 방식에서 탈피하여 한문 공부를 재미있게 하려는 목적으로 만든 책이다. 따라서 일부 내용이 어렵더라도 한문 공부로 생각하고 매일 일정한 시간을 할애하여 '공부하는 방법' 대로만 꾸준하게 학습하면 좋은 결과를 얻을 것이다.

누구나 한문을 배우고 싶어 한다. 하지만 한문을 배우기가 쉽지 않은 것도 사실이다.

한문에 입문하는 사람들 대부분이 천자문이나 사자소학을 접하게 된다. 천자문은 4자 모음으로 구성된다. 天, 地, 玄, 黃. (하늘은 높아 검게 보이고 땅은 들판의 곡식이 익어 누렇고)

하지만 공부한 한자가 50자~100자 정도만 넘어도 뜻풀이가 잘 이해되지 않으며, 상용한자 1,800자 이외의 한자가 너무 많다는 것을 알게 된다.

사실 천자문의 천자 가운데 상용한자 1,800자에 들어가는 것은 780여 자뿐이며 나머지 210여 자는 실생활에서 쓰이는 정도가 너무 낮고 어렵다. 따라서 절반도 못 보고 한자를 포기하는 경우가 많다.

그다음으로 보는 것이 명심보감이다. 子 曰 어쩌고저쩌고. 무슨 말인지 어떻게 해석하는 것인지, 결국 기억에 남는 것은 '子 曰'뿐이다.

그다음 차례는 네 글자로 구성된 사자성어 집이다. 刻舟求劍(각주구검), 各自爲政(각자위정), 角者無齒(각자무치). 일단 외우기는 천자문이나 명심보감보다 쉽다. 하지만 글자마다 각(刻, 各, 角)이 실생활에서 어떻게 쓰이는지, 刻(각)이나 爲(위) 같은 한자를 어떻게 활용해야 하는지, 살아있는 공부라고 하기에는 부족하다.

'천 · 지 · 인 한자 삼국지'는 실생활의 단어로 구성하고 재미있는 소설책처럼 꾸며서 한자가 어렵다는 중압감을 줄였다. 모든 한자를 8급, 7급, 6급, 5급, 4.2급, 4급까지 급수에 맞추어 차례대로 구성하고 연속적으로 반복하여 최대한 쉽고 재미있게 만들었다.

한자는 300여 자의 상형문자와 그 상형문자가 합쳐서 만들어진 수많은 형성문자로 되어 있다. 이 책은 한자가 이야기의 소재로도 만들어질 수 있다는 것을 재미있게 보여준다. 부디 이 책으로 독자와 한자와의 인연이 재미있게 맺어졌으면 좋겠다.

참고 서적으로 '동아 백년 옥편'과 '민중 엣센스 국어사전'을 참고하였다. 또 중국어 발음표기는 정동필 선생님의 도움을 받았다.

| 공 · 부 · 하 · 는 · 방 · 법 |

어느 공부도 마찬가지지만, 특히 한문은 어렵게 배워서 쉽게 잊어버리는 공부라 하겠다. 따라서 매일 일정한 시간을 투자하여 꾸준히 공부하는 것이 최선이다.

한문 공부는 눈으로 보고, 입으로 외우며, 손으로 쓰면서 하는 어려운 공부다.

다행히 이 책 **'천 · 지 · 인 한자 삼국지'** 는 눈으로 보고, 입으로 읽기만 하면 쉽게 외울 수 있게 반복 암기기법으로 꾸몄다.

도표와 같이 공부 1일째에 5쪽에서 20쪽까지 읽었다면,

       2일째에는 다시 5쪽에서 23쪽까지 읽을 수 있고,

       3일째는 다시 5쪽에서 26쪽까지 읽을 수 있을 것이다.

       4일째는 한문을 읽기에 막힘이 없는 쪽부터 읽으면 된다.

       다시 말해(가정하여) 15쪽에서 30쪽까지 읽으면 되고,

       5일째는 19쪽에서 34쪽.

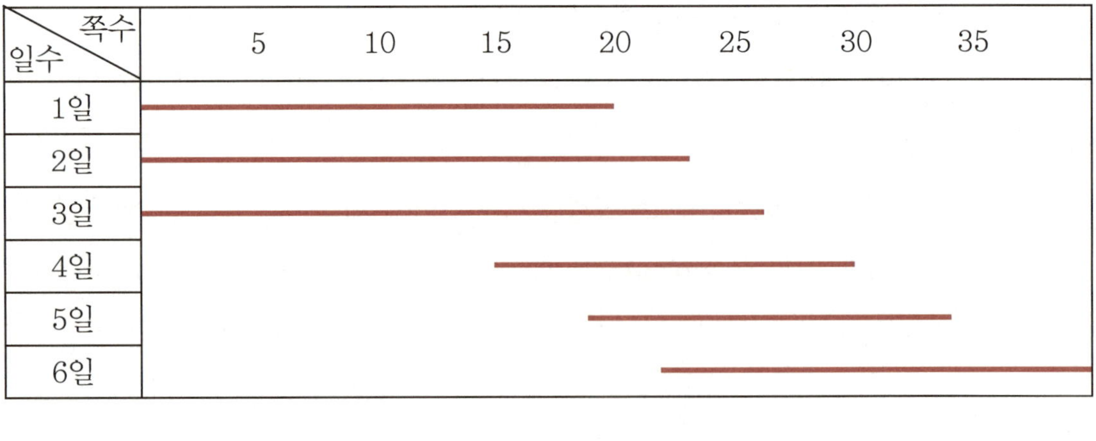

일수 \ 쪽수	5	10	15	20	25	30	35
1일							
2일							
3일							
4일							
5일							
6일							

이런 방법으로 읽으면 40여 일이면 이 책을 한 번 읽을 수 있다. 한 번 다 읽을 후에 다시 읽으면 두 번째는 3일에서 5일이면 읽을 수 있다.

　이러면 이 책에 나오는 1천여 자의 한자를 어느새 암기할 뿐만 아니라 쓸 수도 있을 것이다. 페이지마다 새로 나오는 한자도 굳이 외우려고 하지 말고 참고로만 하고 소설책을 보듯이 읽어라.

　다시 한 번 부탁하고 싶은 것은 하루도 빠짐없이 꾸준히 공부하여야 한다는 것이다. 이 책으로 좋은 결과를 얻기를 바란다.

※ 처음 나온 한자에서 사용하는 부호

　; 반대자 ➜ ㉠, 유의자 ➜ ㉢, 약자 ➜ ㉣

※ 새로 나온 한자 소개에서 급수 표시 옆의 발음은 중국어 발음을 한글로 표기했다.

※ 한자 아래에 있는 숫자는 한자가 처음 나온 쪽수다.

이쪽은 미리보기 쪽입니다

이 책을 재미있게 읽었다면 누구나 아래 내용 정도의 한자를 쉽게 읽고 쓸 수 있습니다.

또 첫음절 장음도 함께 공부할 수 있습니다.

戰:爭이란 한 人間의 욕심을 채우기 爲:하여 많은 家庭에 苦痛과 不幸을 주는 것이다.
35 97　　　　6. 22　　　　　　116　　　15. 61　36.146　21.47

外:國 貿:易商들은 各自의 배를 利:用하여 모두 가까운 人나라와 그들의 本國으로 避
15　7　194 94.66　37.25　　41　41　　　　　6　　　　46.7　　137

:身하였다.
34

外:國人 中에는 방금 炭:鑛에서 나온듯한 黑人도 있고 또 얼굴에 灰칠을 한듯한 白人도
15　7. 6　12　　88　　　　82.6　　　　　　　　8. 6

있고, 그 많은 外:國人들도 全部 避:身하였다.
15　7. 6　31.44 137 34

항상 複雜하였던 石洞橋 部落이 이처럼 閑散한 날은 마을이 생기고 처음이었다.
205.128　49.25.94 44.80　180.189

모든 百姓이 避:難을 마친 後:에 조세홍과 官員들도 '玉' 軍師의 作戰대로 모두 철수
19.23　137 114　26　　9. 81　174　6. 81　61.35

하니, 石洞橋 部落은 말 그대로 쥐죽은 듯 조용하였다.
49.25.94 44.80

한편, 天나라는 天帝의 출정 演:說이 끝나고 모든 軍士가 士氣도 드높게 地나라로 總:
34　34.167　138 71　　　　6. 43　43.24　　36　139

進:擊하였다.
118 195

그 數:가 拾萬 名의 大:軍에, 또 數:많은 補給 部隊까지 합쳐져 數:많은 軍旗를 휘날
19　176.9 18　9 6　19　181.103.44.132　19　6. 18

리고 창칼이 햇빛을 받아 번쩍였다.

누가 본다면 當場에 오금이 저려 주저앉게 될 程度로 氣勢가 대단하다.
74.24　　　　121.35　24.132

北山의 김태춘은 아침 햇살 사이로 數:많은 창검이 반짝이는 것을 보고 혹시 아침부
10. 9　　　　　19

터 헛것이 보이나하고 다시 보아도 天나라의 大:軍이 分明하다.
34　9 6　54.48

그동안 數:많은 싸움에서도 겁을 먹지 않았는데 저 大:軍을 보는 순간
19　　　　　9 6

鑛	쇠돌 광	4급/쾅
	金	23획
	㉤:鑛	
鑛脈(광맥) 광물의 줄기		
金鑛(금광) 금을 캐내는 광산		

灰	재 회	4급/후이
	火	6획
	뜻; 재, 활기를 잃다.	
灰色(회색) 잿빛	〈얻는 돌가루	
石灰(석회) 석회암을 태워 이산화탄소를 제거해서		

차례

둥~, 둥~, 두~ 웅.

둥~, 두~ 둥, 둥~.

천상의 새벽 공기를 깨뜨리는 파수 軍人의 북소리가 길고, 짧고, 크고, 작고,

사납고 요란하게 울려 퍼진다.

"문무백관은 아침 조당회의에 속히 참석하시오!"

"문무백관은 '月' 재상이 주관하는 조당회의에 전원 참석하시오!"

"긴급이요!"

오늘 천상국의 아침은 시끄럽게 시작되었다.

조당에서 어전회의가 열렸다.

용상에는 옥황상제가 힘들게 앉아있었고 문무백관이 나열하였다.

"'月' 재상, 오늘은 무슨 일로 긴급회의를 소집하였소? 콜록, 콜록."

"네, 다름이 아니라 근래에 상제님의 웃음소리도 끊어지고, 상제님께서 식사도 제대

로 못하시고 용안(얼굴)도 창백하시니 이것보다 큰일이 어디 있겠습니까?"

軍	군사 군 8급/쥔 車 필순 9획 뜻; 군사, 진을 치다
軍中(군중) 군대의 내부	
大軍(대군) 많은 군대	

人	사람 인 8급/런 人 2획 (사람이 서로 기대어 서있는 모양)
人民(인민) 평민, 백성	
人生(인생) 사람이 세상을 살아가는 일	

月	달 월 8급/쥔 月 9획 반;日(날 일)
月出(월출) 달이 떠오름	
月中(월중) 그달 동안	

“무슨 근심이 있으신지요?”

“음.”

아무 걱정도 없을 듯한 천상국에도 걱정이 있었으니, 王室에 자손이 귀할 뿐 아니라 상제님의 건강이 좋지 않았다.

이것이 모든 國民과 만조백관의 걱정이고 큰일이었으니 천상국의 아침이 조용하지 않는 것이 오히려 당연하였다.

“여러 대신은 내 말을 잘 들어 보아라.”

“靑色 빛이 도는 東쪽 바다 깊은 곳에서 나온다는 色이 검고, 줄기가 하나며, 잎이 넓은 식물이 있다는데 아는 자가 있느냐?”

“ …….” “ …….”

王	임금 왕 王 ㈜;帝(임금 제)	8급/왕 4획
	國王(국왕) 나라의 임금, 군주 王子(왕자) 임금의 아들	

室	집, 방 실 宀 뜻; 집, 건물, 방	8급/쓰 9획
	敎室(교실) 학교에서 수업을 하는 방 室外(실외) 학교의 밖	

國	나라 국 口 ㈜;国	8급/꾸어 11획
	國土(국토) 나라의 땅 國民(국민) 국가를 구성하는 사람	

民	백성 민 氏 ㈜;官(벼슬 관)	8급/민 5획
	民主(민주) 주권이 국민에게 있음 民生(민생) 일반 국민의 생활	

靑	푸를 청 靑 뜻; 푸르다, 고요하다	8급/청 8획
	靑春(청춘) 스무살 안팎의 젊은 나이 靑年(청년) 신체, 정신적으로 한창 무르익은 나이	

色	빛 색 色 뜻; 색, 갈래, 물이 들다	7급/서어 6획
	色色(색색) 여러 가지의 빛깔 天然色(천연색) 자연 그대로의 빛깔	

東	동녘 동 木 ㈜;西(서쪽 서)	8급/똥 8획
	東西(동서) 동쪽과 서쪽 東大門(동대문) 동쪽 방향의 대문	

"그 맛이 일품이라는데, 쩝……."

"어찌 상제님도 모르는 것을 신들이 알겠습니까?"

"아! 色은 검고, 국으로도 끓여 먹고, 나물처럼 무쳐도 먹고, 生으로도 쌈 싸먹고, 기
름에도 튀겨 먹고, 말려서 술안주로도 먹는다는데, 아는 자가 진정 없느냐?"

"쑥덕쑥덕." "쑥덕쑥덕."

"色이 검은 음식이면 자장면 아닌가?"

"무식한 사람! 자장면이 바다에서 나옵니까?"

"쑥덕쑥덕."

옥황상제님의 흰 얼굴이 더욱 白色으로 보인다.

이때 끝자리에 있던 '人'先生이 한 발 앞으로 나서며,

"상제님이 모르는 것을 신들이 어찌 알겠습니까? 이번 기회에 東쪽바다 용궁을 친선

방문하심이 어떠하신지요.

신도 바다를 보고 견문을 더 넓히면 후학들을 敎育하는 데 큰 도움이 되겠습니다."

生	날 생　　　　　　　　8급/썽 生　　　　　　　　　　5획 반;殺(죽일 살)
學生(학생) 학교에서 공부하는 사람	
生日(생일) 출생한 날	

白	흰 백　　　　　　　　8급/빠이 白　　　　　　　　　　5획 반;黑(검을 흑)
白水(백수) 맑은 물	
白軍(백군) 경기에서 편이 가를 때 백 쪽의 편	

先	먼저 선　　　　　　　8급/시엔 儿　　　　　　　　　　6획 반;後(뒤 후) 유;産(낳을 산)
先人(선인) 선친. 전대의 사람	
先大人(선대인) 돌아가신 남의 아버지를 높인 말	

敎	가르칠 교　　　　　　8급/쟈오 攴　　　　　　　　　　11획 반;學(배울 학) 유;訓(가르칠 훈)
敎外(교외) 과목 이외의 학과	
敎生(교생) '교육 실습생'의 준말	

育	기를 육　　　　　　　7급/위 肉　　　　　　　　　　12획 뜻; 기르다, 낳다, 맏아들
生育(생육) 낳아서 기름	
訓育(훈육) 품성이나 도덕 따위를 가르쳐 기름	

이 말에 상제님의 얼굴에 화색이 돌며

"오! 맞소, 맞소."

"그러면 이번 용궁 친선 방문의 모든 계획을 '人' 先生이 주관하여 주시오."

"예."

옥황상제가 다스리는 천상의 나라는 韓반도 東쪽에 있는 금강山의 내금강 안에 비밀
스러운 곳인, 선녀가 목욕하려 내려온다는 선녀탕 근처에서 하늘로 三萬 장을 오르면
나오는 곳으로, 항상 꽃이 피고 새가 울며, 탐스러운 과일과 곡식이 풍성하며,
나라를 다스리는 데도 음양과 五행에 따라 '月', '日' 두 재상이 훌륭히 정치하고,
왕국의 방비는 조금 무식하지만 아주 용감한 '大' 자 장군을 상장군으로 하고

韓	나라 한 / 韋 / 뜻; 나라 이름	8급/한 / 17획
	韓國(한국) 우리나라	
	韓中(한중) 한국과 중국	

山	메 산 / 山 / 반;江(강 강) 川(내 천)	8급/산 / 3획
	靑山(청산) 풀과 나무가 무성한 푸른 산	
	山中(산중) 산속	

三	석 삼 / 一 / 뜻; 셋, 거듭, 자주	8급/산 / 3획
	三·一절(삼일절) 3.1운동 기념일	
	三十(삼십) 숫자의 하나	

萬	일만 만 / ++ / 약;万	8급/완 / 13획
	萬國(만국) 세계의 모든 나라	
	萬民(만민) 모든 백성	

五	다섯 오 / 二 / 뜻; 다섯, 제위, 오행	8급/우 / 4획
	五日(오일)	
	八·一五(팔일오) 해방을 기념하는 날	

日	날 일 / 日 / 반;月(달 월)	8급/르 / 4획
	生日(생일) 출생한 날	
	日月(일월) 해와 달	

大	큰 대 / 大 / 반;小(작을 소) 유;巨(클 거) 偉(클 위)	8급/따 / 3획
	東西(동서) 동쪽과 서쪽	
	東大門(동대문) 동쪽 방향의 대문	

그 밑에 五명의 장군이 五행에 따라

'土' 大장군이 중앙 궁성과 상제님의 경호를 맡고

'木' 大장군이 東門 수문장에　　　　(木은 五행중 첫 번째로 봄, 東쪽을 나타냄)

'金' 大장군이 西門 수문장에　　　　(金은 五행중 가을, 西쪽)

'火' 大장군이 南門 수문장에　　　　(火는 여름, 南쪽)

'水' 大장군이 北門 수문장에　　　　(水는 겨울, 北쪽)

배치되어 있으니 정치, 군사, 경제가 모두 안정되고,

土 흙 토　8급/투
土　3획
유;地(땅 지)
土山(토산) 흙으로 쌓은 산
西土(서토) 서쪽 땅

木 나무 목　8급/무
木　4획
유;樹(나무 수)
土木(토목) 토목공사의 준말
生木(생목) 누이지 않은 본디 그대로의 무명

門 문 문　8급/먼
門　8획
뜻; 문, 집안, 일가, 대포의 수
門中(문중) 성과 본이 같은 가까운 집안
大門(대문) 큰 문

金 쇠·성 금　8급/진
金　8획
뜻; 쇠, 통화의 단위
金 先生(김 선생) 김씨 성의 선생
金山(금산) 금을 캐는 광산

西 서녘 서　8급/시
襾(덮을 아)
반;東(동녘 동)
西山(서산) 서쪽의 산
西大門(서대문) 서쪽 방향의 문

火 불 화　8급/후어
火　4획
뜻; 불, 타다, 급하다
火山(화산) 땅속 깊은 곳의 가스등이 분출하는 산
月火水(월화수) 요일의 일부

南 남녘 남　8급/난
十　9획
반;北(북녘 북)
南北(남북) 남쪽과 북쪽
南山(남산) 도성 남쪽에 있는 산

水 물 수　8급/쒜이
水　4획
뜻; 물, 평평하다
水門(수문) 저수지 등에서 수량을 조절하는 문
水生(수생) 물에서 나거나 삶

北 북녘 북. 달아날 배.　8급/빼이
匕(비수 비)　5획
반;南(남녘 남)
南北(남북) 남쪽과 북쪽
北反=背反(배반) 믿음과 의리를 져버리고 돌아섬

‘人’先生이 지도하는 천상의 학교에서는 예의범절 또한 어느 한 곳 흐트러짐이 없고
　6　8 8
모든 백성들은 서로가 四寸인듯 兄弟인듯 사이좋게 지내니 이곳이 바로 천국이며, 천
상국이라 불리는 곳이다.

‘人’先生은 용궁 방문을 준비하면서, 선물로 물속에서는 귀할 듯한 천도복숭아 나무
　6　8 8
와 불을 준비하는 등 바쁘게 하루를 보냈다.

늦은 시간에 학교로 돌아와 校長室에 들어가니, 그곳에 月 재상이 기다리고 있었다.
　　　　　　　　　　　　　　12　7　　　　　　　　　　　　　6
“‘月’ 재상이 이 늦은 시간에 무슨 일이십니까?”
　6
“아! ‘人’先生, 혹시 학교에 필요한 것이나 없나 하고 한번 와 봤습니다.”
　　　6　8 8
사실은 이번 용궁 방문에 ‘月’ 재상도 사절단에 끼고 싶은 것이었다.

“네, ‘月’ 재상의 보살핌으로 큰 어려움도 부족함도 없습니다.”
　6
“아! 그러시오. 사실은 이번 용궁 방문에 나도 함께 가면 여러모로 ‘人’先生에게 힘
　　　　　　　　　　　　　　　　　　　　　　　　　　　　　　6　8 8
이 되지 않겠나 하여 이렇게 온 것이요.”

四	넉 사	8급/쓰
	口	5획
	뜻; 넷, 사방	
四十(사십) 숫자 사십		
四書(사서) 유교의 경전인 논어, 맹자, 중용, 대학		

寸	마디 촌	8급/춘
	寸	3획
	뜻; 마디, 조금, 헤아리다	
八寸(팔촌) 아버지 육촌의 자녀와의 촌수		
三寸(삼촌) 아버지의 형제		

兄	맏 형	8급/쑝
	儿(어진사람 인)	5획
	반;弟(아우 제)	
長兄(장형) 맏형, 큰형		
大兄(대형) 고구려 때 오품관의 벼슬		

弟	아우/제자 제	8급/띠
	弓	7획
	반;兄(형 형)師(스승 사)	
母弟(모제) 어머님 형제		
女弟(여제) 누이동생		

長	길 장	8급/창
	長	8획
	반;弟(아우 제)	
長年(장년) 서른에서 마흔 안팎의 한창 활동할 나이		
長男(장남) 맏아들		

"예, 생각해 보겠습니다." 하고 헤어졌다.

學校 업무를 마치고 늦은 시간에 집에 오니, '日' 재상이 기다리고 있었다.

"'人' 先生 이번에 좋은 술이 생겨서 '人' 先生이 생각나 이렇게 찾아왔소."

"네……. 안 그래도 오늘 업무가 많아서 피곤하던 차에 잘 오셨습니다."

거나하게 한 순배 돌고 난 후

"'人' 先生 이번 용궁 방문에 재상도 한 명 정도는 가야 하지 않겠소?"

"네, 상제님과 한번 상의해 보겠습니다."

"이왕이면 내가 갈 수 있도록 힘 한번 써 보시오."

다음날 조당회의에서

"'人' 先生, 용궁 방문은 어떻게 진행이 되고 있소?"

"상제님, 사실은 이번 방문에 재상도 한 분 정도는 같이 갔으면……."

"무슨 말이요?"

"두 재상도 가고 싶어 하니 둘 中에 한 분 정도는……." 하고 '人' 先生이 말 꼬리를 흐렸다.

"'日', '月' 두 재상은 한 발 앞으로 나서시오."

學	배울 학	8급/쒸에
	子	16획
	⑫;教(가르칠 교) ⑩;学	
學生(학생) 학교에서 공부하는 사람		
女學生(여학생) 여자 학생		

校	학교 교	8급/샤오
	木	10획
	뜻; 학교, 본받다, 가르치다	
校長(교장) 학교장의 준말		
校外(교외) 학교의 밖		

中	가운데 중	8급/송
	ㅣ(뚫을 곤)	4획
	⑪;央(가운데 앙)	
中東(중동) 극동과 근동의 중간지역		
中年(중년) 청년과 노년 사이의 나이		

“예……” 두 재상은 속으로 좋아서 어쩔 줄을 몰랐다.

“두 재상은 잘 들으시오.

이번 용궁 친선 방문은 짐의 개인적인 이유도 있지만, 국가의 공식 행사고 공적인 일이라 부득이 자리를 비우는 것인데, 공들은 어디 산보를 가는 줄 아시오?

짐이 자리를 비우는 동안 두 재상이 합심하여 천상국을 안정되게 꾸려 갈 생각은 안 하고,

어찌, 짐이 편히 마음 놓고 용궁을 다녀오겠소? 에이……”

“小人들의 어리석음을 용서하여 주십시오.”
　　6

이때 궁궐 앞 신문고가 “둥~~ 둥~~ 둥~~” 하고 울렸다.

뒤이어 궁궐 수비대장인 ‘土’ 大장군이 노인 한 사람이 들어오며
　　　　　　　　10　9
“이 노인이 신문고를 울렸습니다.

신문고를 울린 이유를 상제님께 아뢰시오.”

“상제님께 말씀드립니다.

천상국의 모든 國民들은 상제님의 이번 용궁 방문을 진심으로 환영합니다.
　　　　7 7
우리 國民들은 용궁나라의 생활이나 사는 방법이 궁금하니, 용궁 방문에 천상국의 고급기술자들도 함께 간다면 용궁과의 기술교류로 상제님의 명성이 용궁까지 널리 알려질 것입니다.
　　7 7

또 천상국의 효자, 효부와 연로한 노인들을 데리고 간다면, 천상국의 모든 國民이 자손 대대로 상제님을 칭송하지 않겠습니까?
　　　　　　　　　　　　　　　　　　　　　7 7

小	작을 소	8급/샤오
	小	3획
	㉑;大(큰 대)	

小人(소인) 도량이 좁고 간사한 사람
小生(소생) 윗사람에게 자기를 낮추어 일컫던 말

그래서 이 말을 상제님께 알리고 싶은 마음에 신문고를 힘껏 울렸습니다.”

이에 상제님은

“노인은 들으시오! 신문고는 그런 일에 울리라는 것이 아니고 國民들이 어려운 사정

이 있을 때 치라는 것이오. 하지만 노인의 나이도 있고, 노인의 뜻도 훌륭하니 참고하

겠소. 앞으로는 함부로 신문고를 치지 마시오.”

“‘人’ 先生은 노인의 뜻도 살펴 참고하시오.”

‘人’ 先生은 상제님의 명을 받아 백성 中에서 각 분야의 최고 기술자와 효자, 효녀와

인품이 훌륭하다는 어른 몇 분과 마을 촌장이 가려 추천한 사람 등 총 九十 명을 뽑

아 놓고, 혹시 용궁에서 무슨 실수나 하지 않을까 걱정이 되어 간단한 敎育을 하는데

그中 한 명이

“‘人’ 先生, 이번 친선 방문은 상제님이 먹고 싶은 것을 구하는 것이 목적이라는데 무

슨 敎育이 필요합니까?”

이에 ‘人’ 先生의 얼굴이 노랗게 변하며

“꼭 저런 입빠른 소인배가 있다니깐, 저 사람을 이번 사절단에서 빼 버려라.”

그래서 민간사절단의 인원은 총 八九 명으로 확정되었다. 수행 책임자는 ‘人’ 先生 一

人으로 하고, 수행 장군은 군대의 최고 상급자인 ‘大’ 상장군과

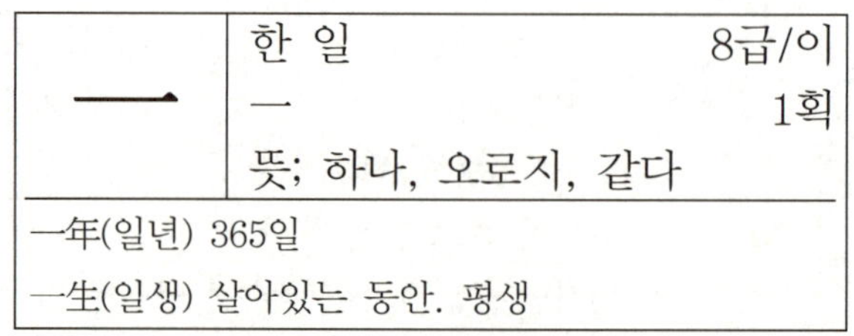

八	여덟 팔	8급/빠
	八	2획
	뜻; 여덟, 나누다	
八月(팔월) 1년 12달 중에 여덟 번째 달		
八寸(팔촌) 아버지 육촌의 자녀와의 촌수		

九	아홉 구	8급/지우
	乙	2획
	뜻; 아홉, 오래되다, 숫자의 끝	
九死一生(구사일생) 죽을 고비를 넘기고 겨우 삶		
九十月(구시월) 구월과 시월		

一	한 일	8급/이
	一	1획
	뜻; 하나, 오로지, 같다	
一年(일년) 365일		
一生(일생) 살아있는 동안. 평생		

궁성과 상제님의 호위 책임 장군인 '土' 大장군 二 人으로 하고, 호위군사는 六~七十 명 선에서 두 장군이 가려 뽑고, 國民 中에서 가려 고른 八十九 명과 함께 나서니 그 행렬이 검소하면서도 웅장하여 상제님의 출행에 조금도 손색이 없었다.

행렬이 外성을 나서자 천상국으로서는 수 年 만에 일어난 상제님의 외국나들이인지라 천상국 수 十萬 명의 國民이 환송하는데, 그 모습 또한 장관이었다.

그 中에는 어린 女子(자) 아기를 엎은 母女도 있고 방금 밭에서 일하다가 아들 손을 잡고 나온 父子(자)도 있고, 점잖은 家長들도 있었다.

二	두 이　　　　　　　　8급/얼
	二　　　　　　　　　　2획
	뜻; 둘, 나란히, 다음
二十(이십) 숫자 스물	
二年(이년) 햇수로 두 해	

六	여섯 육　　　　　　8급/리우
	八　　　　　　　　　　4획
	뜻; 여섯, 죽이다
六月(유월) 한해의 여섯 번째 달	
六寸(육촌) 여섯 치, 사촌의 자녀끼리의 촌수	

七	일곱 칠　　　　　　　8급/치
	一　　　　　　　　　　2획
	뜻; 일곱, 문체의 이름
七寸(칠촌) 일곱 치, 아버지의 육촌	
七十(칠십) 일흔	

十	열 십　　　　　　　　8급/쓰
	十　　　　　　　　　　2획
	뜻; 열, 전부
十中八九(십중팔구) 거의 대부분	
十日(십일) 열흘	

外	바깥 외　　　　　　8급/와이
	夕　　　　　　　　　　5획
	反;內(안 내)
外人(외인) 단체나 조직 밖의 사람	
外國(외국) 자국의 주권이 미치지 않는 다른 나라	

年	해. 나이 년　　　　8급/니엔
	干　　　　　　　　　　6획
	유;歲(해 세)
學年(학년) 1년간의 학습 과정의 단위	
年中(연중) 한 해 동안	

女	계집 녀　　　　　　　8급/뉘
	女　　　　　　　　　　3획
	反;男(사내 남)
女軍(여군) 군인으로 복무하는 여자	
女人(여인) 성인이 된 여자	

母	어미 모　　　　　　　8급/모
	母　　　　　　　　　　5획
	反;父(아비 부)
母國(모국) 외국에 있는 사람이 자국을 말할 때	
生母(생모) 자기를 낳은 어머니	

父	아버지 부　　　　　8급/푸우
	父　　　　　　　　　　4획
	反;母(어미 모)
父王(부왕) 아버지인 임금	
父女(부녀) 아버지와 딸	

家	집 가　　　　　　　7급/지아
	宀　　　　　　　　　10획
	유;屋(집 옥)宅(집 택)
家長(가장) 집안의 어른	
國家(국가) 통치권을 갖고 있는 나라	

천상의 상제님이 미역을 먹으러 지상에서 3만 장이나 먼 하늘에서 용궁으로 행차하였는데 과연 미역을 먹고 올 수 있을까요?

동해 바다 속 용궁 나라에서 일어나는 '인' 선생의 활약이 기대됩니다.

* 음양 5행(천지조화 학설) *

'음양 5행' 이란 운세나 보는 학문이 아니라 중국 주나라 때의 경서로 공자의 사서삼경 가운데 하나인 주역의 한 학설이다.

오늘날에도 알아두면 한자 공부에 많은 도움이 된다.

천지 만물은 음과 양의 2기에 의해 생기기도 하고 없어지기도 하며. 성장하기도 하고 소멸하기도 한다. 5행 중 화, 목은 양이고, 금, 수는 음이며, 토는 그 중앙으로 본다.

위의 5대 장군도 5행의 방향을 기본으로 하였으니 재미있게 다시 봐도 좋겠습니다.

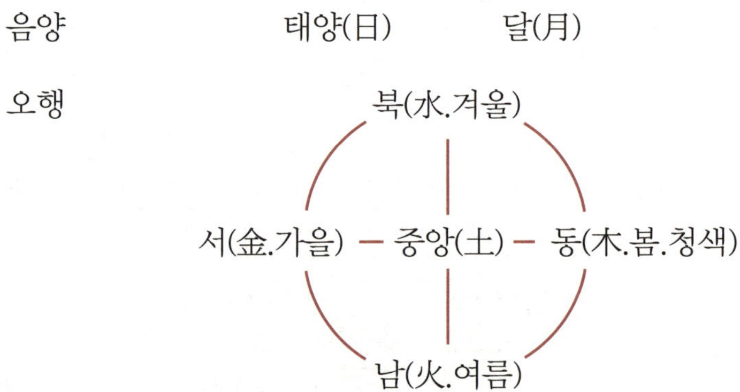

동쪽은 해가 뜨는 쪽으로 나무를 나타내며 청색이다.

남쪽은 따뜻한 곳이라 불을 나타내고 빨간색이다.

서쪽은 해가 질 때 하늘이 하얗기 때문에 백색이며 금을 나타낸다.

북쪽은 밤을 말하며 검은색이고 찬물을 나타낸다.

16

상제님 일행이 금강산 內금강에 도착하니 때는 春 三月이라 온 山川에 진달래, 개나
리 등 온갖 야생花가 피어있었다.

상제님이 말하기를

"오! 나는 상제로서 하늘나라에만 있었는데 지상의 세계도 무척이나 아름답구나. 이곳
이 무슨 山이냐?"

'人' 先生이 나서며 설명하는데

"예, 이곳은 금강山으로 특히 경치가 빼어나다는 내금강이며 江도 일품입니다.

지상은 春, 夏, 秋, 冬 四계절이 뚜렷하며, 이곳은 봄에는 금강山, 여름에는 봉래山,

內	안 내	7급/네이
	入	4획
	반;外(바깥 외)	
邑內(읍내) 읍의 안		
內外(내외) 안과 밖		

春	봄 춘	7급/춘
	日	9획
	반;秋(가을 추)	
春秋(춘추) 봄과 가을		
春氣(춘기) 봄날의 화창한 기운		

川	내 천	7급/촨
	川	3획
	유;河(물 하)	
山川(산천) 산과 내		
川平(천평) 평야를 흐르는 내의 모양		

花	꽃 화	7급/화
	++ (부수)	8획
	뜻; 꽃, 피다, 흐려지다	
花草(화초) 꽃이 피는 풀과 나무		
花木(화목) 꽃나무		

江	강 강	7급/지앙
	氵(水)	6획
	반;山(뫼 산)	
江山(강산) 강과 산		
江村(강촌) 강가의 마을		

夏	여름 하	7급/샤인
	夊	10획
	반;冬(겨울 동)	
立夏(입하) 24절기의 7번째		
夏海(하해) 여름 바다		

秋	가을 추	7급/치우
	禾	9획
	반;춘(봄 춘)	
秋夕(추석) 우리나라 명절의 하나, 중추절		
立秋(입추) 24절기 중 13번째		

冬	겨울 동	7급/뚱
	冫	5획
	반;夏(여름 하)	
冬天(동천) 겨울하늘		
立冬(입동) 24절기 중 19번째		

가을에는 풍악山, 겨울에는 개골山이라 하며 名山 中의 名山입니다.

"음 그래, 어서 가자구나."

상제님의 心中에는 오직 검은 음식만 있는 듯하였다.

금강山을 나와 東으로 十여 리를 가니 천지가 훤해지며 사방이 뻥 뚫린 東海 바다가 보였다. 언제 연락을 받았는지 용궁의 영접대가 萬國旗를 휘날리며, 북을 치고 장구를 치며, 대단한 환영 준비를 하고 있었다.

그中 한 명이 前方으로 나서며

"東海 문어 上장군이 아뢰오. 옥황상제님, 우리 東海 용궁 나라를 방문하여 주시어 용왕님께서 대단한 영광으로 생각하고 있으며, 小人 문어 上장군도 접객 사절단이 된 것을 무한한 영광으로 생각합니다."

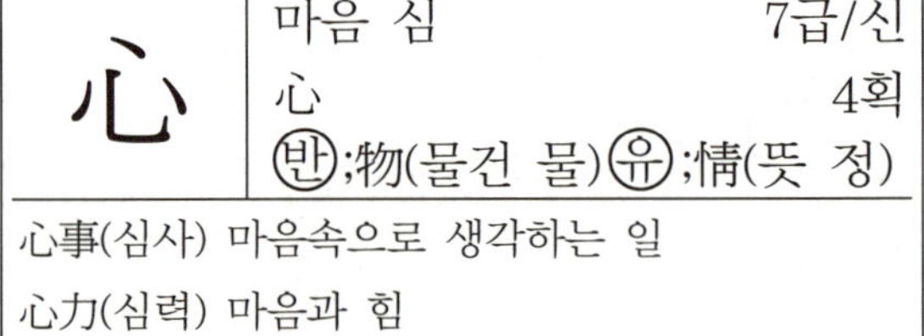

名	이름 명 / 口 / 뜻; 이름, 외관, 글자	7급/밍 / 6획	心	마음 심 / 心 / 반;物(물건 물) 유;情(뜻 정)	7급/신 / 4획
	人名(인명) 사람의 이름			心事(심사) 마음속으로 생각하는 일	
	名物(명물) 어떤 지방의 유명한 사물			心力(심력) 마음과 힘	

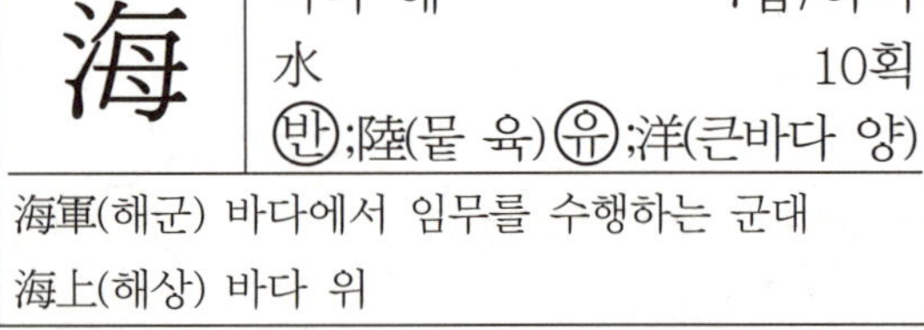

海	바다 해 / 水 / 반;陸(뭍 육) 유;洋(큰바다 양)	7급/하이 / 10획	旗	기 기 / 方 / 뜻; 기, 표, 표지, 덮다	7급/치 / 14획
	海軍(해군) 바다에서 임무를 수행하는 군대			軍旗(군기) 군의 단위부대를 상징하는 기	
	海上(해상) 바다 위			國旗(국기) 한 나라의 표지로 정한 기	

前	앞 전 / 刀 / 반;後(뒤 후)	7급/치엔 / 9획	方	모 방 / 方 / 반;圓(둥글 원)	7급/팡 / 4획
	生前(생전) 살아있는 동안			東方(동방) 동쪽	
	前記(전기) 앞에 기록함			方面(방면) 어떤 장소나 지역이 있는 방향	

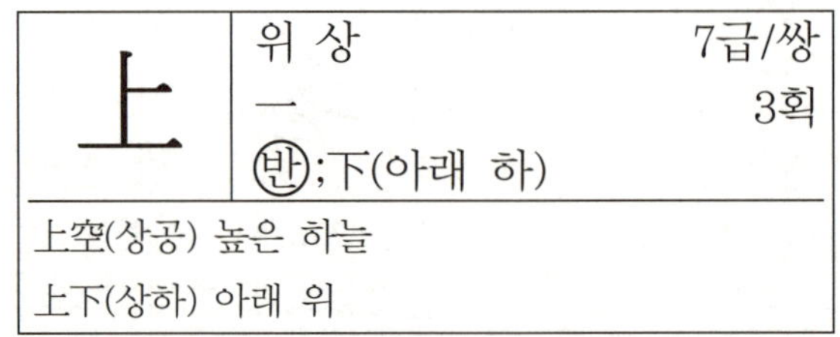

上	위 상 / 一 / 반;下(아래 하)	7급/쌍 / 3획
	上空(상공) 높은 하늘	
	上下(상하) 아래 위	

문어 上장군의 행색을 자세히 보니 머리가 둥근 보름달처럼 둥글고, 머리털은 하나도 없고, 手足은 어느 것이 손이고 어느 것이 발인지 구분이 되지 않는 것이 八 개나 되는데, 다리마다 둥근 단추로 있는 멋, 없는 멋을 다 내고 있었다.

그런 문어 上장군이 앞에 서서 나아가니 머리가 햇빛을 받아 번쩍이는 것이 아무리 멀리 떨어져도 길을 잃지는 않을 것 같았다.

문어 上장군이 앞에 서고, 상제님은 車(수레)를 타고 그 뒤를 따라가는데, 바닷물이 스르르 양옆으로 열리고 용궁 나라로 들어가는 道路(로)가 곧게 뻗은 것이 안으로 들어가면 들어갈수록 신기하다. 바다속에는 큰 나무가 보이지 않는 대신 수많은 해초가 물결에 흔들리고, 크고 작은 고기가 數百 數千씩 무리지어 가는 것이 장관이었다.

手	손 수	7급/쑈우
	手	4획
	반;足(발 족)	

手旗(수기) 손에 쥐는 작은 기
手記(수기) 자기의 생활이나 체험 따위를 쓴 기록

足	발 족	7급/주
	足	7획
	반;手(손 수)	

不足(부족) 필요한 양이나 기준에 미치지 못함
手足(수족) 손과 발

車	수레 거.차	7급/처
	車	7획
	뜻; 수레, 도르래, 성씨	

車道(차도) 차가 다니도록 규정한 도로의 구획
車馬(거마) 수레와 말

道	길 도	7급/따오
	⻌	13획
	유;街(거리 가)路(길 로)	

道立(도립) 시설 따위를 도에서 세워 운영함
道內(도내) 한 도의 구역 안

數	셈 수	7급/슈
	攵	15획
	약;数	

數量(수량) 수효와 분량
數學(수학) 수량 및 공간 도형 등을 배우는 학문

百	일백 백	7급/빠이
	白	6획
	뜻; 일백, 모든, 힘쓰다	

百萬(백만) 만의 백 곱절 되는 수
百方(백방) 여러 방향 또는 방면

千	일천 천	7급/치엔
	十	3획
	뜻; 일천, 많다, 꼭 반듯이	

千字文(천자문) 중국 양나라의 주흥사가 쓴 천자책
千萬(천만) 만의 천 배

용궁 入口에는 늙은 고기, 젊은 고기 할 것 없이 두 줄로 나열해 환영하고, 용궁에서는 東海 용왕을 비롯한 용궁 나라의 문무백관이 반갑게 맞이하며
7. 18

"상제님, 먼 길을 오시느라 고생하셨습니다."

상제님은 용왕님을 만나 천상에서 갖고 온 천도복숭아 나무와 불을 선물하니, 용왕님은 기뻐 어찌할 줄 모르며 용왕님도 答하여 선물을 내어 놓았는데 그것은 종이(紙)였다.

"이 종이는 바다 속 제일의 工人이 바다진주를 갈아 만든 종이로 보다시피 종이 色이
6   7
형형色色으로 빛나는 종이입니다."
7

용왕님은 종이 자랑을 마치고

"여봐라! 이 나무를 용궁 뒤뜰에 잘 심어 놓아라. 그리고 오늘 四月 一日을 植木日로
11. 6   14. 9   10. 9
지정하고 休日로 정하라! 불도 잘 보관하고……."
9

入	들 입	7급/루
	入	2획
	㉫;出(날 출)	
入場(입장) 극장 경기장등 장내로 들어감		
入門(입문) 학문의 길로 처음 들어섬		

口	입 구	7급/코우
	口	3획
	㉬;舌(혀 설)	
口氣(구기) 입에서 나오는 기운		
口算(구산) 가축의 머리수에 따라 세금을 계산함		

答	대답할 답	7급/다
	竹	12획
	㉫;問(물을 문)	
名答(명답) 질문에 꼭 맞는 답		
直答(직답) 즉답. 직접 대답함		

紙	종이 지	7급/즈
	糸	10획
	뜻; 종이, 종이의 세는 단위	
全紙(전지) 신문 따위의 한 면 전체		
紙面(지면) 종이의 겉면		

工	장인 공	7급/꽁
	工	3획
	뜻; 장인, 일, 벼슬아치	
工業(공업) 원료를 가공하는 등의 산업		
工場(공장) 새로운 재료로 물건 등을 만드는 장소		

植	심을 식	7급/쯔
	木	12획
	뜻; 심다, 기둥, 재목, 서다	
植物(식물) 생물을 동물과 둘로 구분한 것의 하나		
植字(식자) 활판인쇄의 일중의 하나		

休	쉴 휴	7급/시우
	人	6획
	㉬;息(쉴 식)	
休校(휴교) 학교의 수업과 업무를 한동안 쉼		
休紙(휴지) 못 쓰게 된 종이		

"상제님, 우리 용궁의 예법은 귀한 손님이 오면 十日간 잔치를 베푸니 어려워 말고 즐겁게 지내면서 편히 쉬었다 가십시오."

식탁에는 바다에서 나오는 온갖 산해진미와 不老長生주가 나왔는데 하루가 가고 이틀이 지나도 검은 色의 음식이 보이지 않았다. 옥황상제는 체면상 누구에게 물어볼 수도 없고, 구해오라고도 할 수도 없고.

한편, '人' 先生은 이곳 용궁에 와서도 일복이 많아 하루도 편히 쉬지 못하고 용궁의 여러 재상과 관료들과 회의도 하며, 한편으로는 천상국 工人과 용궁 기술자의 기술교류를 위하여 다리를 놓고, 천상國 國民들의 안전과 관광을 돕는 등으로 정신없이 하루하루를 보내고 있었다.

용궁의 재상과 관료들도 천상의 문물과 행정 제도 등을 열심히 배우려 하고 용궁의 제도도 정성껏 가르쳐 주며, 서로 재미있어하는데,

천상의 하늘이 끝도 없이 높고 넓다는 말에 용궁의 재상과 관료들이 이해가 가지 않는 듯이

"이 세상에 끝이 없는 것도 있소? 나는 용궁의 재상이지만 용궁의 물 끝까지는 가 보지는 않았지만, 다른 사람들은 끝까지 갔다 와서 그 끝을 글로 써 놓은 것도 많이 보았는데 천상의 하늘이 끝이 없다는 말이 사실이요?"

반은 믿는 듯, 반은 못 믿는 듯. 신기한 듯 재미있어하고…….

용궁의 기술자와 천상의 工人들도 서로의 기술을 신기한 듯 재미있게 배우고, 서로 본인들이 알고 있는 기술을 하나라도 더 가르쳐 주려고 하고, 배우려 하였다.

不	아닐 불. 부 7급/뿌 一 3획 뜻; 아니다, 못하다, 마라
不平(불평) 마음에 들지 않아 못마땅하게 생각함 不答(부답) 답하지 아니함	

老	늙을 로 7급/라오 老 6획 (반);少(젊을 소)
老人(노인) 나이가 많이 든 늙은 사람 老母(노모) 늙은 어머니	

천상과 물속의 거리인지라 평상시에는 나만의 비법이다, 우리 집안의 묘법이다, 하며 수제자에게도 안 가르쳐 주던 기술들도 時間이 아까운 듯 밤잠을 안 자며 서로 배우고 가르치니 이런 것이 바로 兄弟國이요, 동맹국이라 할 수 있겠다.
11.11.17

'人'先生도 용궁 學校의 敎育 방법과 제도를 열심히 배우고, 어린 물고기들이 줄지어 등하교하고 인사도 철저히 하는 것을 보았다. 용궁도 천상처럼 學校 敎育을 빈틈없이 잘 하니, 용궁의 앞날이 크게 빛날 것으로 생각하였다.

나머지 효부, 효녀와 다른 사람들도 용궁의 文物과 풍속이 신기하여 재미있게 구경하고, 가족들에게 줄 선물도 사고, 용궁의 맛있는 음식도 먹어보고, 천상의 음식도 직접 만들어 용궁 住民과 나누어 먹으며, 재미있는 놀이도 배우고 즐기며, 천상國의 재미있는 놀이도 용궁 住民들과 함께하고 마냥 까르르, 호호, 時間 가는 줄도 모르고 百年지기 인 양 해가 저무는 줄 모르고 하루하루를 즐겁게 보냈다.

용궁의 재상들과 國民들도 부지런한 '人'先生을 보고 사람이 모이는 곳마다 '人'先生을 칭찬하는 이야기가 꽃을 피웠다.

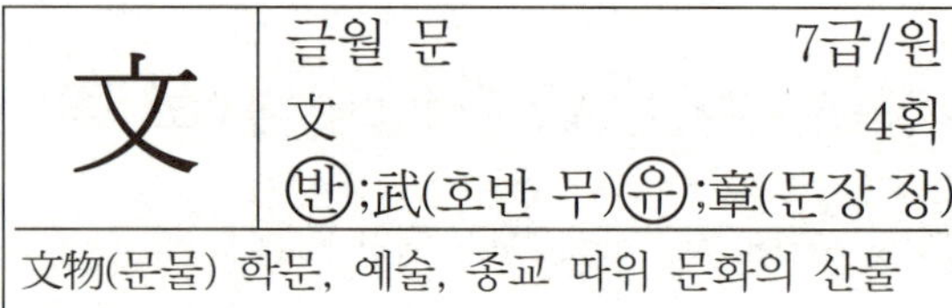

時	때 시 / 7급/스 · 日 / 10획 · 뜻; 때, 세월, 좋다, 연대
	日時(일시) 날과 때, 날짜와 시간 時事(시사) 그 당시에 생긴 여러 가지 세상 일

間	사이 간 / 7급/지엔 · 門 / 12획 · 뜻; 사이, 이간하다
	間食(간식) 끼니와 끼니 사이에 먹는 음식 間日(간일) 하루씩 거름

文	글월 문 / 7급/원 · 文 / 4획 · 반;武(호반 무) 유;章(문장 장)
	文物(문물) 학문, 예술, 종교 따위 문화의 산물 名文(명문) 뛰어나게 잘 지은 글

物	물건 물 / 7급/우 · 牛 / 8획 · 반;心(마음 심) 유;件(물건 물)
	物色(물색) 물건의 빛깔 萬物;만물 세상에 있는 모든 물건

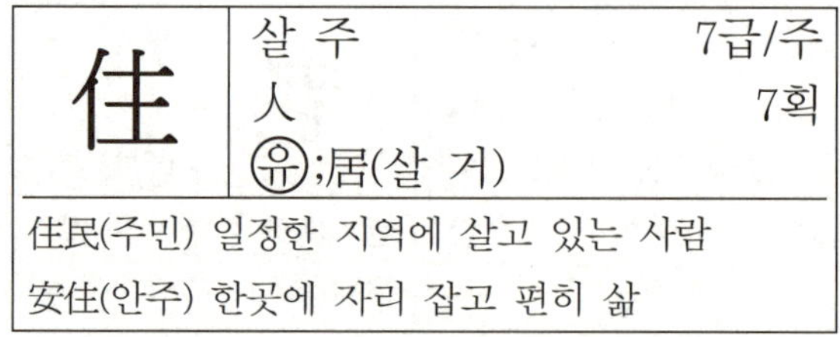

住	살 주 / 7급/주 · 人 / 7획 · 유;居(살 거)
	住民(주민) 일정한 지역에 살고 있는 사람 安住(안주) 한곳에 자리 잡고 편히 삶

한편, 며칠을 무료하게 보낸 '大'자 上장군

때는 해가 저물어가는 저녁 무렵이라 석양은 아름답고, 하는 일 없이 時間을 보내자

니 심심하던 차에 手足도 근질근질하고 갑갑하였다.

아직 夕食이 나오기는 이른 때라 용궁 이곳저곳을 할 일 없이 거니는데, 성곽을 순찰

하는 한 장군이 눈에 들어왔다.

'야! 저 장군 힘깨나 쓰겠는데. 심심한데 힘자랑이나 해볼까?'

"여보시오! 거기 가는 장군! 서로 통 姓名이나 합시다."

다가오는 그 장수는 생김새도 우람하였다.

다리의 숫자를 세어(算)보니 무섭게 생긴 앞다리가 二 개요, 뒷다리가 八 개요, 아주

두꺼운 갑옷을 입고 있었다.

"날 불렀소?"

"예, 나는 천상國의 '大'자 上장군이요, 上장군. 으흠!

장군도 힘깨나 쓰게 생겼소."

본인의 자랑인지, 용궁의 장군을 칭찬하는 것인지 구분이 묘한 이 말에

"장군 話中지골이라고 말 속에 뼈가 있소. 나로 말할 것 같으면 東海의 명장 대게 大

장군이오.

夕	저녁 석	7급/시
	夕	3획
	(반):朝(아침 조)	
秋夕(추석) 우리나라 명절의 하나, 한가위		
夕日(석일) 석양		

姓	성 성	7급/성
	女	8획
	뜻; 성, 아들, 백성, 겨레	
姓名(성명) 성과 이름		
同姓(동성) 같은 성		

算	셈 산	7급/쏸
	竹	14획
	(유);計(셀 계)	
算出(산출) 계산하여 냄		
算數(산수) 산술, 기초적인 셈법		

話	말씀 화	7급/화
	言	13획
	(유);談(말씀 담)	
手話(수화) 농아들이 손짓으로 하는 말		
小話(소화) 짤막한 이야기		

물론 나보다 머리가 좋은 문어 上장군이 있지만, 아마 힘으로는 내가 바다 제일의 力
士(사)일 것이오. 내 소문은 西海바다의 꽃게도 안답니다. 으 하하하하!"

"대단하십니다. 그럼 우리 심심한데 바다 대표와 하늘 대표로 팔씨름이나 한판 할까요?"

"좋소! 내가 물러설 수 없지요."

이 말에 '大'자 上장군의 얼굴에 生氣가 돌며

"저쪽 넓은 場所로 옮깁시다."

대게 장군도 힘자랑하고 싶은 마음에 덩달아 신이 났다.

"저기 가시는 老人 어른! 우리 팔씨름 하는데 심판 좀 봐 주시오."

주위에 구경꾼들이 하나 둘씩 모이는데, 農事를 짓다 온 男子도 있고, 늙은이도 있고,

力	힘 력　　　　　7급/리 力　　　　　　　2획 뜻; 힘, 심하다, 애쓰다
	力學(역학) 물리학의 한 분과 力道(역도) 인상, 용상 두 종목이 있음, 역기

氣	기운 기　　　　　7급/치 气　　　　　　　10획 ⒜;気
	氣色(기색) 감정의 작용으로 얼굴에 나타나는 색 生氣(생기) 활발하게 생생한 기운

場	마당 장　　　　　7급/창 土　　　　　　　12획 뜻; 마당, 신사, 시장
	市場(시장) 여러 가지 상품을 사고파는 곳 工場(공장) 기계를 설치하고 가공품을 만드는 곳

所	바 소　　　　　7급/소오 戶　　　　　　　8획 ⒰;處(곳 처)
	住所(주소) 생활의 본거인 장소 所有(소유) 가지고 있음 또는 가지고 있는 물건

農	농사 농　　　　　7급/농 辰　　　　　　　13획 뜻; 농사, 농부, 전답, 두텁다
	農土(농토) 농사짓는데 쓰는 땅 農夫(농부) 농사를 업으로 하는 사람

事	일 사　　　　　7급/쓰 亅　　　　　　　8획 ⒰;務(힘쓸 무)
	事物(사물) 일과 물건 事前(사전) 일이 있기 전

男	사내 남　　　　　7급/난 田　　　　　　　7획 ⒫;女(계집 녀)妹(누이 매)
	男女(남녀) 남자와 여자 美男(미남) 미남자의 준말, 얼굴이 잘 생긴 남자

어린 少年도 있고, 시끌벅적하게 구경꾼들이 모이니 洞口 밖 市場에 다녀오던 有夫女,
유부남도 무슨 구경거리라도 있나 하여 다 모였다.

'大' 자 上장군은 은근히 겁이 나는지라

"대게 장군, 누가 지더라도 후회는 없기요. 뒤 책임은 못 집니다."

이 말에 기가 죽을 대게 장군이 아니었다.

"하하하! 걱정일랑 하들들 마시오."

가운데에 심판으로 村老가 서고

빙 둘러 용궁 나라의 많은 인파가 팔씨름장 주위에 다 모였다.

대게 장군은 응원군도 많고 하니 自信 만만하였다.

少	적을, 젊을 소　　7급/사오 小　　　　　　　4획 (반);多(많을 다)老(늙을 로)	洞	골 동/밝을 통　　7급/똥 氵　　　　　　　9획 (유);里(마을 리)
	少數(소수) 적은 수효 少女(소녀) 아직 완전히 성숙하지 않은 여자 아이		洞長(동장) 동사무소의 우두머리 洞察(통찰) 전체를 환하게 내다 봄

市	저자 시　　　　7급/쓰 巾　　　　　　5획 뜻; 저자, 시가, 장사	有	있을 유　　　7급/요우 月(肉)　　　　6획 (반);無(없을 무)
	市民(시민) 시에 살고 있는 사람 市內(시내) 시의 구역의 안, 도시의 안		有名(유명) 이름이 널리 알려져 있음 有力(유력) 가능성이 많음

夫	지아비 부　　　7급/푸우 大　　　　　　4획 (반);婦(아내 부)	自	스스로 자　　　7급/즈 自　　　　　　6획 (반);他(남 타)
	夫人(부인) 남의 아내의 높임말 村夫(촌부) 시골에 사는 남자		自力(자력) 자기 혼자의 힘 自立(자립) 자기 혼자의 힘

信	믿을 신　　　　6급/신 人　　　　　　9획 뜻; 믿다, 진실, 따르다	村	마을 촌　　　　7급/춘 木　　　　　　8획 (유);里(마을 리)
	信用(신용) 사람이나 사물이 틀림없다고 믿어 의심 信物(신물) 신령스럽고 기묘한 물건　〈하지 않음		村長(촌장) 한 마을의 우두머리 村民(촌민) 시골에 사는 사람

양쪽으로 右 편은 대게 장군이 左 편은 '大'자 上장군이 앉아 있는데 그 모습이 山이
마주 보는 듯하였다.

"자! 양 선수는 팔을 잡으시오.

내가 하나 둘 셋하고 數字를 세면 시작하는 것이요."

"하~나, 두~울, 셋!"

"얍!", "얍!"

우지끈! 뚝!

어찌 이런 일이, 대게 장군은 힘 한번 제대로 써보지도 못하고 앞다리가 뚝 부러져 버
렸다. 다리가 九 개가 되고 말았다.

한편, '土' 大장군은 午後 한가한 時間에 용궁 住民들이 사는 형편도 볼 겸, 이 집, 저
집을 기웃기웃하다가 어느덧 뒷산 정상 언덕까지 登山 아닌 登山을 하게 되었다.

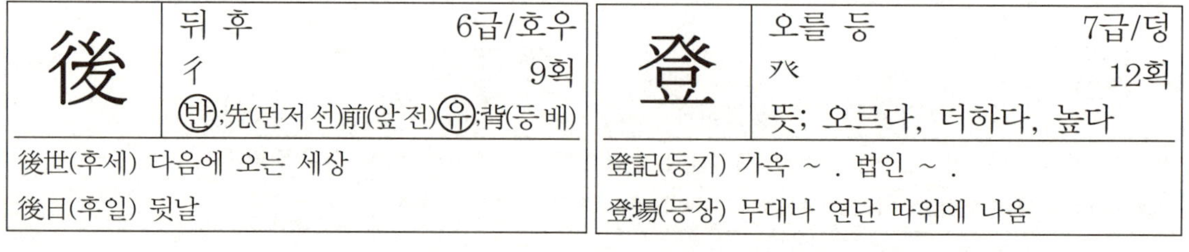

右	오른쪽 우	7급/우
	口	5획
	반;左(왼 좌)	
右族(우족) 세력이 있고 훌륭한 가문		
右地(우지) 서쪽의 땅		

左	왼 좌	7급/주오
	工	5획
	반;右(오른쪽 우)	
左手(좌수) 왼손		
左右間(좌우간) 이렇든 저렇든 간에		

字	글자 자	7급/즈
	子	6획
	뜻; 글자, 기르다, 사랑하다	
漢字(한자) 중국의 글자		
數字(숫자) 수를 나타내는 글자		

午	낮 오	7급/우
	十	4획
	뜻; 일곱 번째 지지, 어기다	
正午(정오) 낮 열두 시		
午天(오천) 정오와 같은 말		

後	뒤 후	6급/호우
	彳	9획
	반;先(먼저 선)前(앞 전)유;背(등 배)	
後世(후세) 다음에 오는 세상		
後日(후일) 뒷날		

登	오를 등	7급/덩
	癶	12획
	뜻; 오르다, 더하다, 높다	
登記(등기) 가옥 ~ . 법인 ~ .		
登場(등장) 무대나 연단 따위에 나옴		

뒷산은 草木이 우거진 것이 고향 천상國을 생각나게 하였다. 풀밭에 앉아 이 생각 저 생

각, 고향생각을 하며 쉬고 있었다. 休日인데도 더 좋은 휴식처가 있는지 아무도 없었다.

그때 무엇이 저쪽 山林 속에서 나오는데 그 動物이 딱 '土' 大장군의 마음을 사로잡

았다.

'土' 大장군의 생김새가 본래 어깨보다 엉덩이가 큰지라, 마땅한 의자도 방석도 없었
(土는 윗 획보다 아래 획이 길다.)
는데 숲속에서 나오는 저놈은 모양이 딱 방석으로 타고 다니면 그만이겠다 싶었다.

숲에서 나온 놈은 다름 아닌 거북이였으니 '土' 大장군이 반할 수밖에. 그리하여 '土'

大장군이 그 거북이 등을 타고 놀았다. 거북이 등 위에 오르니 등짝이 平平하니 앉은

자세도 便安하고 기분이 좋아 노래 歌事가 저절로 나오고 時間이 가는지 世月이 가는

지…….

<table>
<tr><td>草</td><td>풀 초
艹
뜻; 풀, 초원, 원고, 거칠다</td><td>7급/차오
10획</td></tr>
<tr><td colspan="3">草地(초지) 풀이 나 있는 땅
草家(초가) 볏짚, 갈대 등으로 엮어 지붕을 인 집</td></tr>
</table>

<table>
<tr><td>林</td><td>수풀 림
木
뜻; 수풀, 같은 동아리</td><td>7급/린
8획</td></tr>
<tr><td colspan="3">林野(임야) 숲과 들
林立(임립) 숲의 나무처럼 빽빽하게 죽 늘어섬</td></tr>
</table>

<table>
<tr><td>動</td><td>움직일 동
力
(반);靜(고요할 정)</td><td>7급/똥
11획</td></tr>
<tr><td colspan="3">動力(동력) 어떤 일을 추진하고 발전시키는 힘
動天(동천) 하늘을 감동시킴</td></tr>
</table>

<table>
<tr><td>平</td><td>평평할 평
干
뜻; 평평하다, 다스리다, 바르다</td><td>7급/핑
5획</td></tr>
<tr><td colspan="3">平面(평면) 평평한 표면
平生(평생) 일생</td></tr>
</table>

<table>
<tr><td>便</td><td>편할 편//오줌 변
人
뜻; 편하다, 소식, 구분</td><td>7급/피엔
9획</td></tr>
<tr><td colspan="3">便門(편문) 드나들기 편한 곳에 낸문, 뒷문
便所(변소) 대소변을 보는 곳</td></tr>
</table>

<table>
<tr><td>歌</td><td>노래 가
欠
(유);謠(노래 요)</td><td>7급/끄어
14획</td></tr>
<tr><td colspan="3">歌手(가수) 노래 부르는 것을 직업으로 삼는 사람
校歌(교가) 전교 학생이 ~를 제창하다</td></tr>
</table>

<table>
<tr><td>安</td><td>편안할 안
宀
(반);危(위태할 위) (유);易(쉬울 이)</td><td>7급/안
6획</td></tr>
<tr><td colspan="3">安全(안전) 위험이나 사고가 날 염려가 없는 곳
安住(안주) 한곳에 자리 잡고 편히 삶</td></tr>
</table>

<table>
<tr><td>世</td><td>인간 세
一
뜻; 왕조, 때, 세상</td><td>7급/쓰
5획</td></tr>
<tr><td colspan="3">世間(세간) 세상
世子(세자) 왕세자의 준말</td></tr>
</table>

한편 상제님은 혼자 생각하기를, 아마도 검은 음식이 아주 맛있는 음식이라 마지막

날에나 나오려나 보다라고 생각하였다.

食事時間도 따로 없이, 밥 먹고 나면 술 나오고, 술 먹고 나면 과일 나오고…….
24.22.22
상제님과 용왕님은 벌써 며칠째 연회를 베풀고 있었다.

이때, 연회장 入口 쪽에서 급하게 다가오는 신하가 있었다.
20.20
"용왕님! 큰일 났습니다."

갑자기 주위 공기에서 重壓感(중압감)이 느껴졌다.

"상제님을 보좌하고 온 두 장군이,

한 장군은 대게 大장군의 팔을 부러뜨리고,
9
또 한 장군은 용왕님의 막내王子님 등을 타고 다닙니다."
7
이 말에 두 王은 순간 번개를 맞은 듯 온몸이 電氣가 흐르는 듯 정신이 번쩍 들었다.
9   24
同時에 용왕님과 상제님이
22

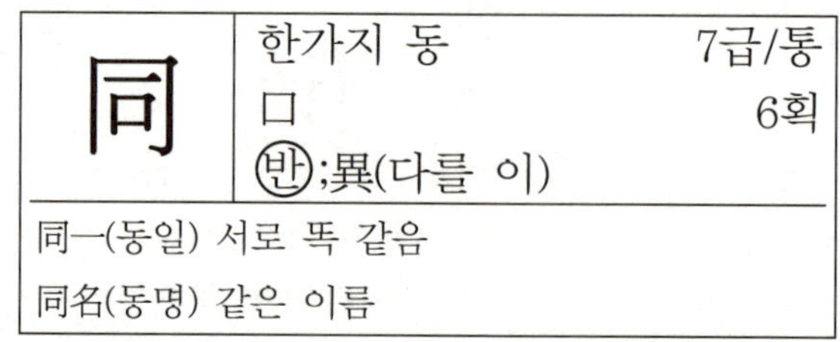

	밥 식	7급/쓰
食	食	9획
	뜻; 밥, 먹다, 마시다	

食道(식도) 목구멍에서 위까지 이르는 부분
大食(대식) 1.아침, 저녁의 끼니 2.음식을 많이 먹음

	무거울 중	7급/중
重	里	9획
	반;輕(가벼울 경) 유;厚(두터울 후)	

重力(중력) 만유인력과 지구의 원심력을 합한 힘
重大(중대) 매우 중요하여 가볍게 여길 수 없음

	아들 자	7급/즈
子	子	3획
	뜻; 아들, 맏아들, 자식	

長子(장자) 맏아들
母子(모자) 어머니와 아들

	번개 전	7급/띠엔
電	雨	13획
	뜻; 번개, 빠름, 전기	

電子(전자) 물질의 기본적 구성단위
電力(전력) 전기력의 준말

	한가지 동	7급/통
同	口	6획
	반;異(다를 이)	

同一(동일) 서로 똑 같음
同名(동명) 같은 이름

"두 놈을 당장 잡아들여라!" 하고 命이 떨어지기가 무섭게 두 장군이 거의 같은 時間
22.22

에 잡혀 들어와 무릎을 꿇었다.

상제님 立場이 몹시 난처해지며
24

"네 이놈들! 목숨이 몇 개나 되느냐?" 하고 물으니

'大'자 上장군은
9   18

"상제님, 저는 잘못이 없습니다. 분명히 대게 장군과 약속을 하고 증인까지 입회시킨

다음에 팔씨름을 하였고, 대게 장군이 그렇게 약할 줄은 미처 몰랐습니다."

"저놈이 죄를 고하지 않고 東問西答을 하는구나. 아이고!"
7   10.20

'土'大장군은 자신이 생각해도, 이번 일은 상제님과 용왕님께 큰 죄를 지었으니
10   9

"小人 '土' 장군 正直하게 고하겠습니다. 小人은 입이 十 개라도 드릴 말씀이 없습니
13.6   10   13.6   15

다. 두 분 大王의 처분만 바랄 뿐입니다. 죽여주십시오. 흑 흑 흑!"
9.7

상제님은 마음속으로 '아이고 저놈들 每事에 말썽만 부리고, 아이고 머리야.'
24

命	목숨 명 口 뜻; 목숨, 운수, 명령	7급/잉 8획
	天命(천명) 타고난 수명	
	生命(생명) 목숨	

立	설 립 立 뜻; 서다, 자리	7급/리 5획
	立地(입지) 동식물이 생육하는 장소의 환경	
	立冬(입동) 24절기의 열아홉 번째	

問	물을 문 口 (반);答(대답할 답)	7급/원 11획
	問答(문답) 물음과 대답	
	下問(하문) 윗사람이 아랫사람에게 물음	

正	바를 정 止 (반);誤(그르칠 오) (유);直(곧을 직)	7급/정 5획
	正答(정답) 옳은 답	
	正月(정월) 음력으로 한해의 첫째 달	

直	곧을 직 目 (반);曲(굽을 곡) (유);正(바를 정)	7급/즈 8획
	直前(직전) 일이 생기기 바로 전	
	直面(직면) 어떤 사물이나 일을 직접 당하거나 접함	

每	매양 매 毋 뜻; 때 마다, 아름답다	7급/메이 7획
	每日(매일) 그날그날	
	每年(매년) 해마다	

용왕님은 아무리 '土' 大장군이 죄를 인정하고 용서를 빌었다 하여도 귀여운 막내 王子를 타고 놀았다 하니 화가 삭여지지 않는지라, 상제 일행에게 즉시 돌아가라고 命하고 배웅도 하지 않았다.

옥황상제는 결국 미역도 먹어보지 못하고 용궁 나라를 나오는데 '人'先生 어디서 구했는지 미역 한 광주리를 가져왔다.

다시 下山 하였던 금강산으로 들어가서 천상國으로 돌아가는 길에

"'人'先生, 그 귀한 미역을 어떻게 구했소?"

"네, 용궁 나라를 出發하기 직전에 급히 구했습니다."

미역을 본 상제님의 얼굴에 活氣가 돌았다.

"지금까지 미역이 상에 오르지 않은 이유는 뭇 고기가 미역밭에서 大小便을 보는 까닭에 귀한 손님상에는 미역을 올리지 않는다고 합니다."

천상國에 도착한 상제님이 상과 벌을 주는데

下	아래 하	7급/샤인
	一	3획
	반;上(위 상) 유;降(내릴 강)	
下旗(하기) 깃발을 내림		
下問(하문) 윗사람이 아랫사람에게 물음		

出	날 출	7급/추
	凵	5획
	반;入(들 입)納(들일 납)	
出生(출생) 태아가 모체에서 태어남		
出動(출동) 일정한 목적을 실행하기 위해 떠남		

發	필 발	6급/파아
	癶	12획
	반;着(붙을 착) 약;発	
發生(발생) 어떤 일이나 사물이 생겨남		
發動(발동) 욕망이나 생각 따위가 일어남		

活	살 활	7급/루어
	氵	9획
	반;死(죽을 사)	
活力(활력) 살아 움직이는 힘		
生活(생활) 일정한 환경에서 활동하며 살아감		

便	오줌 변//편할 편	7급/피엔
	人	9획
27쪽 편과 같음		

"‘大’ 上장군과 ‘土’ 大장군은 지상으로 귀양을 보내고, ‘人’ 先生에게는 문교장관에

해당하는 全校長의 벼슬을 주어라. 그리고 이번 일을 사책에 자세히 記入하여 훗날

이런 일이 다시는 없도록 하여라.”

이때 ‘土’ 大장군이 상제님께 엎드려 간곡히 간청하기를

“小人에게는 늙은 어머님이 계시는데 어머님과 작별인사라도 한 然後에 귀양살이를

가게 하여 주십시오.”

“그리 하라.”

‘土’ 大장군은 그간 근무하였던 궁궐의 구석 空間까지도 둘러보며 기억하고, 퇴청하

여 마을 入口에 들어서니 ‘土’ 大장군 집 앞마당에는 마을 邑長을 비롯하여 里長 등

마을 어른들이 孝子 ‘土’ 大장군의 귀양을 같이 슬퍼하려고 마당 가득히 모여 있었다.

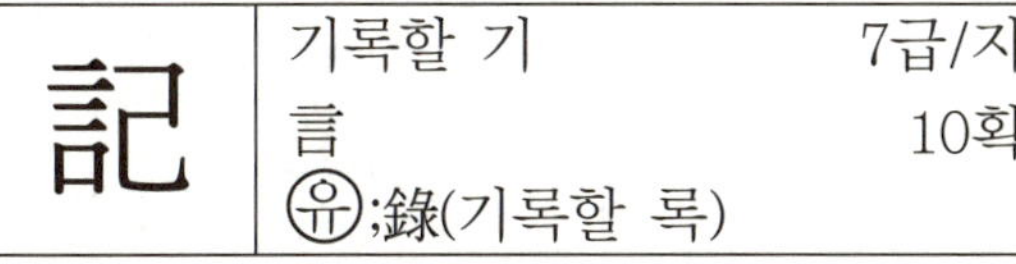

全	온전 전	7급/취엔
	入	6획
	뜻; 온전하다, 완전히	
全面(전면) 모든 면, 모든 부분		
全長(전장) 어떤 대상의 천체의 길이		

記	기록할 기	7급/지
	言	10획
	㉴;錄(기록할 록)	
上記(상기) 궁의 위나 앞쪽에 기록함		
記事(기사) 신문 잡지 등에서 어떤 사실을 알리는 글		

然	그럴 연	7급/란
	灬(火)	12획
	뜻; 그러하다, 이에, 즉	
自然(자연) 사람의 힘을 더하지 않은 천연의 존재		
天然色(천연색) 자연 그대로의 빛깔		

空	빌 공	7급/콩
	穴	8획
	㉴;虛(빌 허)	
空間(공간) 아무것도 없는 빈 곳		
空軍(공군) 항공기로 공격과 방어하는 군대		

邑	고을 읍	7급/이
	邑	7획
	뜻; 고을, 행정구역 이름	
邑內(읍내) 읍의 안		
邑里(읍리) 마을, 촌락		

里	마을 리	7급/리
	里	7획
	㉴;洞(고을 동)村(마을 촌)	
里門(이문) 마을 어귀에 세운 문		
里門(이문) 마을 어귀에 새운 문		

孝	효도 효	7급/샤오
	子	7획
	뜻; 효도, 맏자식	
孝道(효도) 부모를 정성껏 잘 섬기는 일		
孝心(효심) 효성스러운 마음		

'土' 大장군이 늙은 어머님 앞에 엎드려 대성통곡을 하는데

"아이고! 어머니, 저를 기르시느라 먹고 싶은 것 못 잡수시고, 입고 싶은 것도 못 입으시고, 저를 기르셨는데, 겨우 孝道를 할 수 있나 하였더니 不孝子가 못나서 지상으로 귀양살이를 가는 꼴을 보이게 되었으니, 面目이 없습니다. 來日이 될지, 來年이 될지는 모르겠으나 그간 몸 건강히 계십시오. 흑 흑 흑!"

이 말에 온 마을이 울음바다가 되었다.

祖上님의 제당에도 하직 人事를 드리고 지상으로 내려가는 方面으로 出發하였다.

面	낯 면 面 뜻; 낯, 겉, 눈앞	7급/미엔 9획
	面前(면전) 얼굴을 마주 대한 앞 方面(방면) 어떤 장소나 지역이 있는 방향	

目	눈 목 目 ㊠;眼(눈 안)	6급/무 5획
	目見(목견) 눈으로 봄 名目(명목) 겉으로 내세우는 이름	

來	올 래 人 ㊝;去(갈 거)往(갈 왕) ㊞;来	7급/라이 8획
	來年(내년) 올해의 다음 해 來世(내세) 다음 세상	

祖	할아비 조 示 ㊝;孫(손자 손)	7급/주 10획
	祖父(조부) 할아버지 先祖(선조) 먼 윗대의 조상	

드디어 제3장에서 우리가 기다리던 천·지·인의 세상이 열립니다.

천나라와 지나라의 건국도 궁금하지만, 오직 학식만 있는 인 선생의 지상 생활이 더 궁금해지는군요.

토 대장군
인 선생
옥동자
대 상장군

한편, '大' 上장군은 억울한 마음을 가슴에 가득 품고 궁을 나오며 마음속으로 다짐했다.

'내가 지상으로 내려가면 그곳에 王國을 하나 만들어 내가 王이 되어야지. 보아라. 천

상國보다 더 큰 王國을 만들 것이야.'

'大' 上장군은 王國을 세울 野心으로 黃金 들판이 펼쳐진 지상의 넓은 곳에 자리를

잡았다. 그리고 천상에서 미리 준비해 온 면류관(冖)을 쓰고(冖+大=天), 衣服도 갈아

입었다. 이제부터 여기가 天나라다. 나는 天王이다.

그때 지평線 저쪽에서 천지를 진동하며 달려가는 動物이 있었다. 생김새를 자세히 보니

身體는 건장하고, 목 부분의 갈기 털은 바람에 휘날려 사나움이 보이고(彡),

野	들 야　　　　　　6급/이에 里　　　　　　　　11획 (반);與(더불어 여)
林野(임야) 숲과 들 分野(분야) 여러 갈래로 나눈 각각의 범위	

黃	누를 황　　　　　　6급/황 黃　　　　　　　　12획 뜻; 누르다, 곡식, 황금
黃土(황토) 누르고 거무스름한 흙 黃毛(황모) 족제비 꼬리털	

衣	옷 의　　　　　　6급/이 衣　　　　　　　　6획 (유);服(옷 복)
衣食住(의식주) 인간 생활의 세 가지 기본요소 羽衣(우의) 선녀나 신선이 입었다고 함	

服	옷 복　　　　　　6급/푸 月　　　　　　　　8획 (유);衣(옷 의)
服用(복용) 약을 먹음 夏服(하복) 여름철에 입는 옷	

天	하늘 천　　　　　　7급/티엔 大　　　　　　　　4획 (반);地(땅 지)
天然(천연) 사람의 힘을 가하지 않은 상태 天命(천명) 타고난 수명	

線	줄 선　　　　　　6급/씨엔 糸　　　　　　　　15획 뜻; 줄, 실
線路(선로) 궤도차가 굴러가는 레일 길 有線(유선) 전선에 의한 통신 방법	

身	몸 신　　　　　　6급/선 身　　　　　　　　7획 (유);體(몸 체)肉(고기 육)
長身(장신) 키가 큰 몸 身上(신상) 개인에 관한 일이나 형편	

體	몸 체　　　　　　6급/티 骨　　　　　　　　23획 (유);身(몸 신)(약);体
體育(체육) 신체 발달을 촉진하는 운동 全體(전체) 어떤 대상의 모든 부분	

꼬리는 하늘로 치솟아 성질이 急해 보이고(ノ), 다리가 四 개(灬)라 强風을 일으키며 달
리는데 速度가 무척 빠르다. 저놈을 잡아타고 戰場터를 누비면 제격이겠다고 생각하여
天王이 잡으려고 하였지만, 얼마나 빠른지 天上國의 上장군이었던 天王이 따라잡기도
어려울 정도다. 三日 晝夜를 쫓아 겨우 잡았다.

잡은 다음에 열심히 길을 들여 갈기를 나란히 눕히고(手), 急한 성질의 氣가 담겨있는
꼬리는 두 번 다시 못 들도록 뒷다리 사이에 감아 버리니(ㅋ), 이런 놈(馬)이 되었다.

"휴! 야, 인마! 너를 잡아 길들이는데, 말도 하지 마라. 내가 죽는 줄 알았다. 인마. 너
에게 이름을 지어 주겠다."

" ……. " 무식한 天王이 부끄러운 듯 싱긋 웃으며,

急	급할 급 心 ㊀;危(위태할 위)	6급/지 9획
	急信(급신) 급한 일을 알리는 통신 火急(화급) 매우 급함	

涑	빠를 속 辶 뜻; 빠르다, 부르다, 삼가다	6급/슈 11획
	時速(시속) 시간당 평균 속도 急速(급속) 급하고 빠름	

度	법도 도/헤아릴 탁 广 뜻; 법도, 제도, 건너다	6급/뚜우 9획
	高度(고도) 해수면을 기준으로 한 상대 높이 度地(탁지) 토지를 측량함	

强	강할 강 弓 ㊀;弱(약할 약)	6급/치앙 11획
	强行(강행) 어려움을 무릅쓰고 행함 强者(강자) 힘이나 세력이 강한 사람이나 생물	

風	바람 풍 風 뜻; 바람, 빠르다, 관습	6급/펑 9획
	淸風(청풍) 부드럽고 맑게 부는 바람 風力(풍력) 바람의 세기	

戰	싸울 전 戈 ㊀;爭(다툴 쟁)鬪(싸울 투)㊂;戰	6급/잔 16획
	戰士(전사) 싸움을 하는 병사 力戰(역전) 힘을 다하여 싸움	

晝	낮 주 日 ㊀;野(밤 야)㊂;昼	6급/조우 11획
	晝行(주행) 낮에 활동함 ←→ 야행 晝間(주간) 낮 동안	

夜	밤 야 夕 ㊀;晝(낮 주)	6급/이에 8획
	夜食(야식) 밤에 음식을 먹음 또는 먹는 음식 夜學(야학) '야학교'의 준말	

“인마, 인마? 그래 그냥 ‘馬’라고 하자. 너의 이름에 관해서 더 이상 말하지 마. 말

마. 앞으로 내가 너의 主人이다.”

그러고 말에 올라타니 天王의 위엄이 더욱 돋보였다.

‘土’ 大장군은 어머님과 祖上님께 하직 人事를 正式으로 치르고, ‘土’ 大장군을 신임하

고 따르던 郡民들과도 작별 人事를 나누고 지상으로 내려갔는데, ‘土’ 大장군 스스로

생각해도 지은 죄가 너무 커서 죗값을 진심으로 치르려고 苦心 끝에 좋은 곳을 다 놓아

두고, 깊은 山 속으로 들어가 이끼(也)로 옷을 만들어 입으니 土 + 也 = 地가 되었다.

훗날 사람들은 이 山 속 나라를 ‘地’ 나라로 부르고 ‘土’ 大장군을 地王으로 부른다.

馬	말 마	5급/마
	馬	10획
	뜻; 말, 크다, 아지랑이	
馬車(마차) 말이 끄는 수레		
馬夫(마부) 말을 부려 마차를 모는 사람		

主	주인 주	7급/주
	丶	5획
	반;客(손객)從(쫓을종)유;君(임금군)	
主語(주어) 말의 주체가 되는 말		
主文(주문) 문장의 주되는 부분		

式	법 식	6급/쯔
	弋	6획
	뜻; 법, 본받다, 사용하다	
式場(식장) 식을 거행하는 장소		
書式(서식) 신고서 따위와 같은 일정한 법식		

郡	고을 군	6급/쮠
	阝(邑)	10획
	뜻; 고을, 관청	
郡內(군내) 고을 안		
郡界(군계) 군과 군 사이의 경계		

苦	쓸 고	6급/쿠우
	艹	9획
	반;甘(달 감)樂(즐거울 락)	
苦心(고심) 몹시 애를 태우며 마음을 씀		
病苦(병고) 병으로 인한 고통		

也	이끼. 어조사 야	3급/이에
	也	3획
	뜻; 어조사, 또, 잇달다	
及其也(급기야) 마지막에 가서는		

地	땅 지	7급/띠
	土	9획
	반;天(하늘 천)유;土(흙 토)	
地方(지방) 어느 한 방면의 땅		
地中海(지중해) 유럽과 아프리카 사이의 대 해		

한편, 天上의 옥황상제는 두 장군을 地上으로 귀양을 보내 놓고, 두 장군이 各各 다른
곳에 자리를 잡은 것은 알지만, 여러 角度로 생각해 보아도 두 장군이 또 무슨 사고나

치지 않을까 염려가 되었다.

그래서 옥황상제님이 '人' 全校長을 불러 상의하기를

"아무래도 두 장군이 地上에서 또 말썽을 부릴까 걱정이 되오. 나를 代身해서 特別히

감독관으로 보낼만한 사람이 없겠소?"

'人' 全校長도 두 장군을 감독할만한 자격을 가진 사람을 무과(장군)에서 찾으면 안

되겠고, 文科界(學界)에서는 마땅한 사람이 생각나지 않았다.

옥황상제가 혼잣말로 " '人' 全校長 정도의 人品이면 믿고 보내겠는데……."

그 말을 얼핏 들은 '人' 全校長은

各	각각 각 6급/끄어 口 6획 뜻; 각기, 여러, 서로 各自(각자) 각각의 자신 各別(각별) 유달리 특별함
角	뿔 각 6급/지아오 角 7획 뜻; 뿔, 구석, 겨루다 直角(직각) 두 직선이 만나서 이루는 90%의 각 五角(오각) 다섯모
代	대신할 대 6급/따이 人 5획 뜻; 대신하다, 번갈아, 시대 代身(대신) 남의 구실이나 책임을 떠맡음 時代(시대) 역사적으로 어떤 표준에 따라 구분한 기간
特	특별할 특 6급/치앙 牛 11획 ㊨;英(꽃부리 영) 特定(특정) 특별히 정하여져 있음 特色(특색) 다른 것과 견주어 다른 점
別	다를 별 6급/삐에 刀 7획 ㊨;離(떠날 리)選(가릴 선) 區別(구별) 성질이나 종류에 따라 나타나는 차이 分別(분별) 사물을 종류에 다라 구별하여 가름
科	과목 과 6급/크어 禾 9획 뜻; 과정, 법, 품 등 科目(과목) 지식 따위를 세분하여 나눈 영역 外科(외과) 신체의 외부를 치료하는 의학
界	지경 계 6급/지에 田 9획 ㊨;境(지경 경)域(지경 역) 分界(분계) 서로 나누인 지역의 경계 業界(업계) 같은 산업에 종사하는 사람의 사회
品	물건 품 5급/편 口 9획 ㊨;物(물건 물) 食品(식품) 사람이 일상적으로 섭취하는 음식 品行(품행) 품성과 행실

"小人이 내려가면 마음이 놓이실 것 같으면 小人이 내려가겠습니다."

"역시 '人' 全校長 뿐이요. '人' 全校長이 가 준다면 별일이야 생기겠소? 放學이다 생각하고, 내려가 준다면 나는 마음을 놓겠소."

"예."

'人' 全校長도 용궁 나라에서 苦生도 많았고, 어디 조용한 물가에서 낚시나 하면서 神仙처럼 그림이나 그리고 글이나 쓰며 圖書로 消日해야겠다고 생각하며 地上으로 내려갔다.

'人' 全校長이 물 맑고 경치 좋은 漢水 옆 작은 마을에 도착하였다.

<table>
<tr><td>放</td><td>놓을 방
攵
뜻; 방해하다, 거리끼다</td><td>6급/팡
8획</td></tr>
<tr><td colspan="3">放火(방화) 불이 나지 않도록 미리 막음
放生(방생) 잡은 물고기나 동물을 놓아줌</td></tr>
</table>

<table>
<tr><td>神</td><td>귀신 신
示
뜻; 귀신, 신령, 정신</td><td>6급/션
10획</td></tr>
<tr><td colspan="3">神話(신화) 설화의 한 가지
火神(화신) 불을 맡은 신</td></tr>
</table>

<table>
<tr><td>仙</td><td>신선 선
人
뜻; 선인, 고상한 사람</td><td>5급/시엔
5획</td></tr>
<tr><td colspan="3">仙境(선경) 신선이 산다는 곳
仙客(선객) 학을 멋있게 부르는 말</td></tr>
</table>

<table>
<tr><td>圖</td><td>그림 도
口
(유);畵(그림 화)(약);図</td><td>6급/투우
14획</td></tr>
<tr><td colspan="3">地圖(지도) 지형을 일정한 축척으로 나타낸 그림
圖書室(도서실) 많은 도서를 모아 둔 공간</td></tr>
</table>

<table>
<tr><td>書</td><td>글 서
日
(유);冊(책 책)</td><td>6급/수
10획</td></tr>
<tr><td colspan="3">書記(서기) 문서를 관리하거나 기록하는 사람
文書(문서) 글 따위로 의사나 사상을 나타낸 것</td></tr>
</table>

<table>
<tr><td>消</td><td>사라질 소
氵(水)
뜻; 사라지다, 끄다</td><td>6급/샤오
10획</td></tr>
<tr><td colspan="3">消失(소실) 사라져 없어 짐
消火(소화) 먹은 음식물을 삭임</td></tr>
</table>

<table>
<tr><td>漢</td><td>한나라 한
氵(水)
뜻; 한수, 은하수, 사나이</td><td>7급/한
14획</td></tr>
<tr><td colspan="3">漢江(한강) 한국의 중부지방에 흐르는 강
漢文(한문) 한자로 쓴 글</td></tr>
</table>

오늘도 여느 때와 같이 낚시를 가는데 마을 어귀에서 十 여세쯤 되어 보이는 兒童 몇
名이 놀고 있었다.

그때 저쪽에서 其씨가 오는 것을 보고 한 아이가 다리가 짧은 其씨가 만만하게 보였
는지 其씨에게 다가가서 아이의 왼발(ㄴ)로 딴죽을 거니, 其씨가 딴죽에 걸려 넘어지
면서 "심하다.(甚)"라고 하였다.

其씨는 화가 나서 주먹으로 아이의 얼굴을 힘껏 쥐어박았다.

아이는 오른 눈을 얻어맞아 오른 눈은 감기고 왼 눈은 놀래서 더욱 커지니 児(아이
아의 약자)가 되었다.

이 모양을 보던 '人' 全校長이 "太古 이래 이런 法은 없도다. 例法도 正道도 없구나."
하며

	兒	아이 아 儿 (약);児	5급/엄 8획		童	아이 동 立 뜻; 아이, 어리석다, 종 노복	6급/통 12획
		男兒(남아) 남자 아이 兒女子(아녀자) 어린이와 여자				童話(동화) 어린이를 위해 동심을 바탕으로 지은 이야기 童心(동심) 어린이의 마음	
	其	그 기 八 뜻; 그-지시 대명사, 의-소유격	3.2급/치 8획		甚	심할 심 甘 뜻; 의문사. 무엇. 심하다	3급/섬 9획
		各其(각기) 각각 저마다 其間(기간) 그사이				極甚(극심) 극히 심한 甚難(심난) 몹시 어려운	
	太	클 태 大 뜻; 선인, 고상한 사람	6급/파이 4획		古	예 고 口 (반);今(이제 금)	6급/구우 5획
		太陽(태양) 해 太半(태반) 절반이 지남				古代(고대) 옛 시대 古語(고어) 옛말	
	法	법 법 氵(水) (유);規(법 규)律(법 률)典(법 전)	5급/파 8획		例	법식 례 亻(人) 뜻; 법식. 보기	6급/리 8획
		法度(법도) 법률과 제도 法意(법의) 법률의 정신				例外(예외) 일반의 규칙이나 통례를 벗어나는 일 例題(예제) 연습을 위해 보기로 내는 문제	

韓水 변에 城을 쌓아 學堂을 開場하고 직접 訓長이 되어, 男女老少를 區別하지 않고
9.10   12   24   11   24.15.21.25   37

學生을 모집하니 遠近을 가리지 않고 많은 學生이 모여들었다.
12.8   12.8

사람들은 '人' 全校長을 '人' 大王으로 높여 부르고, 이곳을 '人' 나라라고 하고 도성
6   31.12.11   6   9.7   6

을 京城으로 부르니 짧은 시간에 큰 集成촌이 되었다.
40

'人' 大王은 올해를 하늘이 열렸다 하여 開天 원년으로 정하고, 年度도 만들어 地上의
6.   9.7   40.34   15.35   36.18

모든 마을 사람들이 다 함께 사용하게 하였다.

城	성 성　　　　　　4.2급/청 土　　　　　　　　　10획 뜻; 성, 나라, 구축하다
	城門(성문) 성의 출입구로 만든 문 山城(산성) 산위에 쌓은 성

堂	집 당　　　　　　6급/탕 土　　　　　　　　　11획 뜻; 집, 평평하다, 밝다
	堂上(당상) 대청의 위 堂山(당산) 토지나 마을의 수호신이 있다는 산

開	열 개　　　　　　6급/가이 門　　　　　　　　　12획 반;閉(닫을 폐)
	開放(개방) 문 같은 것을 열어 놓음 開始(개시) 어떤 일이나 행동을 처음으로 시작 함

訓	가르칠 훈　　　　6급/쉰 言　　　　　　　　　10획 유;敎(가르칠 교)
	社訓(사훈) 사원이 지켜야 할 회사의 방침 訓育(훈육) 성품이나 도덕 따위를 가르쳐 기름

區	구분할 구　　　　6급/취 匚　　　　　　　　　11획 유;域(지경 역) 약;区
	區分(구분) 일정한 기준에 따라 갈라 나눔 區間(구간) 어떤 지점과 다른 지점과의 사이

遠	멀 원　　　　　　6급/위엔 辶　　　　　　　　　14획 반;近(가까울 근) 유;永(길 영)
	永遠(영원) 한없이 오래 계속 되는 일 遠大(원대) 계획이나 희망 따위가 큼

近	가까울 근　　　　6급/진 辶　　　　　　　　　8획 반;遠(멀 원)
	近間(근간) 요사이 近代(근대) 얼마 지나지 않은 가까운 시대

京	서울 경　　　　　6급/징 亠　　　　　　　　　8획 반;鄕(시골 향)
	上京(상경) 지방에서 서울로 올라옴 京魚(경어) 고래(큰 물고기)

集	모를 집　　　　　6급/지 隹　　　　　　　　　12획 반;散(흩어질 산) 配(나눌 배)
	集會(집회) 여러 사람이 일시적으로 모임을 가짐 集中(집중) 한 곳으로 모임

成	이룰 성　　　　　6급/청 戈　　　　　　　　　7획 반;敗(패할 패)
	生成(생성) 사물이 생겨 남 大成(대성) 크게 이루어지거나 크게 이룸

이로써 地上에는 天과 人이라는 두 나라가 탄생하게 되었다.

天나라는 땅을 넓히는데 全力을 다하여 여러 전쟁에서 勝利하며 短時間에 넓은 영토

를 차지하게 되었고, 그 덕분에 많은 漢字語가 나왔다.

人나라는 學堂을 잘 운영하여 禮法과 學習에 집중하였고, 韓水를 利用하여 外國 여러

나라와 무역을 하여 나라 살림이 풍성하게 되었고, 이 때문에 많은 漢字語가 나왔다.

後日 地나라도 건국한다. 地나라는 험준한 地形이라 농경지가 비록 좁고 척박하지만,

풍부한 地下자원과 技術 開發로 많은 漢字語가 파생한다.

勝	이길 승	6급/썅
	力	12획
	(반);負(질 부)敗(패할 패)	
全勝(전승) 전쟁이나 경기 따위에서 모두 다 이김		
勝算(승산) 이길 가망성		

利	이로울 리	6급/리
	リ(刀)	7획
	(반);害(해로울 해)(유);益(더할 익)	
利用(이용) 필요에 따라 이롭거나 쓸모 있게 씀		
有利(유리) 이익이 있음		

短	짧을 단	6급/뚜안
	矢	11획
	(반);長(길 장)	
短命(단명) 목숨이 짧음		
短音(단음) 짧게 나는 소리		

語	말씀 어	7급/위
	言	14획
	(유);言(말씀 언)	
語文(어문) 말과 글		
漢語(한어) 중국인이 쓰는 말		

禮	예도 례	6급/리
	示	18획
	(약);礼	
失禮(실례) 말이나 행동이 예의에 벗어남		
禮物(예물) 사례의 뜻으로 주는 금품		

習	익힐 습	6급/시
	羽	11획
	뜻; 익히다, 숙달, 길들이다	
自習(자습) 스스로 배워 익힘		
習性(습성) 버릇		

用	쓸 용	6급/용
	用	5획
	뜻; 쓰다, 작용, 용도	
用度(용도) 씀씀이		
使用(사용) 물건을 쓰거나 사람을 부림		

形	형상 형	6급/씽
	彡	7획
	뜻; 모양, 몸, 형세, 이치	
有形(유형) 모양이나 형체가 있음		
成形(성형) 일정한 형체를 만듦		

技	재주 기	5급/지
	扌(手)	7획
	(유);藝(재주 예)	
特技(특기) 특별한 기술이나 기능		
技法(기법) 기교와 방법		

術	재주 술	6급/쑤
	行	11획
	(유);藝(재주 예)	
美術(미술) 공간 및 시각의 미를 표현하는 예술		
話術(화술) 말재주		

북망산 산적 토벌

天나라의 天王이 타는 말은 主人을 닮아 名馬인지라 天나라의 영토 확장에 유용하게
쓰이지만, 유독 北쪽에 있는 북망山 근처에서는 제대로 달리지를 못하여 그 理由를
신하에게 물어보니

"북망山에는 이름만 들어도 잠자던 아기가 깨어 울 정도로 무서운 '표'자 비적 頭目
이 거느리는 新綠당이 있습니다. 아마도 名馬가 그놈들을 두려워하는 것 같습니다."

"그래? '표' 비적에 관하여 아는 대로 상세히 말해 보아라."

"네! 그놈들은 말이 비적이지 마치 관군과 같은 체제로 되어 있습니다.

'표' 頭目 밑에 三 名의 장수와 수많은 도적이 북망山 세 골짜기에 산채를 만들어, 근
처 마을에서 마치 세금인 양 定期적으로 재물을 갈취할 뿐만 아니라

理	다스릴 리	6급/리
	王	11획
	뜻; 다스리다, 구분, 이치	
地理(지리) 어떤 곳의 지형이나 길 따위의 형편		
理性(이성) 이치를 논리적으로 판단하는 능력		

由	말미암을 유	6급/요우
	田	5획
	⊕;緣(인연 연)	
由來(유래) 어떤 것이 전부터 내려옴		
事由(사유) 일의 까닭		

新	새로울 신	6급/신
	斤	13획
	반;舊(옛 구)	
新生(신생) 사물이 새로 생기거나 태어남		
新出(신출) 새로 세상에 나옴		

綠	푸를 록	6급/뤼
	糸	14획
	뜻; 초록빛	
綠色(녹색) 푸른 숲		
綠林(록림) 푸른 숲. 도둑의 소굴		

頭	머리 두	6급/토우
	頁	16획
	반;尾(꼬리 미)	
頭角(두각) 학식이나 재능이 뛰어나 남보다 앞섬		
白頭山(백두산) 우리나라에서 제일로 높은 영산		

定	정할 정	6급/띵
	宀	8획
	뜻; 정하다, 반듯이	
定見(정견) 분명한 의견		
定期(정기) 정해진 기간		

期	기약할 기	5급/치
	月	12획
	뜻; 기약, 만나다, 때	
期間(기간) 어느 일정한 시기의 사이		
學期(학기) 한 학기동안을 구분한 기간		

지나가는 行人이나 장사치에게 通行세을 받으며, 이에 순종하지 않으면 살인도 서슴

없이 밥 먹듯이 하는 무서운 놈들이라는 所聞입니다."

天王은 북망山 新綠당을 혼내주기로 마음먹었다.

"아주 못된 놈이로구나. 짐의 영토 인근에서 그런 짓을 하다니. 모두 출병 준비를 하라!"

북망山 근처에 가니 산세가 몹시 험하게 보였다. 먼저 척후병들을 보내 地形과 비적

들의 산채 위치와 軍士 규모 등 모든 사항을 조사하게 하였다.

'표' 頭目은 마치 표범과 같이 사납고 날쌔며, 밑으로 도적질을 生業으로 하는 同族들

을 규합하여 三 개 부대를 만들었다. 各 부대는 각기 三 군데 山 계곡에 산채를 만들

어 '표' 頭目 관할 아래에서 各其 活動을 하니 마치 정규병처럼 되어 있으며, 各 산채

마다 감시병을 계곡 入口에 두어 모든 정보를 수집하고 있었다.

따라서 대규모 토벌대가 접근조차 하기 어렵다는 보고가 올라왔다.

天王은 그 보고를 받고 엉뚱한 생각이 들었다.

行	다닐 행/항렬 항　　6급/싱 行　　　　　　　6획 ㊗;爲(할 위)
行動(행동) 몸을 움직임	
所行(소행) 이미 행한 일이나 짓	

通	통할 통　　　　　6급/통 辶　　　　　　　11획 뜻; 통하다, 오가다, 사귀다
通話(통화) 전화로 말을 주고받음	
通用(통용) 일반이 두루 쓰임	

聞	들을 문　　　　　6급/원 耳　　　　　　　14획 ㊗;聽(들을 청)
風聞(풍문) 바람결에 들리는 소문	
所聞(소문)사람의 입으로 전하여 들리는 말	

士	선비 사　　　　　5급/쓰 士　　　　　　　3획 뜻; 선비, 일하다, 사나이
士氣(사기) 의욕이나 자신감으로 드높은 기세	
士兵(사병) 장교의 반대	

業	업 업　　　　　6급/이에 木　　　　　　　13획 ㊗;務(힘쓸 무)
本業(본업) 주가 되는 직업	
同業(동업)같은 종류의 직업이나 영업	

族	겨레 족　　　　　6급/주 方　　　　　　　11획 ㊗;親(친할 친)
民族(민족) 단일~, ~감정	
親族(친족) 촌수가 가까운 일가	

그 '표' 頭目을 산 채로 잡아 部下로 삼고 싶었다. 그리고 많은 병졸도 탐이 났고…….

新綠당의 第一 부대장 '牛' 장수와 第三 부대장 '犬' 장수는 한때 같은 상단에서 머

슴으로 일하다가 상단이 '표' 비적에게 당해서 '표' 두목의 部下가 되었다.

두 장수 모두 힘이 장사인지라 各其 한 부대씩을 맡아 부대장으로 있는 처지지만,

'牛' 장수는 겁이 많고, '犬' 장수는 꾀가 많았다.

第二 부대장 '원' 장수는 원래부터 '표' 頭目의 심복이었고, '표' 비적보다 오히려 더

포악하고 음흉하고 흉측스러웠다. 또 '犬' 장수와는 서로 앙숙사이다. (=犬猿之間. 견

원지간)

天王은 북망山 三十 里 밖에 진지를 구축하고 名色이 天上國의 上장군을 했던 장수로

서 작전 회의를 하였다. 먼저 날렵한 軍士 百 名을 파수병이 눈치 못 차리게 夜間에

이동하여 第一 부대의 산채 길목에 매복하여 놓고, 나머지 부대를 데리고 第一 부대

파수병이 잘 볼 수 있는 곳에서 마치 消風을 왔는지, 전쟁을 하러 왔는지 軍氣도 없는

양 초원의 풀밭에 누워 있었다.

파수병의 보고를 들은 '표' 頭目은 미소를 띄우며

"'牛' 장수, 한판 붙으러 가자!"하고 의기양양하게 山 밑으로 내려갔다.

'표' 頭目은 이름처럼 표범보다 날쌔고 성격도 무척이나 急하였다.

部	떼 부 / 阝(邑) / 뜻; 거느리다, 나누다, 행정단위	6급/뿌 / 11획
部分(부분) 전체를 몇 개로 나눈 것의 하나		
本部(본부) 각종 기관 단체의 중심이 되는 조직		

第	차례 제 / 竹 / 뜻; 차례, 등급, 만일	6급/띠 / 11획
登第(등제) 과거에 급제하는 일(=등과)		
第二天(제이천) 다음 날, 둘째 날		

牛	소 우 / 牛 / 뜻; 소, 무릅쓰다, 희생	5급/나우 / 4획
牛耳(우이) 소의 귀		
牛馬(우마) 소와 말		

犬	개 견 / 犬 / 뜻; 개, 하찮은 것의 비유	4급/취엔 / 4획
犬馬之心(견마지심) 윗사람에게 충성을 다함		
軍犬(군견) 군에서 특수 목적으로 기르는 개		

'표' 비적이 초원에 들어서기가 무섭게 勇氣있게 天王에게 달려드니, 天王은 모르는
24 34.7 34.7

척하고 있다가 단번에 '표' 頭目의 목줄을 감아서 잡아버렸다.
42.32

표 頭目은 天王의 상대가 되지 못했다.
42.32 34. 7

이를 본 겁 많은 '牛' 장수와 졸개들은 산채로 달아나기 바빴다. 하지만 얼마 가지도
44

못하고 매복하던 天나라의 軍士에게 全部 포로가 되었다.
34 6. 43 31.44

天王이 '표' 頭目을 비롯한 모두에게 항복을 권하니, '표' 頭目이 너무 억울하여
34. 7 42.32 42.32

"나는 항복할 수 없소. 어떻게 잡혔는지도 모를 순간적인 일인데, 天王이 큰 人物이라면
34. 7 6. 22

다시 한 번 기회를 주시오. 그렇지 않으면 죽으면 죽었지 항복은 못 하겠소."라고 하였다.

天王은 '표' 頭目을 풀어주고 天王에게 항복한 군졸은 天王의 軍士로 편입시키고, 고
34. 7 42.32 34. 7 34. 7 6. 43

향으로 갈 사람은 모두 풀어주었다. '牛' 장수는 그길로 '犬' 장수에게 가서 天王의
44 44 34. 7

人物됨과 용맹함을 과장하여 이야기하였다.
6. 22

풀려난 '표' 頭目은 그길로 第二 부대장인 '원' 장수에게 가서 다시 한 番 싸울 준비
42.32 44.15

를 하였다.

天王이 또 다시 軍士 百 名을 어디론가 미리 보내고, 第二 부대가 있는 계곡으로 가서
34. 7 6. 43 19 18 44.15

싸움을 독려하니, '표' 頭目도 '원' 장수를 대동하고 앞으로 나서며,
42.32

"天王은 먼저 番과 같이 잔꾀를 쓰지 말고 장수답게 싸워 봅시다."
34. 7 45

하며 번개와 같은 速度로 앞으로 달려 나오는데 정말 한 마리의 표범이었다.
35.35

天王이 名馬를 타고 마주 달려 나가 싸우는데, '표' 頭目의 공격을 몇 番 받아주는 척
34. 7 18.36 42.32 45

하다가 슬쩍 피하며 '표' 頭目의 뒷다리를 잡아버리니 '표' 頭目은 天王의 말 엉덩이
42.32 42.32 34. 7

에 대롱대롱 매달리는 신세가 되었다.

勇	날쌜 용	6급/용
	力	9획
	뜻; 날쌔다, 과감하다, 강하다	
勇力(용력) 씩씩한 힘		
勇士(용사) 용맹스러운 사람		

番	차례 번	6급/판
	田	12획
	뜻; 수, 갈마들다	
番地(번지) 땅을 일정한 기준에 따라 나누어 정한		
順番(순번) 차례로 오는 순서 〈번호		

이를 본 天王의 軍士들이 神이 나서 아무런 명령이 없었는데도 창칼을 들고 공격하니 비적 대부분이 무기를 버리고 땅에 엎드려 항복하는데, 오직 '원' 장수 홀로 대도를 휘두르며 대항하였다.

원래 작전은 비적 모두를 생포하는 것이었는데, '원' 장수는 本人이 따르는 '표' 頭目을 구할 마음으로 달려들었다가 어느 군졸의 칼인지도 모르게 단칼에 황천으로 가 버렸다.

다시 포로가 된 '표' 頭目은 너무도 억울하여

"天王은 들어 보시오. 名色이 나도 장군인데 무기나 한번 제대로 부딪쳐 보고 항복을 하든지 할 것 아니요?"

"'표'는 들어라! 무기로 싸우나 작전으로 싸우나 승패는 똑같은 것이야."

"좋소. 나에게는 아직 第三 산채가 남아 있으니 한 번 더 기회를 주면 그때는 꼭 天王을 이길 것이요, 다시 나를 풀려 주시오."라고 注文까지 하였다.

"하! 하! 하! 여봐라. '표' 頭目을 또 풀어 주어라."

'표' 頭目은 다시 싸워 볼 요량으로 '犬' 장수가 있는 第三 부대로 갔다. 第三 부대 산채 근처까지 갔는데 땅이 순간적으로 없어지며, 대낮인데도 目前에 별들이 왔다 갔다 하였다.

'표' 頭目이 정신을 차리니, 몇 발은 족히 되어 보이는 함정에 빠져 있었다. 또 위를 처다보니 '牛' 장수와 '犬' 장수 등 天나라 軍人들이 아래를 내려다보고 있었다.

"네 이놈! '牛' 가 '犬' 가야, 어찌 된 일이냐?"

<table>
<tr><td rowspan="3" style="font-size:2em">本</td><td>근본 본</td><td>6급/뼌</td></tr>
<tr><td>木</td><td>5획</td></tr>
<tr><td colspan="2">(반);末(끝 말)(유);根(뿌리 근)</td></tr>
</table>

根本(근본) 사물이 발생하는 근원
本分(본분) 사람이 저마다 가지는 본디의 신분

<table>
<tr><td rowspan="3" style="font-size:2em">注</td><td>부을, 물댈 주</td><td>6급/주</td></tr>
<tr><td>氵(水)</td><td>8획</td></tr>
<tr><td colspan="2">뜻; 물 대다, 쓰다</td></tr>
</table>

注目(주목) 관심을 가지고 주의 깊게 살핌
注意(주의) 마음에 새겨두어 조심함

사실 天王이 軍士 百여 명을 어디로 보낸 까닭은 '牛' 장수가 '犬' 장수에게로 간 것

을 미리 간파하고 犬 장수를 설득하여 '표' 頭目을 포로로 잡기 위해서였다.

다시 天王 앞으로 끌려온 '표' 頭目은

"天王이시여. 어리석은 소장은 天王의 상대가 되지 못함을 인정하고, 天王의 큰 그릇

됨에 항복하겠으니 죄가 없는 졸개들은 선처를 바랍니다."

天王은 '표' 頭目의 포박을 풀어주고, 上席에 앉게 하였고, 북망山의 모든 장졸을 모

아 놓고

"북망山 산채 장졸들은 들어라!

나 天王은 天上國에서 '大'자 上장군이었다. 不幸하게도 억울한 누명을 쓰고 地上으

로 귀양을 와서 天나라를 세웠다.

장졸들은 들어라!

나를 따라 天나라의 신하가 되든지, 고향으로 돌아가서 살든지 마음대로 하여라. 고향

으로 가는 장졸은 적당히 재물을 내어 줄 것이니 앞으로는 나쁜 짓을 하지 마라."

"와! 와!"

상당수의 장졸이 天王의 軍士가 되었고, 다른 장졸들은 재물을 公平하게 한 짐씩 나

누어 받고 고향으로 가든가 다른 직업을 찾아갈 준비를 하는데,

席	자리 석	6급/시
	巾	10획
	뜻; 자리, 깔다, 베풀다	
特席(특석) 특별석		
定席(정석) 일정한 좌석		

幸	다행 행	6급/싱
	干	8획
	유;福(복 복)	
多幸(다행) 뜻밖에 일이 잘되어 운이 좋음		
幸運(행운) 좋은 운수		

公	공평할 공	6급/꽁
	八	4획
	반;私(사사 사)	
公開(공개) 어떤 사실이나 내용을 여러 사람에게 〈터놓음		
公正(공정) 공평하고 올바름		

한 졸개가 天王 앞에 엎드려서 통곡을 하며
        34.7

"天王이시여! 小人은 어린 나이에 고향을 나와 북망山 第二 부대의 졸개가 되었는데,
 34.7   13.6   9   44.15

너무 철이 없는 나이여서 살인을 비롯하여 무수한 죄를 저질러 大明天地에 갈 곳이
                                                    9   7.36

없습니다. 天王님이 軍士로 받아준다 해도 天王님의 명성에 누만 끼칠까 두렵습니다.
         34.7   6.43   34.7

小人을 비롯한 몇몇 지은 죄 많은 졸개들은 그냥 이곳 북망山에 남겠사오니 天王님의
13.6   9   34.7

넓으신 아량으로 선처하여 주십시오."

이 말에 天王이 생각하여도 일리가 있는지라 고민 끝에
        34.7

"그럼 너희들이 북망山에 남는 것을 허락하마. 그 代身 또 다시 人命을 해친다든가 포
              9   37.34   6. 29

악한 所聞이 나올 時에는 내가 다시 올 것이야. 그리고 북망山은 땅은 협소하지만 토
    24.43   22   9

양은 비옥해 보이니 農土를 共同으로 개간하여 의좋게 살아라. 그러면 좋은 結果가
            24.10   28

있을 것이야. 그래야 너희 後孫들도 堂堂하게 社會生活을 할 수 있지 않겠느냐?"
                  26   40   59.8. 30

"天王님의 命에 순종하겠습니다"
 34.7   29

"자! 산채에 있는 모든 술과 안주로 송별과 환영 잔치를 성대히 하라!"

明	밝을 명　　　　　　　6급/밍
	日　　　　　　　　　　8획
	반;暗(어두울 암)
明年(명년) 다음 해	
明月(명월) 밝은 달	

共	함께 공　　　　　　　6급/꽁
	八　　　　　　　　　　6획
	뜻; 함께, 바치다, 향하다
共通(공통) 여럿 사이에 두루 통용되거나 관계가	
共用(공용) 공동으로 사용함　　　　　〈있음	

結	맺을 결　　　　　　　5급/지에
	糸　　　　　　　　　　12획
	반;解(풀 해)
結草(결초-보은)죽어 혼령이 되어도 은혜를 잊지	
結果(결과) 어떤 원인으로 결말이 생김〈않고 갚음	

果	실과 /과연 과　　　　6급/구오
	木　　　　　　　　　　8획
	반;因(인할 인)유;實(열매 실)
果然(과연) 아닌 게 아니라 정말로	
果木(과목) 과실나무	

孫	손자 손　　　　　　　6급/
	子　　　　　　　　　　10획
	반;祖(조상 조)
孫子(손자) 아들의 아들	
天孫(천손) 직녀성	

社	모일 사　　　　　　　6급/써
	示　　　　　　　　　　11획
	뜻; 단체, 제사 이름
本社(본사) 지사에 대하여 주가 되는 회사	
社交(사교) 사회적 활동을 통해 서로 어울려 사귐	

'토' 대장군과 석동 계곡

'土' 大將軍은 天上에서 내려와 죗값을 치르기 위하여 天上의 옷을 벗고 이끼로 옷을
지어 입고, 토굴을 파서 生活하며, 산나물과 날 飮食을 먹으며 귀양살이를 하였다.

'土' 大將軍이 내려온 곳은 石洞이라는 동네의 깊은 계곡이었다.

石洞에는 세 개의 자치 마을이 있고 들판에서 좁은 通路로 한참을 들어가면 넓은 분
지가 나오는데, 그곳을 萬石洞이라고 불렀다. 萬石洞 洞主는 고을 全體를 관장할 뿐
아니라, 三 개 石洞의 실질적인 권력자라고 할 수 있었다.

萬石洞은 石洞 中에서 第一 큰 마을이고 家口의 호수도 가장 많으며 큰 市場이 있어
많은 물건이 거래되는 마을이었다.

萬石洞에서 十里쯤 더 들어가면 千石洞이 나오고, 이 千石洞에는 工場들이 많았다. 數
많은 광물과 자원이 이곳에서 가공되어 生活用品으로 만들어지고 萬石洞으로 運搬
(반)되어 거래되었다.

이곳 洞主는 의리를 중요시하며, 千石洞의 軍事力은 적은 軍士지만 세 石洞 中에서는
가장 勇氣 있고 민첩하였다.

飮	마실 음 食 뜻; 마시다, 잔치, 음료	6급/인 13획
	米飮(미음) 쌀이나 좁쌀을 오래 끓여 채에 받은 음 飮水(음수) 음료수	〈식

石	돌 석 石 ⸆;玉(구슬 옥)	6급/쓰 8획
	石油(석유) 지하자원의 한 종류. 연료 化石(화석) 지질시대에 살던 동식물 등의 유해	

路	길 로 足 ⸆;道(길 도)	6급/루 10획
	路面(노면) 길바닥 路上(노상) 길바닥	

運	옮길 운 辶 뜻; 돌다, 옮기다, 니르다	6급/원 13획
	運動(운동) 몸을 단련하거나 건강을 위하여 움직이 運行(운행) 정해진 길을 따라 움직임	〈는 일

千石洞에서 또 十 里쯤 더 들어가면 百石洞이 나왔다. 규모는 三 개 石洞 中에서 가장
19.49.25   15. 31   19.49.25   9   49.25 12

작지만, 어느 마을에서도 작다고 무시하지 못했다.

百石洞에는 石洞이라 부르는 작은 골짜기가 九 개 있었다.
19.49.25   49.25   14

一石洞에는 철광산이, 二石洞에는 金광산과 銀광산이, 三石洞에는 동광산이, 四石洞에
14.49.25   15.49.25   10   9. 49.25   11.49.25

는 산삼을 비롯한 귀한 藥草가, 五石洞에는 좋은 목재가, 六石洞에는 옥을 비롯한 귀
                    27   9. 49.25   15.49.25

한 돌들이 많았다. 七石洞은 석탄이 많고 적은 양이지만 石油도 채굴되었다. 八石洞은
              15.49.25   49   14.49.25

산세가 너무 험하고 利用 가치가 작아 모든 石洞의 사고뭉치와 사고자들을 관리 보호
               41.41   49.25

하는 감호소로 使用하였다. 九石洞은 天神을 모시는 제당이 있는 곳으로 일반 사람들
          41   14.49.25   34.38

은 出入하지 않으며, 一 年에 몇 番 정도 하늘에 제사를 지낼 때만 사람이 出入하였다.
  30.20   14 15   45   30.20

그런 곳에 '土' 大장군이 내려와 生活하고 있었다.
         10 9   8. 30

어느 날 밤, 千石洞의 洞主가 하늘에서 큰 봉황이 萬石洞 方向에서 날아 오다가 千石
          19.49.25 25.36   9. 49.25 18   19.49

洞의 높은 나뭇가지에 날개가 걸려 부러지면서, 百石洞을 지나 어느 계곡에 떨어지는
25   19.49.25

신기한 꿈을 꾸었다.

銀	은 은　　　　　　　　6급/인 金　　　　　　　　　　14획 뜻; 은, 도장
	水銀(수은) 상온에서 유일하게 액체로 된 금속 銀色(은색) 은빛

藥	약 약　　　　　　　　6급/야오 艹(艸)　　　　　　　　14획 뜻; 약, 고치다
	藥物(약물) 약의 재료가 되는 물질 韓藥(한약) 한방약의 준말

油	기름 유　　　　　　　6급/요우 氵(水)　　　　　　　　8획 뜻; 기름, 윤내다
	注油(주유) 자동차등에 기름을 넣음 油田(유전) 석유가 나는 곳

使	부릴. 하여금 사　　　6급/쓰 亻(人)　　　　　　　　8획 (반);勞(일할 로)
	特使(특사) 특별 임무를 띤 사절 天使(천사) 마음씨 곱고 선한 사람을 비유한 말

向	향할 향　　　　　　　6급/쌍 八　　　　　　　　　　6획 뜻; 향하다, 구하다
	向上(향상) 수준이나 실력 따위가 나아짐 意向(의향) 무엇을 생각하려는 마음

그가 깜짝 놀라 깨어서 점술가를 불러 물어보니, 우리 石洞에 큰 人物이 날 징조인데
하늘을 훨훨 나는 봉황이라면 큰 人物이 이미 石洞에 들어왔다는 점괘라고 말하였다.

한편, 八石洞 죄수 中에 '천수'라는 老人이 있었는데, 千石洞 洞主와는 인척으로 할아
버지뻘이다. 천수 노인은 萬石洞에서 무역業을 하였는데, 무역금지 品目인 산삼을 韓
水마을 重환자에게 판 것이 萬石洞 洞主에게 발각되어 八石洞에 갇힌 지 어언 十 年
이 되었다.

그간 千石洞 洞主는 여러 차례에 걸쳐 실질적으로 上級者(자)인 萬石洞主에게 탄원서
를 올렸다.

[千石洞主가 탄원합니다.]

本人의 할아버지뻘 되는 '천수' 죄수가 洞主 님의 눈을 속이는 죄를 지어 벌을 받는
것은 當然하다고 생각합니다.

하지만 '천수' 할아버지가 사리사욕으로 반출금지 品目을 취급한 것이 아니라 韓水
마을에 있는 生命이 위독한 환자를 살려 보겠다는 뜻에서 너무 急한 마음에 萬石洞主
의 허락 없이 法을 어겼다고 합니다.

八石洞에 갇힌 지도 어언 十年이 되어 가고, 죄를 自省하고 있으며, 할아버지의 연세
도 있고 하니 죄를 용서해 주시면 千石洞主 本人은 더 열심히 일하고 우리 石洞 全體
를 위하여 몸과 마음을 바치겠습니다.

級	등급 급	6급/지
	糸	10획
	뜻; 등급, 층계, 무음	

級長(급장) 반장을 예전에 부르던 말
學級(학급) 한 교실에서 공부하는 학생의 집단

省	살필 성/덜 생	6급/성
	目	9획
	유;察(살필 찰)	

反省(반성) 자신의 옳고 거름을 스스로 돌이켜 생
省略(생략) 줄이거나 뺌 〈각함

萬石洞主님께서 大洋과 같은 넓은 마음으로 선처해 주시기 바랍니다.

[千石洞主　書]

하지만 萬石洞主는 千石洞主가 거느리는 强兵도 마음에 들지 않았고 千石洞主를 경계의 대상으로 생각하며, 항상 千石洞主의 發言을 무시하였다.

한편, 八石洞에 유배 중인 '천수' 老人은 나이 탓에 요즘 들어 부쩍 밤잠이 없었다.

그날 밤도 평상시처럼 봄바람을 맞으며 淸明한 새벽하늘을 바라보고 있는데 하늘에서 별똥별 하나가 九石洞으로 큰 畵을 그으며 떨어졌다.

그런데 그 별똥별은 여느 별똥별과 달리 光氣가 휘황찬란할 뿐 아니라 떨어지는 速度도 마치 춤을 추는 듯 빠르지 않은 速度였다. '천수' 老人이 몇 날 며칠을 생각해도 이상하였다. 또 몇 달이 지나도 그 생각이 잊히질 않았다.

'천수' 老人과 같은 重죄인은 外部로 나갈 수가 없어 '천수' 老人은 경범죄인 '돌쇠' 에게 부탁하여 바깥 소식을 알아보기로 하였다.

洋	큰 바다 양　　　　　6급/양 氵(水)　　　　　　9획 (유);海(바다 해)
海洋(해양) 넓고 큰 바다 洋食(양식) 서양 음식	

兵	군사 병　　　　　5급/삥 八　　　　　　7획 (반);將(장수 장) (유);卒(병사 졸)
兵法(병법) 군사를 지휘하여 전쟁하는 방법 兵力(병력) 군대의 인원	

言	말씀 언　　　　　6급/이엔 言　　　　　　7획 (유);語(말씀 어)
言語(언어) 음성 또는 문자로 의사를 전달하는 수단 食言(식언) 약속한 말대로 지키지 않음	

淸	맑을 청　　　　　6급/칭 氵(水)　　　　　　11획 (유);潔(깨끗할 결)
淸算(청산) 서로 간에 채무관계를 셈하여 정리함 淸風(청풍) 부드럽고 맑게 부는 바람	

畵	그림 화/그을 획(劃)　6급/화 田　　　　　　13획 (유);圖(그림 도)(약);画
畵家(화가) 그림 그리는 것을 업으로 하는 사람 計劃;(계획) 할 일을 미리 생각하고 안을 세움	

光	빛 광　　　　　6급/광 儿　　　　　　6획 뜻; 빛, 광택, 명예
光明(광명) 밝고 환함 光線(광선) 빛의 줄기	

돌쇠의 이름은 '李 石'인데 종놈 出身이라 그냥 돌쇠라고 불렀다.

천수 노인은 돌쇠에게 엽전 十 냥을 주며,

"九石洞에 한번 다녀오너라. 내가 나이가 들면서 꿈인지 헛所聞인지 九石洞에 이상이 있는 것처럼 느껴지니 상세히 보고 오겠느냐?"

"네, 걱정하지 마세요. 구석구석 살펴보고 오겠습니다."

神이 난 돌쇠는 그 길로 가라는 九石洞 계곡으로는 가지 않고 百石洞 마을 주막으로 가 버렸다. 오래간만에 거나하게 취해서 八石洞으로 돌아온 돌쇠, 돌쇠는 역시 잡범 出身이라 거짓말이 능수능란하다.

"'천수' 할배. 내가 九石洞에 들어가 구석구석 뒤지는데, 제당 근처까지 갔을 때 제당 뒤에서 이상한 美光이 서리며, 무엇인가 휙 지나가는 것을 보고 어찌나 놀랐는지 그냥 三十六計 줄행랑을 쳤습니다. 마음을 진정할 수가 없어 이렇게 술을 먹게 되었습니다. 어휴! 지금도 다리가 떨립니다."

"아니, 그것이 사실이냐?"

"네."

"그럼 來日 朝食을 일찍 먹고 다시 오너라. 내가 便紙 한 장을 써 줄 테니 千石洞 洞主에게 가져다주어라. 다녀오면 심부름값으로 또 엽전 열 냥을 주겠다."

李	오얏나무/성 리　　　　6급/리 木　　　　　　　　　　7획 뜻; 오얏나무, 별이름, 성 리
	李花(이화) 배 꽃
	李氏(이씨) 이의 성씨를 쓰는 사람을 흔히 부를 때

美	아름다울 미　　　　　6급/메이 羊　　　　　　　　　　9획 뜻; 아름답다, 맛좋은, 즐기다
	美光(미광) 아름다운 빛
	美國(미국) 북아메리카에 있는 나라

計	셀/꾀 계　　　　　　　6급/지 言　　　　　　　　　　9획 ㊌;算(셈 산)略(꾀 략)
	計算(계산) 수를 셈하는 것
	計數(계수) 수를 계산함

朝	아침/조정 조　　　　6급/차오 月　　　　　　　　　12획 ㊀;夕(저녁 서)野(들 야)
	朝食(조식) 아침밥
	朝野(조야) 조정과 민간

"네." 돌쇠는 神이 났다.

다음 날 아침 일찍 돌쇠가 '천수' 노인에게 가니 便紙 한 통을 주며 아주 은밀히 전하라는 신신당부가 있었다. 千石洞 동헌 入口에 이르니 千石洞은 軍氣가 엄하고 훈련이 잘된 터라 洞主를 만나는데 身分 검사와 휴대물품 검사를 거쳐 겨우 洞主를 만날 수 있었다. 돌쇠가 千石洞主에게 말했다.

"洞主님 일단 주위를 물리어 주십시오."

千石洞主는 돌쇠가 八石洞에서 온 것을 알고 '천수' 할아버지에게 무슨 病이라도 생긴 줄 알고 주위를 물린다.

"무슨 일이냐?"

돌쇠가 가져온 便紙를 받아 보니

[千石洞主는 보시오.]

日前에 밤하늘에서 이상한 美光의 별똥별이 九石洞에 떨어지는 것을 보았는데 하도 예감이 이상하여, 便紙 심부름을 간 돌쇠를 어제 九石洞에 보내본 結果 내가 본 별똥별이 사실이었음을 알고 이렇게 書信으로 연락하니 자세한 내용은 돌쇠에게 물어보면 알 것이요.

千石洞主도 日前에 이상한 꿈을 꾼지라

"돌쇠는 어제 본 일을 자세히 말하라."

돌쇠는 사지육신이 떨리는 것을 느끼면서도 서슴없이 '천수' 노인에게 한 거짓말을 되

分	나눌 분	6급/뻔
	刀	4획
	뜻; 나누다, 분수, 운명	

分母(분모) 분수식에서 가로줄 밑의 수, 나누고자
分明(분명) 틀림없이 〈하는 수

病	병 병	6급/삥
	疒	10획
	뜻; 병, 괴로운, 손해	

病名(병명) 병의 이름
問病(문병) 앓는 사람을 찾아가 위로 함

풀이하였다.

千石洞主는 돌쇠를 돌려보내며
19.49.25.36

"여기서 있던 이야기는 누구에게도 말하지 마라! 만약 말하면 너를 엄히 벌할 것이

야!"

千石洞主는 꿈과 현실이 너무 똑같아 다시 점술가를 불러 상의하니
19.49.25.36

"洞主님, 이 일은 아주 중요한 일인 것 같습니다. 얼마 前 저도 天神의 계시를 받았는
 25.36   18   34.38

데 하늘의 氣를 받은 높으신 분이 우리 石洞의 지도자로 내려온다고 하였습니다.
        24   49.36

이번 일은 누구라도 심사숙고 해야 하는 일입니다. 만약 萬石洞主가 먼저 알게 되면
                                              9. 49.25.36

높으신 분이 죽음을 면치 못할 것이며, 百石洞主가 먼저 알게 된다면 모든 功이 百石
                              19.49.25.36   66   19.49

洞主에게 돌아가 우리 石洞의 第2 인자가 될 것입니다.
25.36   49.36   44

千石洞主님은 의리를 숭상하고, 백성을 사랑하며, 禮를 아는 분이니까 잘 알아서 하십
19.49.25.36   41

시오."

千石洞主도 現在 萬石洞主의 방탕한 生活과 폭군적인 行動이 마음에 들지 않는지라,
19.49.25.36   9. 49.25.36   8. 30   43.27

九石洞에 와 있다는 仙人을 먼저 만나기로 마음먹었다.
14.49.25   38.6

때는 이미 가을이 지나고 있었다.

千石洞主가 밑의 신하에게 이르기를
19.49.25.36

"가을이 깊어 가니 산짐승들이 살이 많이 쪘을 것이야. 來日은 九石洞으로 사냥을 갈
                                              32. 9   14.49.25

것이니 마을 住民들에게 피해가 없도록 조용히 몇 명만 준비를 하여라."
        22.7

"예."

<table>
<tr><td rowspan="3">現</td><td>나타날 현</td><td>6급/시엔</td></tr>
<tr><td>王</td><td>11획</td></tr>
<tr><td colspan="2">반:隱(숨을 은)顯(나타날 현)</td></tr>
<tr><td colspan="3">現地(현지) 어떤 일이 벌어진 바로 그곳</td></tr>
<tr><td colspan="3">出現(출현) 나타나거나 나타나서 보임</td></tr>
</table>

<table>
<tr><td rowspan="3">在</td><td>있을 재</td><td>6급/자이</td></tr>
<tr><td>土</td><td>6획</td></tr>
<tr><td colspan="2">유:存(있을 존)</td></tr>
<tr><td colspan="3">所在(소재) 어떤 곳에 있음 〈곁에 쓰는 말</td></tr>
<tr><td colspan="3">在中(재중) 속에 들어 있다는 뜻으로, 봉함한 봉투</td></tr>
</table>

늦은 가을의 아침 날씨가 제법 싸늘하였다.

모두 변복을 하고 九石洞으로 向하였다. 영락없는 사냥꾼 집단처럼 보인다.
14.49.25　　　50

百石洞을 지나 九石洞 入口에 다다르니 산골의 얕은 개울 表面에는 살얼음이 얼었고
19.49.25　　　14.49.25 20.20　　　32

높은 산봉우리에는 白雪이 덮인 곳도 있었다.
8

일행을 모두 山에 사냥을 보내고 千石洞主와 점술가 二 名만 九石洞 깊은 골짜기에
9　　　19.49.25.36　　　15.　18　　14.49.25

있는 제단 쪽으로 다가가니, 제단 근처에 은은한 후광이 있는 듯 없는 듯 보였다.

더 가까이 가서 제당 뒤쪽을 살펴보니 陽地 바른 곳에 이끼로 옷을 해 입은 남루하기
36

가 이를 데 없는 사람이 햇볕을 쬐고 있었다. 하지만 덩치도 우람하고 어딘지 모르게

함부로 범접하기 어려운 그런 골상이었다.

점술가가 하는 말이

"저분의 골상을 보니 分明 天上의 장수인듯합니다. 먼저 예의를 갖추고 이야기를 해
54.48 34.18

보는 것이 어떻겠습니까?" 하여

두 사람이 옆으로 가도 그 사람은 인기척을 못 느낀 양 두 눈을 지그시 감고 햇볕 사

냥을 즐기고 있었다.

"어르신, 어디서 오셨습니까?"

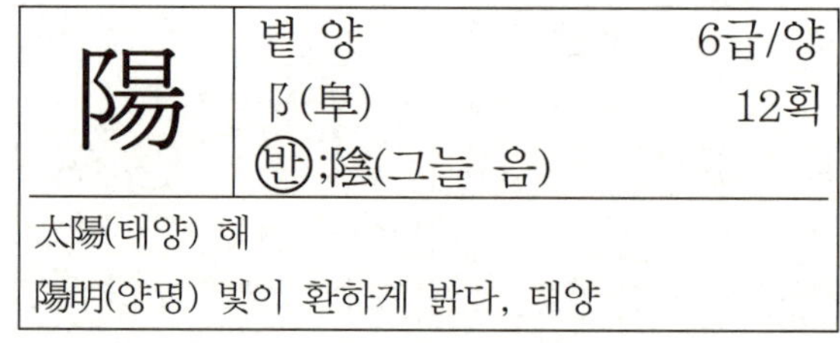

表	겉 표	6급/삐아오
	衣	8획
	뜻; 겉, 나타내다, 뛰어난	
表現(표현) 의사나 감정 등을 드러내어 나타냄		
表紙(표지) 책의 겉장		

雪	눈 설	6급/쒸에
	雨	11획
	뜻; 눈, 씻다, 깨끗하다	
春雪(춘설) 봄에 내리는 눈발		
雪光(설광) 눈빛. 설경		

陽	볕 양	6급/양
	阝(阜)	12획
	반:陰(그늘 음)	
太陽(태양) 해		
陽明(양명) 빛이 환하게 밝다, 태양		

그 사람은 눈도 뜨지 않은 채

"네, 나는 지금 죗값을 치르러 귀양을 온 죄인이외다."

"?"

"어디서? 누가 여기로 보냈습니까?"

그제야 눈을 뜨며

"나는 天上의 '土' 大장군이었으나 옥황상제에게 죄를 지어 이렇게 이끼로 옷을 만들어 입고 벌을 받는 中이요."

이 말에 千石洞主와 점술가는 큰절을 올리며

"곧 겨울이 오는데 高貴하신 분이 여기서 겨울을 보낼 수는 없습니다. 그리고 日前에 하늘에서 오신 한 仙人은 天王이라고 자칭하며 넓은 平野에 天나라를 건국하였고, 또 얼마 前에는 韓水 근처에 '人' 先生이라는 仙人이 와서 城을 쌓고 京城이라는 도시를 건설하고 人나라를 건국하였습니다. '土' 仙人님도 이곳 石洞을 中心으로 나라를 건국하심이 어떠하신지요?"

이 말에 '土' 大장군은 마음속에 집히는 것이 있었다.

"오! 그런 일이 있었소? 하지만 나는 그릇됨이 그분들에게 미치지 못하니 사양하겠소.

'人' 先生은 天上에서도 학식으로는 누구와도 견줄 자가 없는 人物이고, 天王도 天上에서 나의 직속 上級者로 있었던 분이데,

<table>
<tr><td>

高

</td><td>

높을 고   6급/까오
高   10획
(반);底(낮을 저) (유);崇(높을 숭)

</td><td>

貴

</td><td>

귀할 귀   5급/꾸이
貝   12획
(반);賤(천할 천)

</td></tr>
<tr><td colspan="2">

高度(고도) 해수면을 기준으로 대상물의 높이
高等學校(고등학교) 초등, 중등 다음의 학부

</td><td colspan="2">

貴重(귀중) 편지나 물품 따위를 받을 단체를 높임
貴下(귀하) 편지에서 상대방을 높여 붙이는 말

</td></tr>
</table>

어찌 이 몸이 그런 분들과 어깨를 견주어 나라를 만든단 말이오. 千不當萬不當 하오."
(當=마땅할 당)

이 말을 듣고, 千石洞主는 다시 큰절을 올리며

"人 나라는 우리와 옛날부터 交分이 있어 親한 사이지만, 天 나라는 지금 무서운 速度로 地上의 모든 부락을 정벌하는 中입니다. 다행히 우리 石洞 마을은 山中에 있어 아직은 피해가 없으나 今明間에 天 나라의 침공을 받을 것이며, 現在 萬石洞主는 향락과 사치에 빠져 百姓들의 사정을 돌보지 않고 있으니, 이 千石洞主가 다시 엎드려 부탁드립니다."

이 말에 '土' 大장군은 이번 겨울을 이대로 지낼 自信도 없고, 天王이 단순 무식하고 根本 성격이 호전적인 것을 잘 아는지라 마지못한 척 승낙하며

"現在 내 모양새가 이러하니 形式을 제대로 갖추어 오십시오. 그래야 百姓들도 나를 믿고 따를 것이 아니요? 그리고 萬石洞主와 百石洞主도 모두 千石洞主와 뜻을 함께하면 더욱 좋겠소."

"네, 힘써 노력하겠습니다. 그럼 吉日을 택하여 正式으로 仙人님의 國王 취임식을 준비하겠습니다."

交	사귈 교　　　　　　　　6급/쟈오 亠　　　　　　　　　　6획 뜻; 사귀다, 주고받다, 서로	今	이제 금　　　　　　　　6급/진 人　　　　　　　　　　9획 ⊕반;古(옛 고)
交信(교신) 통신을 주고받음 　〈는 일 交通(교통) 기기를 이용하여 사람이나 물건을 나르		美光(미광) 아름다운 빛 美國(미국) 북아메리카에 있는 나라	

根	뿌리 근　　　　　　　　6급/껀 木　　　　　　　　　　10획 ⊕유;本(근본 본)源(근원 원)	吉	길할 길　　　　　　　　5급/지 口　　　　　　　　　　6획 ⊕반;凶(흉할 흉)
根氣(근기) 참고 견디는 힘 根性(근성) 견디어 내고자하는 끈질긴 성질		吉事(길사) 좋은 소식 大吉(대길) 운이 썩 좋음	

‘土’ 大장군과 헤어진 千石洞主는 아무도 눈치채지 못하게 사냥을 하는 척하다 다른
때보다 조금 일찍 下山하여 百石洞主에게 먼저 들렸다.

“千石洞主님, 사냥을 다녀오십니까?”

“네, 몇 마리 잡았습니다.”

사실, 百石洞主는 千石洞主의 人物 됨됨이를 알고 크고, 작은 모든 일을 萬石洞主와
의논하는 것이 아니라 千石洞主와 상의하였고, 나이도 많은 千石洞主를 親兄 이상으
로 잘 따랐다.

술잔이 몇 순배 오고 간 다음, 자리를 옮겨 두 洞主가 은밀히 會合을 가지는데, 千石洞
主는 오늘 있었던 일을 이야기하였고, ‘土’ 大장군을 王으로 추대하고 石洞도 제국의
형태를 갖추는 게 어떠냐는 제안에 百石洞主도 쾌히 승낙하며 本人의 뜻도 내비쳤다.

“天나라도 생겼고, 人나라도 생겼는데, 우리 石洞도 하나로 合心하여 두 나라와 싸움
은 하지 않더라도 堂堂히 어깨를 겨눌 수 있어야 우리 石洞이 永遠히 번영해 나갈 것
아닌가 하고 고민하던 中이었습니다.”

두 洞主는 意氣투합하였다.

“고맙소, 百石洞主.”

“그럼, 이런 일은 時間을 끌면 비밀이 새어 나가니 來日 當場 오늘 사냥감으로 잔치를

親	친할 친	6급/친
	見	16획
	㉠;族(겨레 족)	
親交(친교) 친밀한 사귐		
親近(친근) 사귀어 지내는 사이가 매우 가까운		

會	모일 회	6급/후이
	日	13획
	㉣;会	
會同(회동) 같은 목적으로 여럿이 한곳에 모임		
大會(대회) 어떤 행사를 위해 많은 사람이 모임		

合	합할 합	6급/히이
	口	6획
	㉫;離(떠날 리)	
合成(합성) 둘이상이 합하여 한 가지 상태를 이룸		
合同(합동) 둘 이상이 모여 행동이나 일을 같이 함		

意	뜻 의	6급/이
	心	13획
	㉠;思(생각 사)志(뜻 지)	
意外(의외) 뜻 밖		
同意(동의) 의견을 같이 함		

열어 萬石洞主를 초대하고 그 자리에서 결론을 내립시다.”
　　　9.49.25.36

“그것이 좋겠소.”

다음날 千石洞主는 萬石洞主에게 便紙를 써 보냈다.
　　　19.49.25.36　　19.49.25.36　　　27.20

便紙를 받은 萬石洞主는 귀찮은 듯
27.20　　　　　　　9.49.25.36

“여봐라! 누가 對讀하여라.”

　　　　　　　　[萬石洞主님 보십시오.]
　　　　　　　　　9.49.25.36

日前에 저의 천수 할아버지 일로 바쁘신 洞主님께 심려를 끼친 것을 사과도 할 겸, 어
　9.18　　　　　　　　　　　　　　　　25.36

제 九石洞으로 사냥을 나가 몸보신에 좋다는 動物들을 잡아 왔습니다.
　　14.49.25　　　　　　　　　　　　　27.22

오늘 저녁에 百石洞主도 참석하기로 하였으니 萬石洞主님께서도 참석하시어 이 자리
　　　　　19.49.25.36　　　　　　　　9.49.25.36

를 더욱 빛내 주시길 바랍니다.

　　　　　　　　[千石洞主 배상]
　　　　　　　　　19.49.25.36

便紙 내용을 다 듣고 난 後 萬石洞主는 천수 老人 일이 아닌 것과 사냥에서 몸에 좋
27.20　　　　　　　　　　26　9.49.25.36　　　21.6

은 것을 구해 왔다는 것과 本人을 어른 대접을 하는 千石洞主에게 조금 미안한 마음
　　　　　　　　　　　46.6　　　　　　　　　　19.49.25.36

도 있고 해서, 三 石洞主의 和親을 위한 모임이라 하니 참석하겠다는 전갈을 보냈다.
　　　9　49.25.36　　　59

對	대할 대　　　　　6급/뛔이 寸　　　　　　　14획 (약);对
對等(대등) 서로 견주어 서로 비슷함	
對立(대립) 서로 반대되거나 모순 됨	

讀	읽을 독　　　　　6급/듀 言　　　　　　　22획 (약);読
讀書(독서) 책을 읽음	
讀習(독습) 글을 읽어서 스스로 배워 익힘	

和	화할 화　　　　　6급/흐어 口　　　　　　　8획 (유);調(고를 조)協(화할 협)
和氣(화기) 따뜻하고 화창한 기운	
平和(평화) 평온하고 화목함	

어느덧 해는 西山에 걸리고 千石洞 동헌에 큰 잔치 준비가 한창이었다. 千石洞의 호

위군졸 中에서 가려 뽑은 장졸을 半 班으로 나누어, 半은 연회장 窓門 밖에, 半은 庭

園樹林 뒤에 만약을 위하여 무장을 시켜 숨겨 놓고, 萬石洞主를 기다렸다.

萬石洞主를 정중히 上席에 모시고 잔치가 始作되었다.

무희들이 춤을 추고, 音樂 소리가 높아가고, 잔치가 무르익었다. 해는 西山을 넘은 지

오래고, 三 石洞主 역시 얼근하게 취했다.

半	반 반　　　　　　6급/빤 十　　　　　　　　5획 뜻; 반, 조각, 나누다
半旗(반기) 조의를 표하기 위하여다는 국기 半農(반농) 생업의 반이 농업인 일	

班	나눌 반　　　　　6급/빤 王　　　　　　　　10획 반;常(떳떳할 상)
班長(반장) 반을 대표하여 일을 보는 사람 班常(반상) 양반과 상사람	

窓	창 창　　　　　　6급/촹 穴　　　　　　　　11획 뜻; 창, 밝은
學窓(학창) 공부하는 교실이나 학교를 일컬음 車窓(차창) 열차나 자동차등의 창문	

庭	뜰 정　　　　　　5급/팅 广　　　　　　　　10획 뜻; 뜰, 집안, 장소
家庭(가정) 한 가족이 생활하는 집 校庭(교정) 학교의 넓은 뜰이나 운동장	

園	동산 원　　　　　6급/위엔 口　　　　　　　　13획 뜻; 동산, 과수원
學園(학원) 학교 및 기타 교육기관의 총칭 公園(공원) 여러 사람이 함께 쉴 수 있는 정원	

樹	나무 수　　　　　6급/쑤 木　　　　　　　　11획 유;木(나무 목)
植樹(식수) 식목, 나무를 심음 果樹(과수) 과실나무	

始	비로소 시　　　　6급/쓰 女　　　　　　　　8획 반 ;終(마칠 종)末(끝 말)유;初(처음 초)
始發(시발) 맨 처음의 출발이나 발차 始動(시동) 처음으로 움직이기 시작함	

作	지을 작　　　　　6급/주오 亻(人)　　　　　　7획 유;製(지을 제)
作用(작용) 어떤 현상을 일으키거나 영향을 미침 作業(작업) 일정한 목적과 계획을 세워 일을 함	

音	소리 음　　　　　6급/인 音　　　　　　　　9획 유;聲(소리 성)
高音(고음) 높은 소리 半音(반음) 온음의 절반 음정	

樂	즐길 락/노래 악/좋아할 요 6급/러 木　　　　　　　　15획 반;苦(쓸 고)유;歡(기쁠 환)악;樂
農樂(농악) 농촌에서 행해지는 우리 고유의 음악 樂天(낙천) 세상과 인생을 즐겁고 좋게 생각함	

먼저 千石洞主가 말문을 열었다.
　　　19.49.25.36

"昨今에 天나라도 생겼고, 人나라도 생겼는데, 萬石洞主님은 우리 石洞을 위하여 어떤
　58　　34　　　　　　　　　　　6　　　　　　　　9.49.25.36　　　　　　　49.25

대책이라도 있는지요?"

라고 問題를 제시하니
　　　29

"우리 石洞은 天然의 요새인지라, 石洞 入口만 지키면 될 일이고, 千石洞에는 才能
　　　49.25　34.31　　　　　　　49.25 20.20　　　　　　　　　　19.49.25

(능) 있는 洞主와 强軍이 존재하는데 무슨 걱정이요?"
　　　　　49.25　35.6

"人王과 天王이 모두 天上의 仙人인데 우리도 天上의 仙人을 모셔 제국을 만드는 것
　6.7　34.7　　　　34.18　38.6　　　　　　38.18　38.6

을 어떻게 생각하시오?"

"天王은 天上國의 죄인이라고 들었소. 한낱 그런 作者들이 나라를 만들었다고 하여
　34.7　34.18.7　　　　　　　　　　　　　　61

무슨 걱정거리가 될 일이요?"

"내가 시 한 수로 답을 하리다."

"하늘의 仙人도 땅에 서면 人間 되고
　　　　38.6　　　　　　　6.22

天上의 죄수가 어찌하여 王이 되며
34.18　　　　　　　　　　7

平和로운 石洞 마을 누가 감히 平和 깨리."
27.60　　　49.25　　　　　　　27.60

昨	어제 작　　　　　　6급/주오 日　　　　　　　　　9획 뜻; 어제, 이전
昨年(작년) 지난해 昨日(작일) 어제	

題	제목 제　　　　　　6급/띠이 頁　　　　　　　　18획 뜻; 표제, 나타내다, 이마
題目(제목) 작품의 내용을 보이기 위해 붙인 이름 主題(주제) 대화 등의 중심이 되는 문제, 제목	

才	재주 재　　　　　　6급/차이 手　　　　　　　　　3획 뜻; 재주, 기본, 결단
才氣(재기) 재주가 있는 기질 天才(천재) 선천적으로 타고난 뛰어난 재주	

者	놈 자　　　　　　　6급/즈 老　　　　　　　　　9획 뜻; 놈, 것
學者(학자) 학문을 연구하는 사람 使者(사자) 명령이나 부탁을 받고 심부름하는 사람	

萬石洞主는 제법 한량답게 시 한 수로 反對 의사를 표시하고,

"이런 이야기는 場所에 맞지 않으니 나는 그만 물러나겠소." 하고 일어섰다.

이때 千石洞主가 手信號를 내리자, 萬石洞主는 동헌 門을 나서지도 못하고 計畫(劃)대

로 매복하던 무장 군졸의 철퇴에 맞아 끽소리도 못하고 저승사자의 손님이 되었다.

千石洞主는 즉시 全軍을 소집하여 百石洞主와 함께 萬石洞을 한순간에 진압하였다.

다음 날 아침 石洞 마을 전역에 방이 붙었으니

[모든 石洞 主民은 보아라!

昨今에 天나라도 생겼고, 人나라도 생겼다.

모두 天上의 仙人들로서 王이 되었다. 이에 天上에서 우리 石洞을 어여삐 여겨 우리

石洞에도 天上의 仙人을 내려보내 주셨으니, 그분이 지금 우리 石洞에서 가장 신선한

九石洞에 계신다.

天上의 仙人을 우리 石洞의 王으로 추대하려 하였으나, 萬石洞主가 사리사욕에 눈이

멀어 天命을 거역하였다.

이에 萬石洞主는 天命을 받아 어제저녁 죽음을 맞이하였다. 모든 石洞마을 百姓들은

경거망동하지 말고 우리의 王을 맞을 준비를 하여라.

千石洞主, 百石洞主]

反	돌아올 반	6급/판
	又	4획
	뜻; 되돌리다, 뒤집다	

反面(반면) 이띤 사실과 반대되거나 다른 방면
反問(반문) 물음에 대답하지 않고 되받아서 물음

號	이름 호	6급/하오
	虍	13획
	㉰;号	

號外(호외) 특별한 일로 임시로 발간하는 신문이나
號數(호수) 차례로 매긴 번호의 수효　　〈잡지

모든 石洞 住民은 한편으로 놀라기도 하였지만, 반가운 마음이 더 컸다.
49.25 22.7

사실 大多數 住民은 萬石洞主를 좋아하지 않았다.
9 19 22.7 19.49.25.36

이 사실을 九石洞의 '土' 大장군에게 알리고, 吉日을 잡아 行事 준비를 완벽하게 마쳤
14.49.25 10 9 58.9 43.48
다.

드디어 吉日이 되었다.
48.9

'土' 大장군이 衣服을 갖춰 입고 의젓하게 나서는데, 九石洞에서 千石洞까지 모든 百
10 9 34.34 14.49.25 19.49.25 19

姓이 모여 천세, 만세를 외치니 그 행렬이 어느 大王 못지 않았다.
23 9.7

千石洞 동헌을 왕궁으로 고쳐 놓으니 모든 百姓은 天上의 仙人과 千石洞主를 모두 칭
19.49.25 19.23 34.18 38.6 14.49.25.36

송하였다.

'土' 大장군이 人事말을 始作하였다.
10. 9 6. 24 61.61

"親愛하는 石洞 百姓들은 들으시오. 이 모든 일이 하늘의 뜻이라 생각하고, 이곳 石洞
59 49.25 19.23 49.25

을 앞으로 地나라로 定하겠소. 또 天나라에도, 人나라에도 결코 뒤지지 않는 살기 좋
36 42 34 6

은 나라로 만들 것이며, 우리 地나라에 英光이 永遠할 것이오."
36 52 40

다음날 첫 업무가 始作되었는데
61.61

"내가 알기에 살인죄나 기타 重죄인은 모두 사형이 되었고 現在 八石洞에 있는 죄인들
28 55.55 14.49.25

<table>
<tr><td rowspan="3">多</td><td>많을 다</td><td>6급/뚜오</td></tr>
<tr><td>夕</td><td>6획</td></tr>
<tr><td colspan="2">(반);少(적을 소)</td></tr>
<tr><td colspan="3">多少(다소) 많고 적음</td></tr>
<tr><td colspan="3">多年間(다년간) 수 년 동안</td></tr>
</table>

<table>
<tr><td rowspan="3">愛</td><td>사랑 애</td><td>6급/아이</td></tr>
<tr><td>心</td><td>13획</td></tr>
<tr><td colspan="2">(유);好(좋을 호)</td></tr>
<tr><td colspan="3">愛國(애국) 나라를 사랑하는 마음</td></tr>
<tr><td colspan="3">愛人(애인) 이성 간에 사랑하는 사람, 연인</td></tr>
</table>

<table>
<tr><td rowspan="3">英</td><td>꽃부리 영</td><td>6급/잉</td></tr>
<tr><td>++(艸)</td><td>9획</td></tr>
<tr><td colspan="2">(유);特(특별할 특)</td></tr>
<tr><td colspan="3">英語(영어)미국 영국의 국어</td></tr>
<tr><td colspan="3">英材(영재) 탁월한 재주 또는 그런 사람</td></tr>
</table>

<table>
<tr><td rowspan="3">永</td><td>길 영</td><td>6급/용</td></tr>
<tr><td>水</td><td>5획</td></tr>
<tr><td colspan="2">(유);遠(멀 원)</td></tr>
<tr><td colspan="3">永有(영유) 영원히 소유함</td></tr>
<tr><td colspan="3">永生(영생) 영원한 생명</td></tr>
</table>

은 그동안 反省할 時間도 충분히 있었고, 地나라의 開國을 축하하는 의미에서 전부
　　　　　　63.51　22.22　　　　　　　　　　　　36　　　　40. 7

죄를 사하여 本業으로 돌아가게 하시오."
　　　　　　46.43

이 말에 千石洞主가 한 발 앞으로 나서며
　　　　　19.49.25.36

"王이시여 어찌 王命을 거역하겠습니까만, 八石洞 죄수 中에는 희대의 절도범 조세홍
　7　　　　　　　7.29　　　　　　　　14.49.25　　12

도 있고, 폭력 집단을 만들었던 조폭 頭目 김태춘도 있습니다. 이런 놈들은 다시 世上
　　　　　　　　　　　　　　　42.32　　　　　　　　　　　　　　　　　　27.18

에 나오면, 大王의 은혜도 모르고 또다시 世上을 시끄럽게 할 것이니 몇 名은 가려 살
　　　　　9. 7　　　　　　　　　　27.18　　　　　　　　　　18

피심이 어떠하실는지요."

"그러면 그 두 名을 데려오시오. 1차 면담을 해 보고 定하겠소."
　　　　　　　18　　　　　　　　　　　　　　　42

地王 앞에 나온 두 흉악범은 始終일관 弱한 소리를 하며 어리석었던 과거의 行動을
36.7　　　　　　　　　　　　61　　　　　　　　　　　　　　　　　43.27

反省하고, 앞으로는 어엿한 직업을 구하여 선량한 양민으로 살아갈 수 있도록 도와주
63.51

기를 빌었다.

이 말에 地王은
　　　　36. 7

"그럼 내가 직업을 구해 줘도 되겠느냐?"

"직업까지 구해 주시면 그 은혜를 무엇으로 갚겠습니까!"

"그럼 조세홍은 몸이 약삭빠르고 눈치가 있으니, 萬石洞 市場 상인 組合의 組合長이
　　　　　　　　　　　　　　　　　　　　9. 49.25　25.24　　　59　　65.59.11

운영하는 '地球 第一食堂'에서 일하고, 金 태춘은 힘이 좋으니
　　　　36　44.14.28.40　　　　　　10

終	마칠 종	5급/총
	糸	11획
	(반);始(비로소 시)初(처음 초)	
終決(종결) 끝말이 남		
終結(종결) 끝을 냄, 끝마침(종말)		

弱	약할 약	6급/루오
	弓	10획
	(반);强(굳셀 강)	
弱者(약자) 힘이나 세력이 약한 사람이나 생물		
强弱(강약) 강함과 약함		

組	짤 조	4급/주
	糸	11획
	(유);織(짤 직)	
組合(조합) 여럿을 모아 한 덩어리가 뇌게 함		
組員(조원) 한 조를 이루는 사람		

球	공. 구슬 구	6급/치오우
	玉	11획
	뜻; 공, 아름다운 옥	
野球(야구) 방망이로 공을 치는 구기 종목		
北半球(북반구) 지구 적도를 중심으로 북쪽 부분		

千石洞 商工人 組合 組合長인 철 社長이 경영하는 대장간에서 일할 수 있겠느냐?"
19.49.25　　20. 6　65.59　65.59.11　　　　48.11

"황은이 망극할 뿐입니다."

地王은 溫情을 베풀어서 八石洞의 죄수들을 모두 석방하였다.
36. 7　　　　　　　　　　　14. 49.25

조세홍과 김태춘은 食堂 배달원과 대장간 직원으로 취직하여, 열심히 技術을 연마하고
　　　　　　　　　28.40　　　　　　　　　　　　　　　　41.41

일류 요리사와 최고 대장장이가 되기로 各其 마음먹었다. 두 사고뭉치는 失業者 신세를
　　　　　　　　　　　　　　　37.39　　　　　　　　43.62

면했다. 하지만 두 名의 사면이 後日에 큰 실수가 됨을 어찌 예견할 수 있었겠는가.
　　　　　　18　　　26. 9

호사다마라 하였든가? 地나라의 건국에 一等 功臣이라 할 수 있는 천수 老人이 十여
　　　　　　　　　36　　　　　14　　　　　　　　　　21. 6　　15

년의 감호 生活과 몇 달간의 정신적 고민이 일거에 해소되는 충격에 그만 몸져누워
　　　　8. 30

米飮을 전폐하고 혼수상태가 되었다.
49

商	장사 상　　　　　5급/쌍 口　　　　　　　11획 뜻; 헤아리다, 장사	溫	따뜻할 온　　　　6급/원 氵(水)　　　　　13획 ＠;冷(찰 랭) ＠;暖(따뜻할 난)
	商術(상술) 장사하는 솜씨나 꾀 行商(행상) 일정한 장소 없이 다니면서 하는 상업		溫氣(온기) 따뜻한 기운 平溫(평온) 평상시의 온도나 체온

情	뜻 정　　　　　　5급/칭 忄(心)　　　　　11획 ＠;心(마음 심)	失	잃을 실　　　　　6급/쓰 大　　　　　　　5획 ＠;得(얻을 득) ＠;損(덜 손)
	心情(심정) 마음에 품은 생각과 감정 友情(우정) 벗 사이의 정		失手(실수) 부주의로 잘못함 失禮(실례) 말이나 행동이 예의에 벗어남

等	무리 등　　　　　6급/덩 竹　　　　　　　12획 ＠;均(고를 균)	功	공 공　　　　　　6급/꽁 力　　　　　　　5획 ＠;過(허물 과)
	同等(동등) 등급, 정도가 같음 等分(등분) 분량을 똑 같이 나눔		戰功(전공) 전투에서 세운 공로 功力(고역) 공들여 애쓴 힘

臣	신하 신　　　　　5급/쓰 臣　　　　　　　6획 ＠;君(임금 군)	米	쌀 미　　　　　　6급/미 米　　　　　　　6획 뜻; 쌀, 길이의 단위
	臣下(신하) 임금을 섬기어 벼슬하는 사람 〈는 말 臣民(신민) 군주국에서 관리나 백성을 아울러 이르		米食(미식) 쌀밥을 주식으로 함 白米(백미) 흰쌀, 멥쌀

石洞에서 醫術이 뛰어난 韓醫院의 名醫들이 모두 모여 치료하였으나, 나이도 있고 하
여 死亡하고 말았다.

이에 地王은 천수 老人을 건국 一等 功臣으로 봉하며 충국공이라는 號(작호)를 하사하
고, 국장의 禮를 갖추어 장례를 치르니 石洞의 모든 百姓이 感動하여 地王을 더욱 칭
송하였다.

醫	의원 의	6급/이
	酉	18획
	ⓐ;医	
名醫(명의) 병을 잘 고쳐 이름난 의사		
韓醫(한의) 한방의 의술		

院	집 원	5급/위엔
	阝(阜)	10획
	뜻; 담, 집, 단단하다	
院生(원생) 소년원 같은 원에 수용되어 있는 사람		
學院(학원) 학교		

死	죽을 사	6급/스
	歹	6획
	ⓑ;活(살 활)	
死後(사후) 죽은 이후		
病死(병사) 병으로 앓다가 죽음		

亡	망할 망	5급/왕
	亠	3획
	ⓑ;存(있을존)興(흥할흥)ⓐ;逃(달아날도)	
亡國(망국) 망해 없어진 나라		
亡失(망실) 잃어버려 없어짐		

感	느낄 감	6급/간
	心	13획
	ⓤ;覺(깨달을 각)	
感情(감정) 느끼어 일어나는 마음이나 심리 상태		
同感(동감) 같은 느낌		

소양江 上流에 가을이면 붉은 단풍이 유달리 아름다운 山이 있는데, 사람들은 붉은
　　17 18　　　　　　　　　　　　　　　　　　　　　9

옷을 입었다고 하여 赤衣山이라 불렸다. 그 山 아래 赤衣邑이라는 작은 마을이 있다.
　　　　　　　34. 9　　　　　　　　　9　　　69.34.31

그 마을 邑長은 時代에 앞선 開放된 思考를 가졌다. 赤衣邑長에게는 아들 三兄弟가
　　　31.11　22. 37　　40.38　　　　69.34.31.11　　　9. 11.11

있었는데, 그 아이들도 역시 各自 개성이 有別나다.
　　　　　　　　　　　37.25　　25.37

첫째는 용모가 빼어날 뿐만 아니라 才能도 特出하여 學文을 가르쳤으며,
　　　　　　　　　　　　　62　37.30　12.22

둘째는 언변이 좋아 말재주에 能通한 先生에게 유학을 보냈고,
　　　　　　　　　　69.43　8. 8

셋째는 學文에는 關心도 없고 오직 神技한 요술, 마술 등을 좋아하여 금강山 北쪽 어
　　　12.22　　18　　　　　38.41　　　　　　　　　　　9　10

느 계곡에 있는 마법 법사에게 보내 수업을 받도록 하였다.

赤衣邑은 비록 작은 마을이지만 마을의 書堂 訓長님은 近洞에서 알아주는 先生이다.
69.34.31　　　　　　　　　　　　38.40 40.11　　40.25　　　　　　　8. 8

赤衣邑長의 큰아들 '수' 도 이곳 書堂에서 學業을 하고 있다.
69.34.31.11　　　　　　38.40　12.43

流	흐를 류　　　　　5급/리우 氵(水)　　　　　　10획 뜻; 흐르다, 날아가다, 옮기다
	流通(유통) 공기나 액체 따위가 원활히 흐름 海流(해류) 바닷물의 흐름

赤	붉을 적　　　　　5급/츠 赤　　　　　　　　7획 뜻; 붉다, 멸하다
	赤色(적색) 붉은 색상 赤道(적도) 지구의 중심에 위치하는 경선

思	생각할 사　　　　5급/스 心　　　　　　　　9획 ㊤;想(생각상)念(생각념)慮(생각할려)
	思想(사상) 생각, 의견 思親(사친) 어버이를 생각함

考	생각할 고　　　　5급/가오 老　　　　　　　　6획 ㊤;慮(생각할 려)
	考査(고사) 자세히 생각하고 조사함 先考(선고) 세상을 떠난 아버지를 말함

能	능할 능　　　　　5급/넝 肉　　　　　　　　10획 뜻; 능하다, 견디다
	才能(재능) 재주와 능력 能通(능통) 사물의 이치에 환히 통달함

關	관계할, 빗장 관　5급/ 門　　　　　　　　19획 ㊤;関
	關係(관계) 둘 이상이 서로 관련을 맺음 關稅(관세) 세관을 통한 물품에 부과하는 세

'수'는 才能이 남달리 特出하여 書堂에서도 工夫를 견줄 자가 아무도 없었고, 心性도
　　62.69　　　　　　　37.30　　　38.40　　　20.25　　　　　　　　　　　　18

좋아 주위에 어려운 者가 있으면 입고 있던 옷도 벗어 주곤 하였다.
　　　　　　　　　62

그런 '수'를 보고 주위의 사람들이 필시 크게 될 人物이라고 말하니 칭찬이 파다하였다.
　　　　　　　　　　　　　　　　　　　　　　　　　6. 22

같은 學童 中에 家庭 形便이 아주 어려운 '옥'이라는 후배가 있었는데, 마치 親同氣
　　12.39　12　　15.61　41.27　　　　　　　　　　　　　　　　　59.28.24

以上으로 보살펴 주었다. 다섯 살 어린 '옥' 學童 역시 외로운 고아여서 '수'를 親兄
18　　　　　　　　　　　　　　　　　　12.39　　　　　　　　　59.11

처럼 따랐다

때는 開天 二 年 '수'의 나이　二十五 歲가 되었을 때 天下가 三分되어 天, 地, 人이
　　40.34　15　15　　　　　15.15.9　　　　　34.30　　9.54　　34　36　6

라는 나라가 생겼다. 地나라와 天나라에서 人才를 구한다는 所聞이 世上 天地에 널리
　　　　　　　36　　　34　　　6.62　　　　24.43　27.18　34.36

퍼지니 書堂 訓長께서 書堂 學童을 모두 모아놓고
　　38.40　40.11　38.40　12.39

"이제 우리 書堂에서도 學文이 뛰어난 學童은 世上으로 나가 보아라."
　　　38.40　　12.22　　　12.39　27.18

"特히 '수'는 더는 배울 것이 없으니 넓은 世上으로 나가, 너의 才能을 마음껏 발휘하
37　　　　　　　　　　　　　　27.18　　　　　62.69

여라."

"小子 겨우 二十五 歲인데 先生님에게 좀 더 가르침을 받겠습니다."
13.28　　15.15.9　70　　8. 8

하지만 訓長님 뜻이 너무 확고하여 世上으로 나가기로는 하였으나 어느 나라로 갈지
　　40.41　　　　　　　　27.18

定하지 못하고 날짜만 消日하고 있는데 '옥' 아우가 찾아왔다.
42　　　　　　38.9

"'수' 뮈님 요즘 같은 난세에는 하루라도 빨리 世上에 나가는 것이 出世에 큰 도움이
11　　　　　　　　　　　　　　27.18　　　　　　30.27

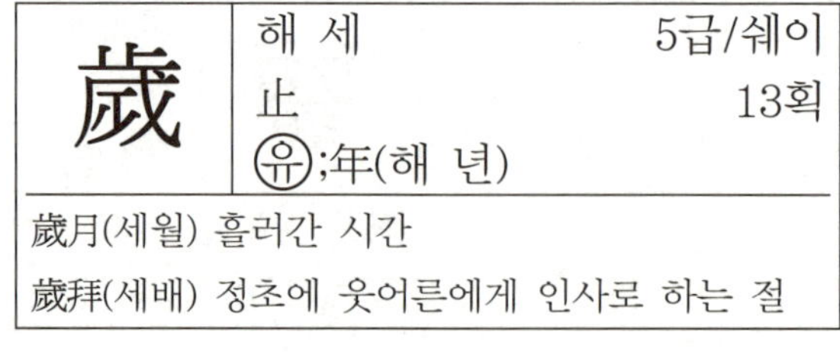

性	성품 성	5급/싱
	↑(心)	8획
	뜻; 성품, 성질, 모습	

性能(성능) 기계 따위의 성질이나 능력
天性(천성) 선천적으로 타고난 성품

以	써 이	5급/이
	人	5획
	뜻; ~써, 부터, 까닭	

以來(이래) 어느 일정한 때로부터 지금까지
以後(이후) 기준이 되는 때를 포함해서 그 뒤에

歲	해 세	5급/쉐이
	止	13획
	유;年(해 년)	

歲月(세월) 흘러간 시간
歲拜(세배) 정초에 웃어른에게 인사로 하는 절

될 터인데 어찌하여 이러고 계십니까?"

"'옥' 아우 왔는가. 나도 世上에 나가기로 마음은 먹었지만, 어느 나라로 갈지 아직
　　　　　　　27.18

定하지 못하였구나. '옥' 아우는 머리가 英特하니 좋은 意見을 말해 보아라."
42　　　　　　　　　　　　　　　　　　　　64.37　　　　59

"네, 英雄은 난세에 나온다고 하였습니다. 人나라는 人王의 德望있는 정치로 너무나
　　　64　　　　　　　　　　　　　　　　　6　　　6. 7

平溫하고 安定되어 있으니 人才를 크게 쓸 일이 없을 것입니다. 地나라는 人才를 널
27 66　　　　27.42　　　　　　　6. 62　　　　　　　　　　　　36　　　6. 62

리 구하고는 있지만 좁은 골짜기에서 나오려고 하지 않으니, 용이 간들 날아오르겠습

니까? 봉황이 간들 날갯짓을 하겠습니까?

못난 아우 생각에는 天나라가 氣運이 왕성하고, 한참 커 나가는 나라이니 兄님 같은
　　　　　　　　34　　　24.49　　　　　　　　　　　　　　　　　11

분들이 널리 才能을 펼칠 수 있을 것입니다."
　　　　　62.69

"옳거니! 아우 말을 듣고 決定을 했네. 나도 天나라로 가고 싶었으나 人才가 너무 많
　　　　　　　　　　　42　　　　　34　　　　　　　　6. 62

다는 所聞에 망설이고 있었는데 아우의 說明을 들으니 自信이 생기네. 내가 먼저 나
　　24.43　　　　　　　　　　48　　　　25.25

가 자리를 잡을 테니 '옥' 아우도 學業을 마치면 天나라로 오게. 내가 힘이 되어 줄
　　　　　　　　　　　12.43　　　34

것이야."

<table>
<tr><td colspan="2">

見

볼 견　　5급/지엔
見　　7획
뜻; 보다, 나타나다

見聞(견문) 보고 들음
意見(의견) 어떤 대상이나 일에 대한 생각
</td><td colspan="2">

雄

수컷 웅　　5급/
隹　　12획
뜻; 수컷, 이기다, 어른

雄大(웅대) 웅장하고 큰
雄壯(웅장) 굉장히 우람한
</td></tr>
</table>

德 덕 덕　5급/드어 彳　15획 (약);德	惡德(악덕) 도덕에 어긋나는 나쁜 마음이나 행동 德望(덕망) 덕행으로 얻은 명망	**望** 바랄 망　5급/왕 月　11획 (유);希(바랄 희)願(원할 원)	望鄕(망향) 고향을 그리워 함 〈어서 되었다는 돌 望夫石(망부석) 멀리 떠난 남편을 기다리다가 죽
決 결단할 결　5급/쥐에 氵(水)　7획 뜻; 터지다, 터놓다, 도려내다	決心(결심) 마음을 굳게 정함 決算(결산) 정리하여 마무리함, 계산함	**說** 말씀 설/기쁠 열　5급/ 氵(水)　19획 (유);辭(말씀 사)	說得(설득) 여러 가지로 설명하여 납득시킴 說話(설화) 옛날이야기

두 의형제는 긴 겨울밤을 날 새는 줄도 모르며 서로 생각을 나누다가 東窓이 밝아서
야 헤어졌다.

'수' 學童이 天나라로 出發 길에 오르니 많은 사람이 마중을 나왔다. 訓長님을 비롯한
여러 學童과 '수'의 父母님, 마을 住民 등 모두 합치니 온 마을 住民이 다 나온 듯하
다. 모두가 하나같이 '수'가 成功하여 금의환향하기를 自身의 자식인 양 빌었다.
'수' 學童이 天나라에 들어서니 天나라가 널리 人才를 구하는 中이었다. 물론 장수나
軍卒도 必要하지만, '수'와 같이 學識 있고 才能 있는 사람들도 높이 登用하였다.
'수'와 같은 學識 있는 사람은 文士로 등용하였는데 계급이 一品士부터 九品士까지
였다. '수'는 九品士라는 말직으로 입직하였다.
한편, 地나라에서는
地王이 보기에는 石洞의 軍事, 정치, 경제 등 모든 체제가 天上의 작은 고을 수준이었
다. 地王은 먼저 千石洞主에게 하늘에서 부르던 '土'씨를 姓으로 하사하고, 千石洞主
를 재상으로 任命하였다.

卒	군사. 마칠 졸　　　　5급/주 十　　　　　　　　　8획 (반);將(장군 장)(유);兵(병사 병)
	卒去(졸거) 직급이 낮은 사람의 죽음
	兵卒(병졸) 군사

必	반드시 필　　　　　5급/삐 心　　　　　　　　　5획 뜻; 반듯이, 모두, 오로지
	必然(필연) 그리 되는 수밖에 다른 도리가 없음
	必死(필사) 죽을 각오로 임함

要	요긴할 요　　　　　5급/야오 襾　　　　　　　　　9획 뜻; 구하다, 원하다
	重要(중요) 중하고 요긴함
	要所(요소) 중요한 장소나 지점

識	알 식/기록할 지　　5급/쓰 言　　　　　　　　　19획 (유);認(알 인)知(알 지)
	識者(식자) 아는 것이 많은 사람
	識別(식별) 분별해 알아봄

任	맡길 임　　　　　　5급/런 亻(人)　　　　　　　6획 뜻; 맡기다, 마음대로, 능하다
	任期(임기) 임무를 맡아 보는 일정한 기간
	責任(책임) 도맡아 해야 할 임무나 의무

순박한 百石洞主에게는 '朴' 씨 姓을 주며 軍事의 首長인 上장군으로 任命하였다. 나

머지 3石洞의 관료들을 적재적소에 배치하니 그런대로 國家의 모습이 갖추어졌다.

그래도 地王은 人才의 아쉬움을 많이 느껴, 널리 人才를 모집하는 廣告를 하였다.

한편, 나라의 國號를 '地'라고 定하였으나 正式으로 선포하지 않은 상태였다. 선포 일

을 돌아오는 立春日로 定하고, 特使를 뽑아서 天나라와 人나라에 各各 보냈다.

人나라에 到着한 使臣은 人 大王을 만나 地나라의 그간 일을 간략하게 이야기하고 地

王의 書信을 傳하였다.

[人 大王 전하]

天上에서 人先生과 헤어진 것이 며칠 前 같은데 人先生이 人나라를 建國하여 추앙 받

朴	순박할, 성 박　　　6급/피아오
	木　　　　　　　　　　6획
	⑪;素(본디 소)
	朴氏(박씨) 성씨가 박 가인 사람을 부를 때 씀
	質朴(질박) 꾸민 데가 없이 수수하다

首	머리 수　　　　　　5급/쇼우
	首　　　　　　　　　　9획
	⑪;尾(꼬리 미)
	雄大(웅대) 웅장하고 큰
	雄壯(웅장) 굉장히 우람한

廣	넓을 광　　　　　　5급/꽝
	广　　　　　　　　　　15획
	⑫;広
	廣場(광장) 많은 사람들이 모일 수 있게 만들어 놓
	廣野(광야) 아득하게 넓은 들판 〈은 너른 공간

告	알릴 고　　　　　　5급/까오
	口　　　　　　　　　　7획
	⑪;報(알릴 보)申(납 신)
	告示(고시) 행정 기관에서 일반 국민에게 알릴 것
	告白(고백) 사실대로 숨김없이 말함

到	이를 도　　　　　　5급/따오
	刂(刀)　　　　　　　　8획
	⑪;達(통달할 달)
	到任(도임) 지방관이 임지에 도착함
	到來(도래) 어떤 시기나 기회가 닥쳐옴

着	붙을 착　　　　　　5급/주오
	目　　　　　　　　　　11획
	⑫;發(필 발)脫(벗을 탈)
	先着(선착) 먼저 도착함 〈생각 따위를 잡음
	着想(착상) 어떤 일이나 창작의 실마리가 될 만한

傳	전할 전　　　　　　5급/촨
	亻(人)　　　　　　　　13획
	⑫;伝
	傳說(전설) 예로부터 전해 내려오는 이야기
	傳來(전래) 전해 내려옴

建	세울 건　　　　　　5급/지엔
	廴　　　　　　　　　　9획
	⑪;設(베풀 설)
	建物(건물) 사람이 살거나 기타의 용도로 지운 집
	建立(건립) 건물 동상 등을 만들어 세움 〈의 총칭

는 人 大王이 되었음을 먼저 祝福 드립니다. 나도 本意 아니게 나라를 建國하게 되었
습니다. 모두 하늘의 뜻으로 알고 돌아오는 立春日에 開國을 선포하기로 하였습니다.

貴國의 開國을 미리 알았으면 人事를 하였을 터인데 내 形便이 그리하지 못하였음을
이해하시고, 우리 地나라의 開國 선포에 貴國을 초청합니다.

[地나라 地王 書]

이 書信에 人 大王이 答書를 보냈다.

[地 大王 보시오.]

天上에서부터 '土' 大장군의 人品을 익히 아는 터에 地上에서 地나라를 開國하였다니
當然한 數順이라 생각하며, 地 大王의 넓으신 人品으로 地나라를 建實한 나라로 만들
것을 믿어 의심하지 않습니다.

그뿐만 아니라 地나라의 物的, 人的 자원과 本國의 활발한 무역이 예전부터 이와 입술

祝	빌 축 示 뜻; 빌다, 원하다	5급/주 10획
	祝典(축전) 축하하는 의식	
	祝手(축수) 두 손을 마주 대고 빔	

福	복 복 示 ㈜;幸(다행 행)	5급/푸 14획
	幸福(행복) 복된 좋은 운수	
	萬福(만복) 많은 복록	

當	마땅할 당 田 ㈝;落(떨어질 락)	5급/땅 13획
	當時(당시) 일이 생긴 그때	
	相當(상당) 어떠한 정원에 가까운 것	

順	순할 순 頁 ㈝;逆(거스를 역)	5급/쑨 12획
	順位(순위) 순서를 나타내는 위치나 지위	
	順產(순산) 아이를 아무 탈 없이 순하게 낳음	

實	열매 실 宀 ㈝;虛(빌 허)㈜;果(과실 과)㈎;実	5급/쓰 7획
	實事(실사) 사실로 있는 일	
	現實(현실) 현재 사실로서 존재하는 일이나 상태	

的	과녁 적 白 뜻; 과녁, 표준, 참되다	5급/띠 8획
	目的(목적) 일을 이루려는 목표나 나아가는 방향	
	的中(적중) 목표에 어김없이 들어맞음	

과 같은 사이로 잘 어우러져 왔듯이, 앞으로도 더욱 合心하여 두 나라뿐만 아니라 地
上의 모든 百姓을 위하여 努力합시다.

이번 立春日에 本人이 직접 參席하여 祝福하고 싶은 마음이 굴뚝같지만, 한 나라의
王이다 보니 擧動이 자유롭지 못함을 이해해 주시길 바라며, 代身 축하 使節團을 보
내어 地나라 開國에 서운함이 없도록 하겠습니다.

[人나라 人王]

天나라로 떠난 使臣도 天나라의 天王을 배알하고 地나라에 있었던 사연들을 간략하게
이야기하고 地王의 書信을 傳하였다.

天나라에 보낸 便紙 내용도 人나라에 보낸 便紙 내용과 거의 비슷하였다.

하지만, 天王은 便紙를 다 보고 난 後에 안색이 돌변하며 使臣을 問責하는데

勞	일할 로　　　　　5급/라오 力　　　　　　　　12획 （반）;使(부릴 사)（약）;労
	勞使(노사) 노동자와 사용자, 노동자 대 사용자 勞動(노동) 몸을 움직여 일을 함

參	참여할 참. 석 삼　　　5급/찬 厶　　　　　　　　12획 （유）;與(더불어 여)（약）;参
	同參(동참) 어떤 모임이나 일에 함께 참가함 三拾(삼십) 서른

擧	들 거　　　　　　5급/쥐 手　　　　　　　　18획 （약）;挙
	擧手(거수) 손을 위로 들어 올림 擧行(거행) 명령대로 시행함

節	마디 절　　　　　5급/지에 竹　　　　　　　　15획 뜻; 미디, 절개, 규칙
	節度(절도) 규칙, 법도 節節(절절) 말이나 글의 한 마디 한 마디

團	둥글 단　　　　　5급/투안 口　　　　　　　　14획 （약）;団
	團結(단결) 많은 사람이 한데 뭉침, 단합 集團(집단) 모임, 떼, 단체

責	꾸짖을 책　　　　5급/저어 貝　　　　　　　　11획 뜻; 꾸짖다, 빚
	自責(자책) 스스로 뉘우치고 자신을 책망함 問責(문책) 잘못을 캐묻고 꾸짖음

"어찌 罪를 지은 罪人이 操身하게 罪를 치를 생각은 하지 않고, 억울하게 귀양 온 짐

과 견줄 나라를 建國하려 하느냐?"

"使臣은 들어라! 나 天王은 地上의 모든 마을과 部族을 통합하여 하나의 큰 제국을

만들 結心을 하고 地上에 내려온 天上國의 上장군이다.

天上國에서의 '土' 장군은 지금이라도 직속상관인 내 말을 알아듣고 國家 建國을 中

止하고 다시 山속으로 들어가 操身하게 罪값을 치르라고 傳하여라!

만약 내 말을 듣지 않고 開國을 한다면 대제국을 만들 나에게 反旗를 드는 것으로 알

고 내가 親히 軍卒을 이끌 것이라고 傳하여라."

天王 앞을 물러 나온 使臣은 얼마나 놀랐던지 바지에 小便을 지려 버렸다.

急히 地나라로 돌아온 使臣은 天나라에서 있었던 일을 더하지도 빼지도 않고 소상히

地王에게 報告하였다.

地王은 통쾌하게 웃으며

"天上에서도 '大' 上장군의 性品이 불같이 急하였다. 그렇지만 포악무도한 성격은 아

니다. 그러하니 다시 特使를 보내어라."

이 말에 여러 문무백관이 나서며, 다시 使臣을 보내는 것은 新生國 地나라로는 명예롭

罪	허물 죄	5급/쮀이
	皿	13획
	(반);賞(상줄 상)	

罪目(죄목) 저지른 죄의 명목
罪科(죄과) 지은 죄에 대해 법률에 비추어 처벌함

操	잡을 조	5급/차오
	扌(手)	16획
	뜻; 미디, 절개, 규칙	

節度(절도) 규칙, 법도
節節(절절) 말이나 글의 한 마디 한 마디

止	그칠 지	5급/즈
	止	4획
	(유);停(머무를 정)	

休止(휴지) 하던 것을 멈추고 쉼
終止(종지) 끝을 냄, 끝이 남, 끝

報	값을 보	4.2급/빠오
	土	12획
	(유);告(고할 고)	

報答(보답) 남의 호의·은혜를 갚음
通報(통보) 통지하여 보고함 또는 보고한 것

지 못하니 天王의 말을 無視하고 그냥 開國을 선포하자고 하였다.
　　　　34.7　　　　　　　　　　　　　40.7

그러자 地王이
　　　36.7

"여러 大臣들은 잘 들으시오."
　　　9.66

"지금 地나라는 國家의 모양만 갖추었지 天나라와는 비교가 되지 않소. 불같은 性格
　　　36　　　7.15　　　　　　　　　　34　　　　　　　　　　　　　　70

을 지닌 天王이 짧은 생각에 軍士를 일으킨다면 당해낼 재주가 없을 뿐 아니라, 天나
　　　34.7　　　　　　　6.43　　　　　　　　　　　　　　　　　　　　34

라를 막아 낸다 하여도 地나라의 피해도 無視하지 못하니 일단 소나기는 피해야 하는
　　　　　　　　　　36　　　　　77.77

것이요. 그러니 먼저 地나라를 강성한 나라로 만드는 일에 全心全力 勞力하시오."
　　　　　　　　　　36　　　　　　　　　　　　　　　　　31.18.31.24 75.24

모든 臣下는 自身들의 짧은 所見에 부끄러워 머리를 들지 못하며 높은 學識의 地王을
　　　66.30　25.34　　　　24.71　　　　　　　　　　　　　　12.72　 36.7

더욱 숭배하게 되었고, 人才의 아쉬움을 통감하였다.
　　　　　　　　　6.22

다시 使臣을 보내는데 便紙와 함께 地나라에서 나는 貴한 物品도 함께 보냈다.
　　　50.66　　　　27.20　　　36　　　　　　57　　22.37

[존경하는 天王님 보십시오.]
34.7

小將 '士' 大將軍이 어찌 직속상관이었던 天王에게 反旗를 들 뜻에서 나라를 開國하
13　10　9.77.6　　　　　　　　　　　34.7　　63.18　　　　　　　40.7

였겠습니까? 먼저 노여움을 푸십시오.

우리 地나라는 名色이 나라라고 하지만, 어찌 天나라와 비교가 되겠습니까?
　　　36　　18.7　　　　　　　　　　34

우리 地나라는 東西로 三十 里요. 南北으로 五十 里인, 한낱 고을에 불과한데,
　　　36　　　7.10　9.15 31　10.10　9.15 31

無	없을 무　　　5급/우 灬(火)　　　　12획 (반);有(있을 유)	視	볼 시　　　4.2급/쓰 見　　　　12획 뜻; 미디, 절개, 규칙
	無能(무능) 재능이 없음, 능력이 없음 無罪(무죄) 아무 잘못이 없음, 아무 허물이 없음		節度(절도) 규칙, 법도 節節(절절) 말이나 글의 한 마디 한 마디
格	격식 격　　　5급/그어 木　　　　10획 뜻; 바로잡다, 가지, 이르다	將	장수 장　　　4.2급/장 寸　　　　11획 (반);兵(병사 병)卒(군사 졸)(약);将
	格言(격언) 속담 등과 같이 사리에 꼭 맞는 교훈이 格式(격식) 격에 맞는 법식　〈될 만한 짧은 말		將校(장교) 육·해·공군에서 소위 이상의 무관 將兵(상병) 장교와 병사

天王이 직접 힘을 보인다면 온 天下가 天王을 大人이라 하겠습니까?

小將이 地上으로 귀양을 온 것도, 地나라를 建國한 것도, 人先生이 人나라를 建國한

것도 모두가 天上에 계신 옥황상제님의 뜻이라고 생각합니다.

누구든지 하늘의 뜻을 거역한다면, 結果 또한 天上에서 내려온다고 생각합니다.

여기 本人의 마음을 傳하는 뜻에서 天나라의 發展에 보탬이 되었으면 하는 마음에서

金, 銀, 보화와 귀한 산삼을 함께 보내니, 天上의 友情이 길이 지켜지길 바랍니다.

[地나라 地王]

便紙를 모두 읽은 天王은 칭찬인지 하늘을 빙자한 엄포인지 區分하기 어려웠다.

"여러 大臣은 들으시오. 여기 地王의 書信이 또 왔는데 경들의 意見을 말해 보시오."

"地나라가 아무리 작은 곳이라고 하지만, 石洞은 옛날부터 强性한 군대와 풍부한 자

원으로 누구도 함부로 대하지 못한 곳입니다.

이제 天人을 모셔 國家의 형태를 갖추면 훗날 우리 天나라에 害가 되면 되었지 이익

은 없을 것입니다.

싹은 더 자라기 전에 잘라야 하는 법이니 이번 기회에 出兵하심이 좋겠습니다."

展	펼 전	5급/잔
	尸	10획
	뜻; 펴다, 늘리다, 베풀다	

展示(전시) 물품 따위를 펴서 봄 또는 보임
進展(진전) 진보하고 발전함

友	벗 우	5급/요우
	又	4획
	뜻; 벗, 우애 있다, 따르다	

友愛(우애) 형제 사이의 사랑
校友(교우) 벗을 사귐 또는 그 사귀는 벗

害	해할 해	5급/하이
	宀	10획
	⓫;利(이로울 리) ⓨ;傷(다칠 상)	

利害(이해) 이익과 손해. 득실
水害(수해) 홍수로 인한 해

"아니 되오! 便紙 내용에도 있듯이 아직은 하늘의 뜻을 無視할 때가 아니요.

人 大王이 地上에 내려온 것은 상제님의 뜻이고 아직 一 年도 안되었는데, 이 말의 뜻

은 天上에 계신 옥황상제님이 地上을 注視하고 있다는 증명이요.

이런 時期에 天王이 상제님의 마음을 상하게 하면 안 될 것이요."

臣下들끼리 왈가왈부하는데 第一 末席에 있던 '수' 九品士가 한 발 나서며

"모두 들어 보시오. 여기는 地上이지 天上國이 아니요. 또 地나라에 아무리 强한 軍士

가 있고 나라가 커진다 하여도 우리 天나라의 相對는 아니요.

우리에게 正當한 名分이 있다면, 지금 當場 침공한다 해도 말할 사람이 없을 것이요.

하지만 地王이 禮意를 갖추어 선물까지 보냈는데, 이를 無視하고 擧兵을 한다면 그것

은 正當한 名分이 아니요.

名分 없이 몸을 움직이면 天下가 우리 天王을 小人이라며 鼻笑를 지을 것이요.

이번 기회에 우리 天나라가 大國이며, 天王의 그릇됨이 크다는 것을 萬方에 보여주어

末	끝 말	5급/모
	木	5획
	반:本(근본본) 始(비로소시) 유:端(끝단)	
終末(종말) 끝, 끝판, 마지막, 맨나중		
末年(말년) 일생의 말기		

相	서로 상	5급/쌍
	目	9획
	뜻; 서로, 보다, 바탕	
相當(상당) 서로 맞음		
相等(상등) 서로 같음		

鼻	코 비	5급/삐
	鼻	14획
	뜻; 코, 구멍, 종	
鼻音(비음) 코 안을 울리며 내는 소리		
耳鼻(이비) 귀, 코		

笑	웃을 소	4.2급/샤오
	竹	10획
	뜻; 웃다, 꽃이 피다, 업신여김	
談笑(담소) 웃으면서 이야기함		
可笑(가소) 우스움, 웃을 만함		

四勿(말 물)이란; 공자님 말씀. 禮(예)가 아니면 보지도 말고, 듣지도 말고,

말하지도 말고, 행동하지도 마라!

地上의 모든 마을과 部落이 우리 天나라에 스스로 투항하게 하는 것이 더 큰 이익일
36.18   44   34

것이요.

또 우리도 大國으로서 마땅히 축하 使節團을 보내 地나라를 觀察하는 것이 훗날을 위
            9. 7   50.75.75   36

하여 좋을 것이요."

'수' 九品士의 명철한 말에 天王의 고개가 절로 끄덕여졌다.
     14.37.43   34. 7
"나는 '수' 九品士의 말에 적극 同意하는데 경들은 어떠하오?"
         14.37.43   28.59

모든 臣下가 同意하지 않을 수 없었다.
     66.30   28.59

"그럼 이번 地나라 開國 친선 使節團 파견 問題는 '수' 九品士와 상의하고, '수' 九品
          36   40. 7   50.75.75   29.62   14.37.43   14.37

士는 使節團을 이끌만한 벼슬이 되지 않으니, 二品士 이상의 合當한 사람을 選別하여
43   50.75.75   15.37.43   59.40   37

보내고, '수' 九品士는 내 옆에서 정사를 돌보아라."
         14.37.43

이번 일을 계기로 '수' 九品士는 九品에서 八品, 八品에서 七品으로 急速度로 진급하
               14.37.43   14.37   14.37 14.37   15.37   35.35.35

였으며, 다른 사람의 시기 대상이 되기도 하였다.

地나라의 地王은 天나라와 人나라에게 開國 선포 날짜를 알리고 얼마 남지 않은 날을
36   36. 7   34   6   40. 7

분주하게 보내고 있었다.

한편, 萬石洞 市場 入口에 있는 '地球 第一 食堂' 에 취업한 희대의 절도범이었던 조세
      9. 49.25 25.24 20.20   36.65 11.14 28.40

홍은 八石洞의 끔찍한 감호 生活을 되새기며
   14. 49.25   8. 30

<table>
<tr><td>落</td><td>떨어질 락 — 5급/루오
++(艸) — 13획
(반):當(마땅할 당)</td></tr>
<tr><td></td><td>洛花(낙화) 꽃이 떨어짐 또는 떨어진 꽃
落島(낙도) 외따로 떨어져 있는 섬</td></tr>
</table>

落	떨어질 락 5급/루오 ++(艸) 13획 (반):當(마땅할 당)
	洛花(낙화) 꽃이 떨어짐 또는 떨어진 꽃 落島(낙도) 외따로 떨어져 있는 섬

觀	볼 관 5급/관 見 25획 (유):察(살필 찰)覽(볼 람)(약):観
	觀客(관객) 공연 따위를 구경하는 사람, 구경꾼 主觀(주관) 자기만이 갖고 있는 견해나 관점

察	살필 찰 4.2급/차 宀 14획 (유):觀(볼 관)覽(볼 람)省(살필 성)
	視察(시찰) 온통 밝혀서 살핌 洞察(통찰) 온통 밝혀서 살핌 (洞 → 통할 통)

選	가릴 선 5급/쒸엔 辶 16획 (유):別(나눌 별)擇(가릴 택)
	選出(선출) 여럿 가운데서 가려냄 當選(당선) 선거에서 뽑힘

열심히 일하여 一流 料理師가 되기를 꿈꾸었다.
　　　　　　　　14.69　42

조세홍이 開國 특사로 출감했다는 所聞이 인근 절도범들에게 꼬리에 꼬리를 물고 퍼
　　　　　40.7　　　　　　　　　24.43

져 나갔다.

손님 中에는 조세홍이 食堂 店員을 한다니깐 호기심에 와서는 힘내라고 격려하는 사
　　　12　　　　　　　28.40

람도 있고, 옛날에 도둑맞은 것을 마치 조세홍의 짓인 양 甚한 소리에다 짓궂은 장난
　　　　　　　　　　　　　　　　　　　　　　　　　39

까지 하는 지각없는 人間도 있었다.
　　　　　　　　6. 22

하루는 나이 많은 村老가 들어와 조세홍의 멱살을 잡고, 힘없는 팔로 조세홍을 連打하며
　　　　　　25.21

"네 이놈! 네놈이 우리 딸 혼숫감을 다 훔쳐 갔지? 이놈아! 그 바람에 우리 딸의 시집

살이가 얼마나 힘든 줄 아느냐? 이놈!"

이런 일이 며칠에 한 번씩 行事처럼 되었으니, 飮食店 主人도 좋은 뜻에서 조세홍을
　　　　　　　　　　　　　43.24　　　　49.28.81　36.6

취직시켰는데 영업에 지장이 甚하였다.
　　　　　　　　　　　　　　39

조세홍 역시 飮食 만드는 技術을 빨리 배워 작은 食堂이라도 하고 싶은 마음에 열심히
　　　　　　49.28　　　　41.41　　　　　　　28.40

料	헤아릴 료　　　　　5급/리아오 斗　　　　　　　　　　10획 뜻; 되질하다, 세다, 다스리다
	料金(요금) 남에게 수고의 대가로 치르는 돈 材料(재료) 물건을 만드는 데 드는 원료

師	스승 사　　　　　　4.2급/쓰 巾　　　　　　　　　　10획 ㋬;弟(제자 제)
	師弟(사제) 스승과 제자 教師(교사) 학술 · 기예를 가르치는 스승

店	가게 점　　　　　　5급/잔 广　　　　　　　　　　8획 뜻; 가게, 여관
	商店(상점) 물건을 파는 가게 店主(점주) 상점의 주인

員	인원 원　　　　　　4.2급/위엔 口　　　　　　　　　　10획 뜻; 수효, 인원, 더하다
	要員(요원) 필요한 인원 會員(회원) 어떤 회를 구성하는 사람들

連	이을 련　　　　　　4.2급/리엔 辶　　　　　　　　　　11획 ㋡;續(이을 속)
	連結(연결) 서로 이어지거나 관계를 맺음 連戰連勝(연전연승) 싸울 때마다 잇따라 이김

打	칠 타　　　　　　　5급/따 扌(手)　　　　　　　　5획 ㋡;擊(칠 격)
	打球(타구) 야구에서 공을 치는 일 打力(타력) '타격력'의 준말

일하였지만, 自身 때문에 食堂에 피해를 주는 것이 미안하였다. 물론, 自身의 도둑질
       25.25   28.40   25.25
로 피해를 본 사람에게는 죄송하지만, 한편으로는 서운하기도 하였다.

조세홍은 힘든 하루하루를 보내고 있었다.

예전 조세홍이 희대의 절도범이라는 명성을 듣고 무슨 도둑 技術이라도 배워 볼까 하
                                                      41.41
고 黑心을 품고 온 天下의 凶한 도둑놈들이 萬石洞에 모두 모인 듯하다.
   18   34.30   9. 49.25
하루는 이웃에 位置한 旅人宿에서 '地球 第一 食堂'에, 食堂 最高의 飲食으로 十 人分
              6   36.65 11.14 28.40   28.40 57   49.28   15. 6.54
의 注文이 들어 왔다.
   46.22
정성을 다해 음식을 만들어 배달을 가니, 옛날 조세홍의 똘마니들과 뭇 사내들이 한

방 가득히 서서 옛 頭目을 기다리는 것이 아닌가. 조세홍은 自身의 처지와 각오를 이
            42.32   25.34
야기하고 똘마니들과의 인연을 끊기로 하였다고 말하고 돌아왔다.

黑	검을 흑	5급/헤이
	黑	12획
	㉫;白(흰 백) ㉤;暗(어두울 암)	
黑白(흑백) 검은 빛과 흰 빛		
黑鳥(흑조) 까마귀를 다른 이름		

凶	흉할 흉	5급/흉
	凵	4획
	㉫;吉(길할 길)豊(풍성할 풍)	
凶惡(흉악) 성질이 사납고 모짐		
凶年(흉년) 재해 따위로 농작물이 잘되지 않은 해		

位	자리 위	5급/웨이
	亻(人)	7획
	뜻; 자리, 차례	
學位(학위) 일정한 자격 기준에 이른 사람에게 주		
方位(방위) 어떠한 방향의 위치 〈는 칭호		

置	둘 치	4.2급/즈
	罒	13획
	뜻; 두다, 사다, 버려두다	
置重(치중) 어떤 곳에 중점을 둠 〈들어 두는 일		
設置(설치) 어떤 목적에 유용하게 쓰기 위하여 만		

旅	나그네 려	5급/뤼
	方	10획
	뜻; 군사, 무리, 여행	
旅行(여행) 볼일이나 유람의 목적으로 다른 고장이		
旅客(여객) 여행하는 사람 〈나 외국에 가는 일		

宿	잘 숙/별자리 수	5급/쑤
	宀	11획
	뜻; 벗, 우애 있다, 따르다	
宿題(숙제) 학교에서 배운 것의 복습과 예습을 위		
宿食(숙식) 자고 먹음 〈해 내주는 과제		

最	가장 최	5급/쮀이
	日	12획
	뜻; 가장, 최상, 중요한	
最初(최초) 맨 처음		
最新(최신) 가장 새로움		

그 후에도 똘마니들의 飮食 배달이 계속될 뿐만 아니라 市場 여기저기에서 도난 事件
이 빈번하게 일어났다. 甚할 적에는 하루 저녁에도 몇 件의 도난 事件이 생겼다.

市場 인근 住民들의 아침人事가 "밤새 이상 없었소?"가 될 정도였다.

이러니 軍事와 치안을 담당하는 '朴' 上將軍은 開國 준비도 바쁜데 도난 事件 調査까
지 해야 해서 몸살이 날 지경이다.

'朴' 上將軍이 急한 김에 市場 入口에 포도청 夜間 파견소를 차려 보았지만, 파견소
物品까지 도둑을 맞기도 하였다.

하지만 典當業만은 신기할 정도로 성업을 이루었다.

萬石洞 市場 인근 住民들이 조세홍을 다시 가두라는 등 地球 食堂에 대한 不賣運動
시위를 하니 조세홍인들 온전히 직장 生活을 할 수 있겠는가?

조세홍은 할 수 없어 '朴' 上將軍을 찾아가

"小人이 마음을 잡고 열심히 일해 보려 하였으나, 小人이 無能하여 인근 住民뿐 아니라

件	물건. 사건 건　　　5급/지엔
	亻(人)　　　　　　　6획
	㊤;物(물건 물)

件數(건수) 사물·사건의 수
物件(물건) 일정한 형체를 갖춘 모든 물질적 대상

調	고를 조　　　　　5급/띠아오
	言　　　　　　　　15획
	㊤;和(화할 화)

調節(조절) 사물을 정도에 맞추어 알맞게 만듦
調和(조화) 서로 잘 어울리게 함 또는 잘 어울림

查	조사할 사　　　　5급/차
	木　　　　　　　　9획
	㊤;檢(검사할 검)

內査(내사) 겉으로 드러나지 않게 은밀히 조사함
査定(사정) 조사하여 그릇된 것을 바로잡음

賣	팔 매　　　　　　5급/망
	貝　　　　　　　　15획
	㊣;買(살 매)㊤;売

賣場(매장) 물건을 파는 곳　　　〈는 작은 가게
賣店(매점) 어떤 기관이나 단체 안에서 물건을 파

典	법 전　　　　　　5급/띠엔
	八　　　　　　　　8획
	㊤;籍(문서 적)範(법 범)

法典(법전) 국가가 제정한 법규를 체계적으로 정
典式(전식) 법식, 규칙　　〈하여 엮은 성문 법규집

저에게 삶의 기회를 주신 地 大王에게도 큰 누를 끼치게 되었으니, 이 한 몸 북망山으로 들어가 비적이 되든가 아무도 없는 곳에 가서 살게 하여 주십시오."

朴 上將軍이 地王에게 이 事實을 報告하니, 地王도 마땅한 方法이 없어 조세홍의 所願대로 하라는 令을 내렸다.

조세홍은 그 길로 모든 도둑 무리를 데리고 萬石洞을 나와 石洞 계곡 入口에서 十 里쯤 떨어진 石洞川으로 갔다.

"여기 모인 사람은 들으시오.

나는 더 以上 내 人生에 희망이 없소. 나에게 은혜를 베푸신 地나라에는 가지 않을 것이요.

지금 생각은 북망山으로 가서 북망山 비적이나 될까 하오.

그러니 여기 모인 사람들은 더 以上 나를 괴롭히지 마시오."

그곳에 모인 사람 中 한 사람이

"조 頭目은 뭘 모르시오.

내가 북망山 비적으로 있었는데, 天王의 토벌로 북망山 비적단은 없어졌습니다.

大部分이 天王의 部下로 들어가고, 북망山에 남아 있는 사람도 이제는 비적질을 안 하고 農事일을 하고 있소. 나는 農事일을 할 줄 몰라 이렇게 조 頭目을 찾아 온 것이요."

"어찌했든 난 도둑질은 안 하기로 했소. 各自 알아서 하시오."

이렇게 말하고는 石洞川 옆 南山으로 혼자 올라가 버렸다.

<table>
<tr><td>願</td><td>원할 원</td><td>5급/위엔</td></tr>
<tr><td></td><td>頁</td><td>19획</td></tr>
<tr><td></td><td colspan="2">㊫;希(바랄 희)願(원할 원)</td></tr>
</table>

願望(원망) 원하고 바람
念願(염원) 늘 생각하고 간절히 바람

<table>
<tr><td>令</td><td>하여금 령</td><td>5급/링</td></tr>
<tr><td></td><td>人</td><td>5획</td></tr>
<tr><td></td><td colspan="2">뜻; 영, 하여금, 가령</td></tr>
</table>

口令(구령) 행동과 동작을 일제히 하도록 호령함
命令(명령) 윗사람이 하위 조직에 무엇을 하게 함

조세홍은 自身이 생각해도 自身의 身世가 너무 寒心스러웠다.
　　　　　37.25　　　　　　　37.25　　25.27　　　　18

그래도 옛날 졸개 몇 名은 南山 속까지 따라왔다.
　　　　　　　　　　18　　10. 9

며칠을 山속에서 기거하는데 그中 한 졸개가
　　　　　9　　　　　　　　　　12

"형님! 이렇게 죽을 수는 없는 것 아니요?

地나라에서 못 살 것 같으면 人나라로 갑시다. 형님은 감호소에 있어 잘 모르겠지만,
36　　　　　　　　　　　　6

人나라는 韓水 변에 城을 쌓고 京城이라는 都邑을 定하고, 무역에 主力하여 數億 원
6　　　　9.10　　　40　　　40.40　　　　31　　42　　　　　　　36.24　　19

을 貯金한 부자들도 많다고 합니다.
　　10

그러니 우리 몇 名쯤이 살아갈 방책이야 없겠소?"
　　　　　　　18

모든 希望을 잃은 조세홍은
　　　84.84

"그러자꾸나. 州境을 넘어 韓水 마을로 가자꾸나."
　　　　　　　　9.10

"형님, 이젠 韓水 마을이 아니고 人나라 首都 京城이요. 京城!"
　　　　　　9.10　　　　　　6　　73.85　40.40　　　40.40

"그렇구나. 그럼 州境이 아니고 國境이라고 해야겠구나."
　　　　　　85.85　　　　7. 85

<table>
<tr><td>寒</td><td>찰 한
宀
(반)暖(따뜻할난)暑(더울서)(유)冷(찰냉)</td><td>5급/한
12획</td></tr>
</table>

寒	찰 한 / 宀 / (반)暖(따뜻할난)暑(더울서)(유)冷(찰냉)	5급/한 / 12획
寒冷(한랭) 날씨 따위가 춥고 참		
寒暑(한서) 추위와 더위		

都	도읍 도 / 阝(邑) / 뜻; 도읍, 목, 있다	5급/또우 / 12획
都市(도시) 도회지		
首都(수도) 나라의 중앙 정부가 있는 도시		

億	억 억 / 亻(人) / 뜻; 억, 편안한, 헤아리다	5급/이 / 15획
億萬(억만) 아주 많은 수효		
億中(억중) 계획하고 생각한일이 잘 들어맞음		

貯	쌓을 저 / 具 / (유);蓄(쌓을 축)	5급/쭈 / 12획
貯蓄(저축) 절약하여 한데 모아 둠　　　〈은 못		
貯水池(저수지) 물을 모아 둘 목적으로 만들어 놓		

州	고을 주 / 川 / 뜻; 고을, 섬, 마을	5급/조우 / 6획
州牧(주목) 주의 장관		
州里(주리) 마을, 향리		

境	지경 경 / 土 / (유);界(지경 계)域(지경 역)	4.2급/징 / 14획
境內(경내) 지역의 안		
境地(경지) 경계가 되는 땅		

그리하여 희대의 절도범 조세홍은 어쩔 수 없이 끝까지 따라온 졸개 몇 名을 데리고

人나라로 出發하였다.

"너희에게 또다시 도둑질을 시키는 내 마음이 아프지만, 우리가 아는 것이라고는 도

둑질뿐이니 方法이 없다."

"만약 地理도 잘 모르는 人나라에서 무슨 일이 생겨 헤어지게 된다면 지금부터 가르

쳐 주는 技術을 利用하여 혼자 살아가거라.

잘 들어라. 도둑 技術도 도둑놈에게는 知識이다.

먼저 도둑질의 基本은 훔칠 대상이 부잣집 즉 富宅이냐, 가난한 집 즉 貧宅이냐를 區

別할 줄 알아야 한다. 그 基準은 담장이다.

"담 '장' (一)이란 사람과 사람(人, 人)을 갈라놓는(人 | 人) 것이야. 또 담은 트인 곳이

없이 막혀 있다(回). 貧宅 담장은 흙(土)으로 되어 있고, 富宅 담장은 일단 높이가 높

다(ノ). 그리고 담장 위에 쇠창살이 있다(彡).

知	알 지 / 矢 / 😊;認(알 인)識(알 식)	5급/ズ / 8획

知性(지성) 인간의 지적 능력, 사고하고 이해하고
知面(지면) 처음 만나서 서로 앎 〈판단하는 능력

基	터 기 / 土 / 😊;底(밑 저)	5급/지 / 11획

基地(기지) 군대의 보급·수송·통신·항공 등의 기
基準(기준) 기본이 되는 표준 〈점이 되는 곳

富	가멸 부 / 宀 / 🈲貧(가난할 빈)😊豊(풍성할 풍)	4.2급/푸 / 12획

富村(부촌) 부자가 많은 마을
富强(부강) 백성이 부유하고 군사가 강함

宅	집 택 / 宀 / 😊;家(집 가)屋(집 옥)舍(집 사)	5급/짜이 / 6획

宅地(택지) 집을 지을 땅, 집터
住宅(주택) 사람이 들어가 살 수 있게 지은 집

貧	가난할 빈 / 具 / 🈲富(가멸 부)😊窮(궁할 궁)	4.2급/핀 / 11획

貧弱(빈약) 가난하고 힘이 없음 〈난함
淸貧(청빈) 청백하여 재물에 대한 욕심이 없어 가

잘 기억해 두고 철저히 練習하여라.
41

그리고 가난한 집은 절대로 도둑질을 하지 마라. 알겠느냐?"

"네."

대장간에 취업한 조직폭력배 頭目, 金태춘도 過去를 깨끗이 잊고 熱心히 일하였다.
42.32   10   18

옛날의 졸개들이 번질나게 찾아왔지만, 그래도 의지가 굳은 金 技士는 조금도 마음이
10   41.43

흔들리지 않을 뿐 아니라 오히려 아우들을 설득했다.

"형님! 아우 왔습니다. 다시 우리 世上을 만들어 보시지요."
27.18

"아우 왔는가? 나는 이제 鐵工 技術을 熱心히 배워서 着實하게 살 것이라네."
20. 41.41   87.18   73.74

"그럼 아우들은 어떡하고요?"

"마침 우리 대장간에 직원이 모자라니 아우도 함께 일해 보지 않겠나?"

墙,牆	담 장　　　　　　3급/창 土　　　　　　　　16획 뜻; 담, 경계	練	익힐 련　　　　　5급/리엔 糸　　　　　　　　15획 뜻; 익히다, 일다
	土墻(토장) 토담, 흙담 墻衣(장의) 담에 낀 이끼		訓練(훈련) 가르치고 연습시켜 익히게 함 練兵場(연병장) 병영에 군대를 훈련시키는 운동장
過	지날 과　　　　　5급/꾸어 辶　　　　　　　　13획 ⊕;經(지날경)歷(지낼력)⊕;去(갈거)	去	갈 거　　　　　　5급/취 厶　　　　　　　　5획 ⊕;來(올 래)⊕;過(지날 과)
	通過(통과) 통하여 지나가거나 옴 改過(개과) 잘못을 뉘우치고 고침		去來(거래) 상인과 고객 사이에 물품을 매매하는 일 去頭截尾(거두절미) 요점만 간단히 말함
熱	더울 열　　　　　5급/르어 灬(火)　　　　　　5획 뜻; 덥다, 열, 바쁘다	鐵	쇠 철　　　　　　5급/치엔 金　　　　　　　　21획 ⊕;鉄
	熱氣(열기) 뜨거운 기운 熱望(열망) 열렬히 바람		鐵馬(철마) 기차 鐵甲(철갑) 철로 만든 갑옷

"주먹만 쓰던 우리가 어떻게 대장간 일을 할 수 있겠소?"

"나도 하는데 아우도 해 봐! 우리처럼 힘깨나 쓰는 사람에게는 대장간이 적격이야."

金태춘 아니 金 技士가 앞장 서서 熱心히 일하니, 그 아우들도 온몸이 땀범벅이 되도록 熱心히 일하였다. 주먹패들에게 큰 變化가 일어났다.

일손이 모자랐던 대장간이 이젠 어떤 注文이 들이와도 척척 처리하게 되었다.

金 技士는 技術이 많이 늘었고, 아우들도 잘 통솔하여 作業班長이 되었다.

千石洞의 工場 團地에서는 萬石洞의 조세홍과는 相反되게 金 班長을 칭찬하는 소리가 대단하였다.

이젠 대장간도 규모가 커져 '石洞鐵工所'로 商號를 고치고 어엿한 큰 工場이 되었다.

地나라의 무기는 물론이고, 人나라로 수출하는 大部分의 鐵 加工品을 石洞鐵工所에서 제작 加工하였다. 멀리 天나라에서도 注文이 쇄도하였다.

人나라의 무역선은 바람을 利用하는 돛단배였다. 머리 좋고 부지런한 鐵工所 鐵 社長은 近來에 와서 七石洞에서 生産되는 石炭이나 石油를 利用하여 바람이 불지 않아도 갈

變	변할 변	5급/삐엔
	言	23획
	㉌;化(될화)革(개혁혁) ㉎;変	
變質(변질) 성질이나 물질이 변함		
變數(변수) 어떤 상황의 가변적 요인		

化	화할 화	5급/화
	亻(人)	4획
	㉌;變(변할 변)	
化石(화석) 옛 동식물이 퇴적물 중에 매몰된 채 남		
改化(개화) 악을 고치고 선을 좇음 〈아 있는 것		

加	더할 가	5급/지아
	力	5획
	㉎;減(덜 감) ㉌;增(더할 증)	
加重(가중) 책임이나 부담 따위를 더 무겁게 함		
參加(참가) 어떤 모임이나 단체에 참여함		

産	낳을 산	5급/찬
	生	11획
	㉌;生(날 생)	
産業(산업) 생산을 하는 사업		
財産(재산) 재화나 자산의 총칭		

炭	숯 탄	5급/탄
	火	9획
	㉎;氷(얼음 빙)	
炭素(탄소) 탄소족 원소의 하나		
炭化物(탄화) 숯불, 유기화합물이 탄소화 하는 것		

수 있는 증기를 이용하는 汽船과 汽車를 연구하고 있었다.

이 모든 것이 地나라의 重要한 자원을 요긴하게 使用할 뿐 아니라 石洞鐵工所의 앞날

을 위하는 것이었다. 그의 이런 생각에는 地나라의 工業 發展에 크게 기여하게 될 것

이라는 卓見이 있었다.

金 作業班長은 영업 수완도 特出하였다.

物品 견적을 받으러 가면 에누리도 없이 적정 價格에 견적을 잘 받아 왔다.

물론 일을 맡기는 사람이 김태춘의 過去를 알고 에누리를 못 하는 것도 있겠지만, 金

作業班長의 수완이 보통 以上이었다.

鐵工所 鐵 社長은 그런 김태춘을 工場長으로 특진을 시켰다.

그뿐만 아니라 金 工場長의 예전 部下들의 勞苦도 잘 챙기니 生産量이 몇 倍나 많아

졌으며

汽	김 기	5급/치
	⺡(水)	7획
	뜻; 김, 거의, 물이 마르다	
蒸氣(증기) 물체가 증발 또는 승화하여 생긴 기체		
汽笛(기적) 기차나 기선 따위의 소리를 내는 신호		

船	배 선	5급/촨
	舟	11획
	뜻; 배, 옷깃	
船首(선수) 이물, ~를 남으로 돌리다		
船員(선원) 선박의 승무원, 뱃사람		

卓	높을 탁	5급/쭈오
	十	8획
	뜻; 높다, 세우다, 책상	
卓上空論(탁상공론) 실천성이 없는 허황한 이론		
卓球(탁구) 구기 종목의 하나		

價	값 가	5급/쟈
	イ(人)	15획
	ⓐ;価	
原價(원가) 본디 사들일 때의 값		
物價(물가) 물건의 값		

量	헤아릴 량	5급/량
	里	12획
	ⓤ;測(잴 측)	
數量(수량) 수효와 분량		
大量(대량) 많은 분량		

倍	곱 배	5급/뻬이
	イ(人)	10획
	뜻; 곱질, 등지다, 디하다	
倍加(배가) 갑절로 늘림		
倍出(배출) 갑절이나 더 나옴		

生産 品目의 種類도 다양해졌다.
 8. 88 37.32

鐵社長도 物品 납품일을 철저하게 잘 지켜, 石洞鐵工所는 地나라는 물론 天, 地, 人
87.48.11   22.37   49.25.87.20.24   36   34. 36. 6

모든 나라에서 인정받는 會社로 成長하였다.
              59.48   40.11

기다리고 기다리던 地나라의 開國 선포일인 立春이 다가왔다.
                36   40. 7   29.17

멀리 石洞川에서 石洞 계곡 入口까지 길도 넓히고 꽃길도 만들고, 石洞 계곡 入口에
   49.25.17   49.25   20.20   49.25   20.20

있는 北山과 南山 기슭에는 五色찬란하게 萬國旗도 매달고, 地나라 全體가 축제 분위
   10.9   10.9   5.7   9. 7.18   36   31.34

기였다.

人나라와 天나라의 축하 使節團을 영접할 영접사들은 이미 石洞川에서 使節團을 기다
6   34   50.75.75   49.25.17   50.75.75

리며 特使들에게 조금이라도 不便이 없도록 最善을 다하였다.
   37.50   21.27   82

千石洞에 位置한 왕궁은 예전의 千石洞 동헌과는 전혀 다른 모습으로 改良하여 어느
19.45.25   82.82   19.45.25

나라 왕궁과 비교해도 손색이 없었다.

3月 22日 立春, 아침 해가 떠올랐다.
 6   9 29.17

문무백관과 축하 使節團, 商工人會, 商人會, 마을 어른 등이 지정된 자리에 배치되어 앉
           50.75.75 88.20. 6.59 88. 6.59

種	씨 종	5급/쫑
	禾	14획
	뜻; 씨, 심다, 근본	
品種(품종) 물품의 종류		
種族(종족) 동일한 종류의 것		

類	무리 류	5급/레이
	頁	19획
	뜻; 무리, 견주다, 닮다	
人類(인류) 사람과 다른 동물과 구별하는 말		
分類(분류) 종류에 따라서 분리함		

善	착할 선	5급/쌍
	口	12획
	반;惡(악할 악)	
先行(선행) 앞서 감		
善意(선의) 착한 마음		

改	고칠 개	5급/가이
		7획
	유;革(가죽/바꿀 혁)	
改善(개선) 좋게 고침		
改正(개정) 고쳐 바르게 함		

良	어질 량	5급/량
	艮	7획
	유;優(넉넉할 우)	
良心(양심) 도덕적인 가치를 판단하여 옳고 그름		
良民(양민) 선량한 백성		

으니 그 규모가 대단하고, 地나라 國民뿐만 아니라 他國의 商人들까지 궁전 앞마당을

가득 메운 가운데 開國式이 始作되었다.

式이 무르익어 地王의 談話文 發表 順序가 되었다.

"멀리 人나라와 天나라에서 우리 地나라의 開國을 축하하기 위하여 이렇게 왕림하여

주신 것에 감사드립니다. 짐이 王으로 등극한 것과 地나라의 建國을 모두 하늘의 뜻

으로 알고 나를 믿고 따르는 地나라의 모든 國民에게 祝福이 함께 할 것입니다.

人나라, 天나라에서 오신 使臣들은 地나라의 뜻을 本國의 王에게 잘 전달하여 주시오.

무릇 惡이 惡으로 가고, 善이 善으로 가는 것은 鮮明한 하늘의 理致니, 三國이 天上에

서처럼 화목하고 平和롭게 잘 지냈으면 하는 것이 地王 本人의 뜻이요."

이로써 開國 선포는 끝이 나고, 축하 연회가 一週日 가까이 이어지다 끝이 났다.

他	다를 타　　　　　　　5급/타 イ(人)　　　　　　　　5획 (반);自(스스로 자)	談	말씀 담　　　　　　　5급/탄 言　　　　　　　　　15획 (유);話(말씀 화)
	他人(타인) 다른 사람, 남 他界(타계) 세상을 떠남, 사망		對談(대담) 마주 대하고 말함 또는 그 말 相談(상담) 서로 의논함

序	차례 서　　　　　　　5급/쉬 广　　　　　　　　　7획 뜻; 차례, 학교, 실마리	惡	악할 악/미워할 오　5급/으이 心　　　　　　　　　12획 (반);善(착할 선)好(좋을 호)(약);悪
	順序(순서) 정해 놓은 차례 序文(서문) 머리말		惡意(악의) 남에게 해를 끼치려는 나쁜 마음 惡用(악용) 잘못 씀 또는 나쁜 일에 씀

鮮	고울 선　　　　　　　5급/시엔 魚　　　　　　　　　17획 뜻; 곱다, 뚜렷하다, 착하다	致	이를, 보낼 치　　　　5급/즈 至　　　　　　　　　10획 뜻; 보내다, 이르다, 겹치다
	新鮮(신선) 새로 뽑음 朝鮮(조선) 우리나라의 상고 때부터 써온 국명		致命(치명) 죽을 지경에 이름 景致(경치) 산수 등 자연계의 아름다운 현상

週	주일 주　　　　　　　5급/조우 辶　　　　　　　　　12획 뜻; 돌나, 둘레, 일주일
	週期(주기) 한 바퀴를 도는 시기 每週(매주) 그 주일 그 주일

人나라와 天나라의 特使들도 융숭한 대접을 받고 自己 나라로 돌아갔다.

地王은 開國 以後 地나라의 發展을 위하여 連日 회의를 주관하였다.

人才의 不足함을 느꼈지만, 좀 더 좋은 意見을 얻기 위하여 관료뿐만 아니라 千石洞

의 工場 團體인 商工人 組合과, 萬石洞 市場 商人 組合과의 會談이 日課처럼 되었다.

가장 重要한 會談 結果를 종합하면

1. 國力의 强化

2. 國家 財政의 확보

3. 國民 경제의 向上

上記 세 가지로 압축되었다.

石洞 運河의 建設.

위 세 가지를 한꺼번에 해결하는 方法은 石洞 계곡 入口에서 十 里 밖에 있는 石洞川

을 運河로 建設하는 것이었다.

己	자기 기 己 뜻; 자기, 다스리다	5급/지 3획
	利己(이기) 자기 이익만을 꾀함 知己(지기) 막역한 ~, 여러 해 사귀어 온 ~	

課	과정 과 言 뜻; 매기다, 조세, 헤아리다	5급/크어 15획
	課外(과외) 정해진 학과 과정 이외에 하는 공부 課稅(과세) 세금을 매김	

財	재물 재 貝 ㋌;貨(재물 화)	5급/차이 10획
	財物(재물) 돈이나 그 밖의 온갖 값나가는 물건 財團(재단) 일정한 목적을 위해 결합된 집단	

政	정사 정 攵 ㋌;治(다스릴 치)	4.2급/장 9획
	國政(국정) 나라를 다스리고 운영하는 행위 善政(선정) 바르고 착한 정치	

河	물 하 氵(水) ㋌;川(내 천)	5급/흐어 8획
	氷河(빙하) 만년설이 얼음덩이가 되어 흘러내리는 河川(하천) 시내와 강　　　　　　　〈것	

設	베풀 설 言 ㋌;建(세울 건)施(베풀 시)	4.2급/써 11획
	設置(설치) 어떤 목적에 쓰려고 만들어서 두는 일 設立(설립) 기관 등을 만들어 일으킴	

運河 建設로 因한 이득은
49.92. 73.92

1. 運河 工事로 因하여 地나라의 失業 問題를 一擧에 解消할 수 있다는 것.
   49.92. 20.24   93   36   66.43. 29.62   14.75   92.38

2. 運河 工事는 大形 土木 工事라서 많은 사람이 充員되니 百姓 數가 많아진다는 것.
   49.92 20.24   9. 41. 10.10. 20.24   81   19.23 19

3. 地나라 領土가 萬石洞 계곡 入口에서 石洞 運河까지 넓어진다는 것.
   36   10   9. 49.25   20.20   49.25. 49.92

4. 商船들이 韓水에서 地나라 入口까지 들어올 수 있다는 것.
   66.89   9. 10   36   20.20

5. 運河를 깊게 파므로 運河에서 적의 외침을 방어할 수 있다는 것.
   49.92   49.92

6. 運河에 健實한 다리를 建設하여 出 · 入國者를 한 곳에서 관리할 수 있다는 것.
   49.92   74   73.92   30.   20. 7. 62

7. 現在 운송 도중에 도둑들의 공격을 받는 地나라의 商品을 運河를 利用하면 安全하
   55.55   36   66.37   49.92   41.41   27.31
   게 人나라 무역항까지 배로 직접 배달할 수 있다는 것.
   6

8. 工産品 같은 商品을 人나라 무역 항구까지 빠르고 便하게 운송할 수 있다는 것.
   20.89.37   66.37   6   27

9. 운송비의 節約으로 원가 절감의 效果가 크다는 것.
   75   48

이외에도 無數한 이익 창출이 發生하였다.
   77.19   30. 8

因	인할 인	5급/인
	口	6획
	⑫;果(과연 과)	
因果(인과) 원인과 결과 〈조건이 되는 요소		
要因(요인) 사물 · 사건의 성립에 중요한 원인이나		

充	채울 충	5급/충
	儿	6획
	뜻; 가득하다, 덮다	
充實(충실) 내용이 알참, 필요한 것을 충분히 갖춤		
充當(충당) 모자라는 것을 채워 메움		

領	거느릴 령	5급/링
	頁	14획
	뜻; 옷깃, 가장 요긴한, 재능	
領地(영지) 영토		
領空(영공) 영토와 영해 위의 하늘		

健	튼튼할 건	5급/지엔
	亻(人)	11획
	⑪;康(편할 강)	
健兒(건아) 혈기가 왕성한 건강한 남자		
健全(건전) 건실하고 완전함		

約	대략 약	5급/위에
	糸	9획
	뜻; 대략, 묶다, 약속	
約束(약속) 장래에 할 일에 관해 상대방과 서로 언		
言約(언약) 말로 약속함 〈약하여 정함		

效	본받을 효	5급/샤오
	攵	10획
	뜻; 본받다, 수다, 힘쓰다	
效力(효력) 효과 · 효험 등을 나타내는 힘		
效用(효용) 효험		

모든 工事는 '朴' 上將軍과 運河 建設을 제의한 鐵 社長이 주관하고, 경비 節約을 위
20.24 73 18.77. 6 49.92 73.92 87 48.11 75.93

하여 作業 人員에서도 軍과 民이 合心하여 工事를 하였다.
61.43. 6. 81 6 7 59.18 20.24

工事는 생각보다 빨리 完工되었다.
20.24 20

運河 工事와 함께 始作한 石洞橋도 完成되니 달빛에 비친 모습이 한 폭의 그림과 같
49.92 20.24 61.61 49.25 94.40

았다. 벌써 石洞橋는 青春 男女들이 사랑을 나누는 名所로 자리 잡았다.
49.25.94 7. 17 24.15 18.24

石洞橋 인근에는 客店과 旅人宿이 생겼으며, 가설 市場도 생겨 生必品의 賣買가 성행
49.25.94 81 82. 6. 82 25.24 8. 72.37 83

하였다. 아직 배가 運行하지도 않았는데 작은 部落이 形成되었다.
49.43 44.80 41.40

누가 보아도 石洞橋 部落은 景氣가 아주 좋았다.
49.25.94 44.80 24

드디어 石洞 運河를 開通하는 날이 다가왔다.
49.25 49.92 40.43

때는 秋夕을 며칠 앞둔 가을이라 石洞 계곡 밖 들판이 黃金빛으로 출렁였고, 계곡에
17.23 49.25 34.10

서 石洞橋까지 曲線으로 꼬불꼬불하던 길도 시원하게 直線으로 확장 開通하였다.
49.25.94 34 29.34 40.43

完	완전할 완	5급/완
	宀	7획
	뜻; 완전하다, 끝내다	
未完成(미완성) 아직 끝나지 않음		
完全(완전) 모자람이나 흠이 없음		

橋	다리 교	5급/지아오
	木	16획
	뜻; 다리, 시렁, 어긋나다	
陸橋(육교) 도로 · 철로 위에 가로질러 놓은 다리		
鐵橋(철교) 철을 주재료로 하여 건설한 다리		

客	손 객	5급/크어
	宀	9획
	뜻; 손님, 붙이다, 나그네	
客氣(객기) 객쩍게 부리는 혈기		
主客(주객) 주인과 손		

買	살 매	5급/마이
	貝	12획
	반;賣(팔 매)	
買入(매입) 사들임		
不買(불매) 사지 않음		

景	볕 경	5급/징
	日	12획
	뜻; 볕, 해, 밝다	
景致(경치) 산수 등 자연계의 아름다운 현상 〈품		
景品(경품) 상품을 사는 손님에게 곁들여 주는 물		

曲	굽을 곡	5급/취
	日	6획
	반;直(곧을 직) 유;屈(굽을 굴)	
作曲(작곡) 노래 가사에 곡을 붙임 〈름		
曲直(곡직) 굽음과 곧음의 뜻으로, 사리의 옳고 그		

石洞橋 옆엔 이 층 家屋을 지어서 일 층은 배의 出入을 통제하는 장소와 기타 公的인 일을 보는 장소와 待合室로 사용하고, 이 층은 멀리까지 觀望할 수 있도록 높여 外部 침입에 대비하였다.

문무백관과 많은 參觀人을 대동하고 石洞橋 開通式 現場에 到着한 地王은 규모로 보나 活用度로 보나 지금까지의 모든 근심 걱정을 一擧에 解決하였다.

언제 만들었는지 저 멀리 運河 入口에서 地나라 國旗를 단 배가 開通式場으로 다가오니 地王의 두 눈에서 감격의 눈물이 흘러내렸다.

地王이 開通式辭(사)를 하는데, 너무나 감격하여 품위 있고 章句하게 적어 놓은 文章이 한 글자도 안 보이는 듯

"좋소! 좋소! 지화자 좋소!"만 連發하였다.

모든 參觀人들이 不可能하게 보였던 이 大 工事를 完工한 地王과 鐵 社長에게 敬愛를 表하였다.

屋	집 옥	5급/우
	尸	9획
	㈜;家(집 가)	
社屋(사옥) 회사가 들어 있는 집		
屋外(옥외) 집의 밖, 건물의 바깥		

待	기다릴 대	6급/따이
	彳	9획
	뜻; 기다리다, 갖추다, 막다	
待罪(대죄) 죄인이 처벌을 기다림		
待令(대령) 준비하고 기다림		

章	글 장	6급/짱
	立	11획
	㈜;文(글월 문)	
章決句斷(장결구단) 문장의 장과 구를 가르는 일		
章理(장리) 밝은 도리		

句	글귀 구	4.2급/쥐
	口	5획
	뜻; 글귀, 굽다	
句節(구절) 한 토막의 말이나 글		
結句(결구) 문장 특히, 편지의 끝을 맺는 어구		

可	옳을 가	5급/크어
	口	5획
	㈝;否(아닐 부)	
可決(가결) 의안을 좋다고 인정하여 결정함		
加速(가속) 속도를 더함 또는 속도가 더해짐		

敬	공경할 경	5급/징
	攵	13획
	뜻; 공경하다, 훈계하다	
敬禮(경례) 경의를 표하기 위해 인사하는 일		
不敬(불경) 존엄해야 할 자리에서 무례함		

地王은 天上에서부터 상벌 관계가 명확하기로 所聞난 將軍이었다. 이번 運河 工事에
이바지한 功勞의 輕重에 따라 큰 賞을 하사하고 수고로움을 치하하는 잔치를 열었다.

開國 使節團으로 갔던 天나라 使臣이 귀국하여 天王 앞에서 報告를 하는데,

예전에 알던 石洞 마을과 現在 地나라를 比較(교)하면 큰 차이가 없다고 報告하자

'수' 七品士는 어이가 없는 듯 鼻笑를 치며

"特使에게 묻겠소. 石洞은 入口가 매우 좁다고 하는데 特別한 것을 보지 못했소?"

"地나라 軍士들의 規律은 어떠하였소?"

"地나라 百姓들의 表情은 어떠하였소?"

特使의 계급은 二品士인데 계급이 한참 아래인 '수' 七品士가 꼬치꼬치 묻자 特使는

氣分이 相當히 상하였다.

"方今 다른 變化는 없다고 이야기하였소."

이 말에 '수' 七品士는 天王에게

輕	가벼울 경	5급/칭
	車	14획
	(반);重(무거울 중) (약);軽	
輕量(경량) 가벼운 물건		
輕車(경차) '경승용차'의 준말		

賞	상줄 상	5급/쌍
	貝	15획
	(반);罪(벌할 죄)	
特賞(특상) 특별한 상		
賞金(상금) 상으로 주는 돈		

比	견줄 비	5급/삐이
	比	4획
	뜻; 견주다, 본뜨다, 따르다	
對比(대비) 서로 맞대어 비교함 〈받은 여자 중		
比丘尼(비구니) 출가하여 머리를 깎고 구족계를		

規	법 규	5급/꾸이
	見	11획
	(유);範(법범)律(법율율)則(법칙칙)	
規格(규격) 일정한 규정에 맞는 격식 〈법칙		
規則(규칙) 여러 사람이 다 같이 지키기로 작정한		

律	법 률	4.2급/뤼
	彳	9획
	(유);規(법 규)典(법 전)法(법 법)	
法律(법률) 사회생활을 하기 위한 강제적인 규범		
律動(율동) 규칙에 따라 주기적으로 움직이는 일		

"아직은 地나라를 安心하여도 좋겠지만, 앞날을 위하여 地나라와 人나라에 상주하는
첩보원을 파견하는 것이 좋을 듯합니다."

이 말에 모든 臣下가 하나같이 反對한다.

"소위 固定 간첩을 보내자는 것인데, 아직은 戰時도 아니고 地나라와 人나라는 戰爭
은 念頭에도 없는데 '수' 七品士의 쓸데없는 생각이오."

"大王이시여! 모든 일은 有備無患이라 했습니다. 미리 준비하여 두면 훗날에 큰 도움
이 될 것입니다."

"모든 臣下가 아직 때가 아니라 하니 '수' 七品士도 이 일을 다시 거론하지 마라."

모든 臣下가 '수' 七品士를 경계하는 듯하였다.

人나라 使臣도 人 大王에게 경과 報告를 하였다.

報告를 받은 人 大王은 "앞으로 地나라는 물론이요 天나라와도 競爭을 삼가고 親善을
더욱 도모하여 天, 人, 地 모든 國家가 화목하게 살도록 힘쓰라."라고 하였다.

固	굳을 고	5급/구우
	□	8획
	㉔;堅(굳을 견)確(굳을 확)	
固有(고유) 본디부터 지니고 있는 그 물건만 성질		
固體(고체) 나무·쇠·돌과 같이 딱딱한 형체		

爭	다툴 쟁	5급/쩡
	爫	8획
	㉔;競(다툴 경)戰(싸울 전) ㉑;爭	
論爭(논쟁) 다른 의견을 가진 사람들이 논하여 다툼		
政爭(정쟁) 정치상의 주의·주장 등에 관한 싸움		

念	생각 념	5급/니엔
	心	8획
	㉔;慮(생각할 려)思(생각 사)	
念願(염원) 늘 생각하고 간절히 바람		
想念(상념) 마음속에 품은 여러 가지 생각		

備	갖출 비	4.2급/빼이
	亻(人)	12획
	㉔;具(갖출 구)	
備品(비품) 갖추어 두는 물품		
具備(구비) 빠진 것 없이 모두 갖춤		

患	근심 환	5급/환
	心	11획
	뜻; 근심, 앓나, 고통	
患者(환자) 병을 앓고 있는 사람		
老患(노환) 노병(老病)을 높인 말		

競	다툴 경	5급/징
	立	20획
	㉔;爭(다툴 쟁)	
競合(경합) 서로 맞서 겨룸		
競技(경기) 무술이나 운동 경기로 승부를 겨룸		

人나라는 人 大王의 어진 정치와 참 敎育으로 많은 人才들을 養成하며, 太平성대를 이루었고, 옛날부터 해오던 무역과 商業으로 나라 경제도 富强하였다.

무역선이 멀리 월남江을 지나 서역까지 나갔다.

그런데 언제부터인지 월남江 南쪽 지역에 海賊들이 빈번하게 出現하였다. 그 규모도 날이 갈수록 커져서 海賊船이 몇 척이나 되었다.

보통은 海賊들을 피해 먼 바다로 항해를 하지만, 日氣가 나쁠 때는 할 수 없이 해안 가까이로 항해하게 되는데, 海賊들의 횡포가 날로 甚해져 人나라 무역船 몇 척이 行方不明되었다.

人나라에서는 혹시 폭풍이라도 만나 침몰하지 않았을까 걱정이 많았다.

그러던 中에 海賊들의 무리에서 용하게 빠져 나와 陸路로 人나라까지 온 船員이 있었다.

그 船員의 말에 의하면 海賊들의 頭目은 '호' 자를 쓰는 놈이며, 그 밑에는 一萬 名도 넘는 部下가 있다고 하였다.

또 人나라 무역船 세 척이 나포되어 배는 表示나지 않게 분해되고 船員들은 海賊의 노예가 되어 비참한 生活을 한다고 한다.

이 말에 人 大王은 天나라와 地나라로 急히 使臣을 보냈다.

養	기를 양 5급/양 食 15획 뜻; 기르다, 양육, 지키다	賊	도둑 적 4급/제이 貝 13획 ㊌;盜(훔칠 도)
	敎養(교양) 문화에 관한 광범한 지식을 쌓아 길러 休養(휴양) 쉬면서 심신을 보양 〈 마음이 윤택함		山賊(산적) 산속에 근거지를 두고 활동하는 도둑 賊反荷杖(적반하장) 도둑이 도리어 매를 든다는 뜻
陸	물 륙 5급/루우 阝 11획 ㊁;海(바다 해)	示	보일 시 5급/쓰 示 5획 뜻; 보이다, 알리다
	陸地(육지) 물에 잠기지 않은 지구 표면, 땅 陸橋(육교) 도로·철로 위에 가로질러 놓은 다리		示現(시현) 나타내 보임 明示(명시) 분명하게 드러내 보임

天나라로 간 使臣은 天王을 만나 人나라 무역船이 납치된 것을 상세히 말하고 人 大
34   50.66   34. 7   6   89   6   9

王의 書信을 傳하였다.
7   38.25   73

[天 大王은 보시오.]
34   9. 7

우리들이 天上에서 地上으로 내려 온 지도 數年이 지났군요. 天王은 뜻이 있어 나라
34.18   36.18   19.15   34. 7

를 세웠고 本人은 상제님의 뜻에 따라 이렇게 地上으로 내려와 바쁜 나날을 보내다
46. 6   36.18

보니 이제야 人事를 하게 되었습니다.
6. 24

地上의 모든 百姓이 탈 없이 잘 지내기를 바랐지만, 이번에 월남江 南쪽 海賊들이 나
36.18   19.23   17 10   18.98

의 百姓들을 나포하고 감금하였습니다. 우리 人나라에는 强性한 軍士가 없으니 天나
19.23   6   35.70   6. 43   34

라에서 規則의 준엄함을 보여주고 우리 百姓들을 구해 주길 바라는 뜻에서 이렇게 筆
96   19.23

을 들었습니다.

天王이 현명하게 판단하여 天上에서 맺은 親舊의 情을 地上에서도 이어가길 바랍니다.
34. 7   34.18   59   66   36.18

[人나라 人王]
6   6. 7

天王이 人 大王의 書信을 여러 臣下에게 이야기하고 좋은 案件을 올리라 하니,
34. 7   6   9. 7   38.25   66.30   83

'수' 七品士가 앞으로 나오며,
15.37.43

"人나라와 우리나라는 아직 적대 관계가 아니고, 지금 地나라가 한창 커 가는데, 지금
6   36

筆	붓 필	5급/삐
	竹	12획
	뜻; 붓, 쓰다	
筆者(필자) 글 또는 글씨를 쓴 사람		
筆力(필력) 글씨의 획에 드러난 힘		

舊	예 구	5급/지우
	臼	18획
	반;新(새로울 신) 약;旧	
舊正(구정) 음력 설		
舊家(구가) 오래 대를 이어 온 집안		

案	책상 안	5급/안
	木	10획
	뜻; 책상, 만지다, 생각하다	
案內(안내) 인도하여 일러 줌 또는 그런 일		
草案(초안) 초를 잡음 또는 그 글발, 원안		

則	법칙 칙/곧 즉	5급/저
	刂(刀)	9획
	유;規(법 규)	
校則(교칙) 학교의 규칙		
反則(반칙) 규칙을 어김		

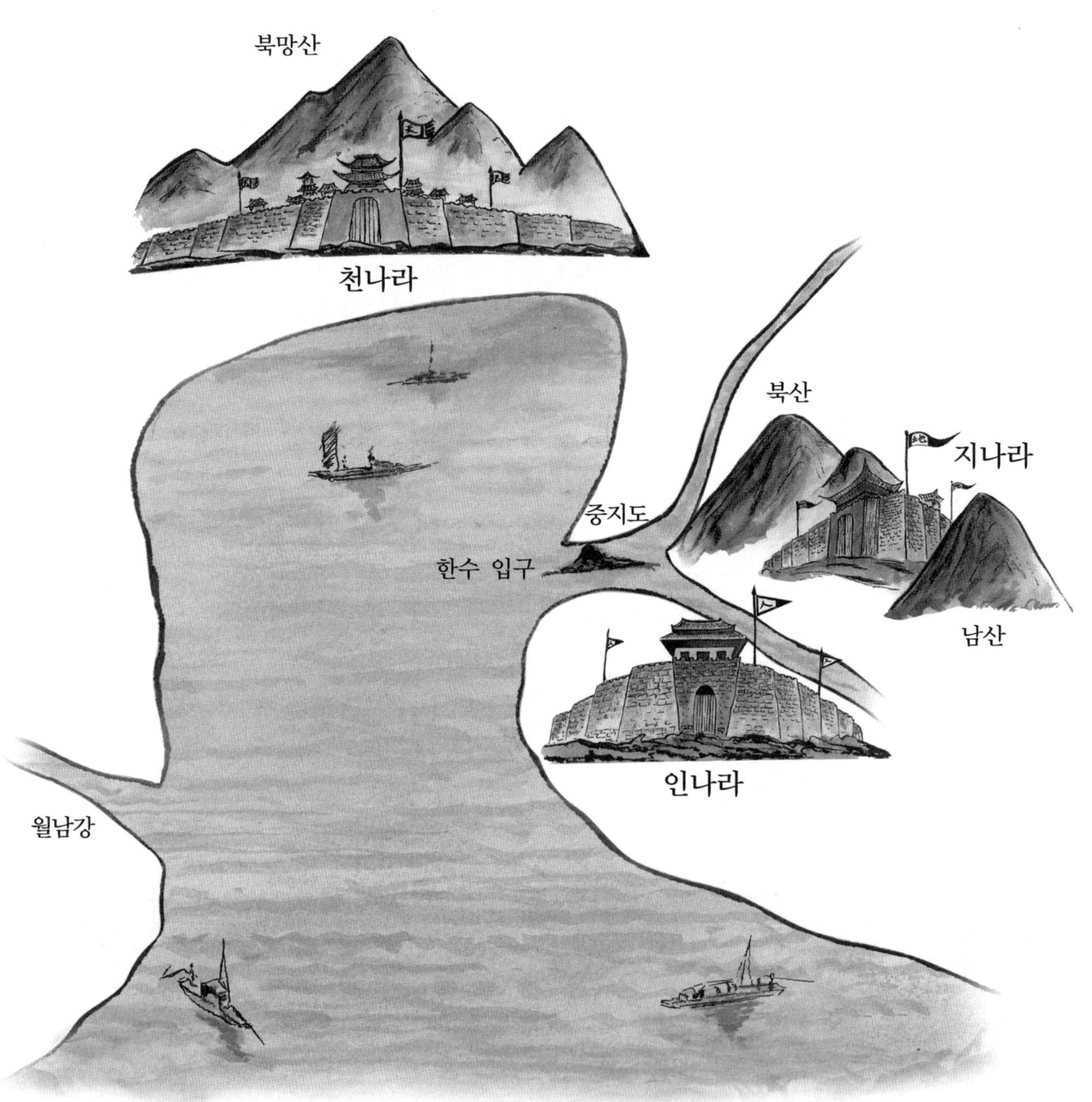

천 · 지 · 인 전도

도움을 줌으로써 地나라를 견제를 할 수 있고, 다음에 우리가 도움을 청할 수도 있으
　　　　　　　36

며, 天上의 상제도 無視할 수 없으므로 人나라의 간청을 받아 주심이 좋을 듯합니다.”
　34.18　　　　　　77.77　　　　　　　　　6

이때 ‘표’ 大將軍이 한 발 앞으로 나서며,
　　　　9. 77. 6

“天王이시여! 월남江 아래의 ‘호’ 海賊은 저의 의동생입니다.
　34. 7　　　　　17　　　　　18.98

우리는 어렸을 때 같이 물장구치며 한동네에서 자란 사이이고, 저는 북망山으로 가서
　　　　　　　　　　　　　　　　　　　　　　　　　　　　　　　　9

山賊이 되었고 ‘호’는 물을 좋아해 월남江 아래로 가서 海賊이 되었습니다.
　9.98　　　　　　　　　　　　　17　　　　　18.98

이번 기회에 ‘호’ 頭目을 우리 天나라로 귀속시킴이 어떠하실는지요?”
　　　　　　42.32

“‘호’ 海賊의 人品이 어떠하고 兵力은 얼마나 되는가?”
　　18.98　　6. 37　　　　52.24

“네, 人品은 의리도 있고 한 무리의 首將으로서 손색이 없으며, 兵力도 一萬 名은 족
　　6. 37　　　　　　　　　　　　73.77　　　　　　　　52.24　14. 9　18

히 됩니다. 또 海戰에 매우 强하니 ‘호’ 頭目을 우리 天나라에 合兵시키면 天나라로서
　　　　　　18.35　　　　35　　　　　42.32　　　34　　　59.52　　　34

는 큰 힘이 될 것입니다. ‘호’ 頭目 역시 將軍의 재목으로 充分합니다.
　　　　　　　　　　　42.32　　　77. 6　　　93.54

저에게 軍士 五千만 주시면 ‘호’ 頭目을 설득시켜 데리고 오겠습니다.”
　　　6. 43　9. 19　　　　　42.32

“그럼 ‘표’ 大將軍이 軍士 五千 名을 데리고 가시오.
　　　　9. 77. 6　　6. 43　9. 19　18

그리고 軍師로 ‘수’ 七品士를 任命할 것이요.
　　　6. 81　　15.37.43　72.29

두 사람이 뜻을 합쳐 人나라의 船員도 무사히 데리고 오시오.
　　　　　　　　　　6　　　89.81

준비되는 대로 즉시 出發하시오.”
　　　　　　　30.30

人나라 선원을 구하려고 출병한다는 사실을 人나라 使臣에게 傳하고, 使臣을 人나라
　6　　　　　　　　　　　　　　　　6　50.66　　73　　50.66　　6

로 돌려보냈다.

한편, 地나라로 떠난 人나라 使臣은 地王을 만나 그간 事情을 자세히 이야기하고 편
　　36　　　　　6　50.66　36. 7　　　　24.66

지를 傳한 後에,
　　73　26

“地王이시여!
　36. 7

本國의 人 大王은 地나라의 좋은 技術을 빌리려 합니다.
46.7   6 9. 7   36   41.41

앞으로 海賊의 공격을 받지 않을 배를 地나라 技術者가 만들어 주었으면 합니다."
        18.98   36   41.41.62

地나라에서는 地王의 主題 아래 商工人 組合과의 회의가 열렸다.
36   36. 7   36.62   88.20. 6 65.59

이 자리에서 鐵 社長은 그동안 연구한 귀선, 소위 거북船의 圖面을 내놓고 귀선에 對
        87 48.11   89   38.32   60

하여 說明하였다.
      94.28

"귀선은 배 上部에 거북이 등과 같이 뚜껑을 덮어 外部 공격을 막을 수 있고, 뚜껑 上
        18.44   15.44   18

部에는 大形 돛을 달아 平常時에는 風力으로 다니고, 배의 양옆으로는 노대 二十 쌍
44   9.41   27 22   35.24   15.15

을 設置하여 非常時에 四十 名의 놋꾼이 노를 저으면 마치 바람과 같이 빠릅니다.
    92.82   102.22 11.15. 18

이런 배를 만들면 우리 地나라의 商品을 서역까지 安全하게 팔 수 있으니 우리 地나
                36   66.37   27.31   36

라에도 이익이 될 것입니다."

"그럼 鐵 社長이 이번 귀선 제작을 주관하여 주시오."
    87 48.11

鐵 社長은 金 工場長을 비롯한 石洞鐵工所 人員들과 많은 材料와 工具를 준비하고 石
87 48.11 10 20.24.11   49.25.87.20.24 6. 81   81   20   49

洞 運河를 利用하여 人나라 京城에 入城하였다.
25 49.92 41.41   6   40.40   20.40

人 大王은 어느 나라 국빈 以上으로 鐵 社長을 맞이하였다.
 6 9. 7   70.18   87 48.11

이 자리에서 鐵 社長은
        87 48.11

"人 大王님 이번 거북船 제작 作業은 극비밀에 속하니,
 6 9. 7   89   61.43

<table>
<tr><td rowspan="3">常</td><td>항상 상</td><td>4.2급/창</td></tr>
<tr><td>巾</td><td>11획</td></tr>
<tr><td colspan="2">반;班(나눌 반)</td></tr>
<tr><td colspan="3">常識(상식) 일반 사람으로서 가져야 할 지식</td></tr>
<tr><td colspan="3">非常(비상) 심상치 않음, 예사롭지 않음</td></tr>
</table>

<table>
<tr><td rowspan="3">非</td><td>아닐 비</td><td>4.2급/빼이</td></tr>
<tr><td>非</td><td>13획</td></tr>
<tr><td colspan="2">반;是(이 시)</td></tr>
<tr><td colspan="3">非理(비리) 올바른 이치나 도리에 어그러지는 일</td></tr>
<tr><td colspan="3">非一非再(비일비제) 같은 일이 흔함</td></tr>
</table>

<table>
<tr><td rowspan="3">材</td><td>제목 재</td><td>5급/차이</td></tr>
<tr><td>木</td><td>7획</td></tr>
<tr><td colspan="2">뜻; 재목, 원료, 재능</td></tr>
<tr><td colspan="3">材木(재목) 건축·기구 제작의 재료가 되는 나무</td></tr>
<tr><td colspan="3">石材(석재) 토목·건축 및 다른 재료로 쓰는 돌</td></tr>
</table>

<table>
<tr><td rowspan="3">具</td><td>갖출 구</td><td>5급/쥐</td></tr>
<tr><td>八</td><td>8획</td></tr>
<tr><td colspan="2">유;備(갖출 비)</td></tr>
<tr><td colspan="3">具現(구현) 구체적으로 나타냄</td></tr>
<tr><td colspan="3">具色(구색) 여러 가지 물건을 고루 갖춤</td></tr>
</table>

京城 앞의 中地島를 作業場으로 使用하게 하여 주십시오."
40.40   12.36   61.43.24   50.41

"알았소. 그리고 다른 必要한 것은 없소?"
72.72

"네."

"費用은 걱정하지 말고 뭐든지 必要하면 즉시 말하시오. 무엇이든지 供(공)給하겠소."
41   72.72

京城 앞의 작은 섬 中地島에서 거북船 제작이 시작되었다.
40.40   12.36.103   89

中地島는 京城 앞 韓水의 下流에 位置하여 물살이 잔잔하고 湖水와 같으며, 넓은 백
12.36.103   40.40   9. 10   30.69   82.82   10

사장이 있어 배를 建造하기에 적격이었다.
73

그뿐만 아니라 中地島에서 멀지 않은 곳이 바다와 접해 있어 魚類의 種類가 풍부하여
12.36.103   89   90.90

漁夫들이 人나라가 세워지기 前, 太初부터 살고 있었다.
15   6   18 39

島	섬 도 / 山 / 뜻; 섬	5급/따오 / 10획
	半島(반도) 세 면이 바다에 싸이고 한 면은 육지에	
	島民(도민) 섬에 사는 주민 〈이어진 땅	

費	쓸 비 / 貝 / 뜻; 쓰다, 비용, 재화	5급/페이 / 12획
	費目(비목) 비용을 지출하는 명목	
	學費(학비) 학업을 닦는 데 쓰이는 비용	

給	줄 급 / 糸 / 囲;受(줄 수)授(줄 수) 윤;與(줄 여)	5급/게이 / 12획
	給料(급료) 일에 대한 대가로 고용주가 지급하는	
	給水(급수) 음료수 등의 물을 공급함 〈보수	

湖	호수 호 / 氵(水) / 뜻; 호수	5급/후 / 12획
	江湖(강호) 강과 호수, 세상	
	湖水(호수) 육지 가운데 물이 고여 있는 큰 못	

造	지을 조 / 辶 / 윤;製(지을 제)作(지을 작)	4.2급/자오 / 11획
	改造(개조) 고쳐 다시 만듦	
	造成(조성) 만들어서 이룸	

魚	고기 어 / 魚 / 뜻; 고기, 물속 동물의 범칭	5급/위 / 11획
	魚族(어족) 물고기의 종족	
	鮮魚(선어) 생선	

漁	고기 잡을 어 / 氵(水) / 뜻; 고기 잡다, 어부	5급/위 / 11획
	漁民(어민) 고기잡이를 업으로 하는 사람 〈얼음	
	漁父之利(어부지리) 애쓰지 않고 제3자가 소득을	

初	처음 초 / 刀 / 囲;終(마칠 종) 윤;始(처음 시)	5급/추 / 7획
	初期(초기) 맨 처음으로 비롯되는 시기	
	始初(시초) 맨 처음	

漁夫 中 一部는 배를 建造하는 데 필요한 잡부로 充員하고, 나머지 大多數 漁夫에게는
보상금을 지급하여 京城 근처의 강변 마을로 이주하게 했다.

비록 배 한 척이지만 거북船을 만드는 材料로 수많은 木板과 鐵板이 들어간다. 기타
부자재들까지 쌓아 놓으니 백사장이 그득하였다.

作業이 순조로워 어느덧 거북船을 물 위에 띄울 수 있게 되었다.
이 진귀한 光景을 보려고 京城 인근 강변에는 항상 많은 사람이 雲集하였다.
거북船의 모양은 멀리서 보면 틀림없는 거북이요, 가까이에서 보면 용의 머리에, 노대
가 지네처럼 양옆으로 20개가 있었다.

鐵 社長은 마지막 作業을 남겨 놓고 가장 重要한 부속과 기타 原料를 地나라 石洞鐵
工所로 가지러 가며, 金 工場長에게 단단히 團束을 하였다.

"工場長, 거북船이 지금도 물에 뜨지만, 노를 젓고 빨리 가면 큰일이 나니 절대로 배
를 運行하지 마시오.
날씨도 더우니 물가에서 沐浴이나 하면서, 民間人들의 中地島 出入만 막아 주시오."

板	널빤지 판	5급/판
	木	8획
	뜻; 널빤지, 판목, 직첩	
活版(활판) 활자로 된 인쇄판.		
木板(목판) 널조각		

雲	구름 운	5급/윈
	雨	12획
	뜻; 구름, 높음(많음)의 비유	
雲海(운해) 구름이 덮인 바다　　〈나타낸 사람		
風雲兒(풍운아) 좋은 기운을 타고 세상에 두각을		

原	근원 원	5급/위엔
	厂	10획
	뜻; 근원, 들, 삼가다	
原因(원인) 어떤 사물이나 현상을 일으키거나 변화		
原來(원래) 본디 = 元來　　〈시키는 근본		

束	묶을 속	5급/쑤
	木	7획
	뜻; 묶다, 약속하다	
束手無策(속수무책) 어쩔 도리가 없어 꼼짝 못함		
約束(약속) 장래에 관해 상대방과 서로 정함		

沐	머리감을 목	3급/무
	氵(水)	7획
	뜻; 머리감다, 다스리다	
沐髮(목발) 머리를 감음, 洗髮(세발)		
沐汗(목한) 땀으로 목욕함		

浴	목욕할 욕	5급/위
	氵(水)	10획
	뜻; 목욕, 입다	
浴室(욕실) 목욕실의 준말		
溫浴(온욕) 따뜻한 물로 목욕함		

"네."

鐵 社長은 人 大王을 알현하여 그동안의 作業 상황을 報告하고, 약 한 달 정도 地나라
87 48.11   6   9. 7   61.43   76.73   36

에 다녀올 것을 許可를 받고 地나라로 떠났다.
                  95   36

金 工場長이 漢江에서 沐浴이나 하면서 하루하루를 無料하게 보내는데, 강변에 구경
10 20.24.11   9. 17   104.104   77.81

꾼들이 날이 갈수록 더 많이 모이는 것이었다.

金 工場長이 심심하기도 하고, 구경 나온 구경꾼들에게 거북船의 자태도 보이고 싶고,
10 20.24.11   89

구경꾼에 대한 奉仕 次元에서 하루에 한 번씩 해 질 녘에 거북船을 運行하였다. 이것이
                  89   89   49.43

人나라에서는 마치 구경거리나 된 양 저녁 무렵이면 百姓들이 구름처럼 雲集하였다.
6   19.23   104.40

金 工場長은 날이 갈수록 배의 速度를 조금씩 올려 보았다.
10 20.24.11   35.35

그뿐만 아니라 며칠 前부터는 용 머리에 유황을 피우니 그 偉容이 대단하였다.
                          18

許	허락할 허 · 5급/쉬 言 · 11획 (반);禁(금할 금)	奉	받들 봉 · 5급/펑 大 · 8획 뜻; 받들다, 돕다, 대우하다
	許多(허다) 매우 많다 〈권 特許(특허) 고안으로 이루어진 공업적 발명의 전용		信奉(신봉) 학설 따위를 옳다고 믿고 받듦 奉養(봉양) 부모 · 조부모를 받들어 모심
仕	섬길 사 · 5급/쓰 亻(人) · 5획 뜻; 섬기다, 벼슬하다, 밝히다	次	버금 차 · 4.2급/츠 欠 · 6획 (유);副(버금 부)
	給仕(급사) 사동, 사환 出仕(출사) 벼슬을 하여 관아에 나감		目次(목차) 목록이나 재목 따위의 차례 次期(차기) 다음 시기, 다음 계제
元	으뜸 원 · 5급/위엔 儿 · 4획 뜻; 으뜸, 근본, 크다	衛	위대할 위 · 5급/웨이 亻(人) · 11획 (유);大(큰 대)
	元氣(원기) 활동의 근본이 되는 기력 元祖(원조) 어떤 일을 처음으로 시작한 사람		偉大(위대) 능력이나 업적이 뛰어나고 훌륭한 偉力(위력) 위대한 힘, 뛰어난 힘

容	얼굴 용 · 4.2급/롱 宀 · 10획 (유);儀(거동 의)
	內容(내용) 글이나 말 따위에 들어 있는 것 許容(허용) 허락하고 용납함

이것은 거북船이 海賊船을 만나면 용의 입에 유황을 피워 냄새와 연기로 海賊들에게 겁

을 주고 도망치기 위한 비밀 장치인데 김태춘이 구경꾼들의 환호에 情神을 못 차렸다.

요즘은 유황을 피우고 달리면 구경꾼들이 "김태춘! 김태춘!" 하고 연호하며 答禮하니,

김태춘은 무슨 將軍이나 된 듯 한 번씩 시운전을 하는 재미로 하루를 보냈다.

어느 土曜日 저녁에 金 工場長이 잠을 자는데, 돌아가신 아버지가 그날도 어김없이

한바탕 싸우고 의기양양하게 집으로 들어오는 꿈을 꾸었다.

김태춘의 아버지도 작은 마을을 주름 잡는 건달이었다. 아버지가 하루건너 한 번씩

싸움을 하고 때리기도 하고 맞기도 하는 것을 어릴 때부터 본 탓에 김태춘은 커서 石

洞 마을 第一의 건달패가 되었던 것이다.

김태춘은 싸움을 잘할 뿐만 아니라 승리욕과 과시욕까지 있어 누구에게도 敗하는 法

이 없었다.

敗北를 모르고 항상 우쭐대며 살아온 김태춘이 이렇게 거북船을 타고 "김태춘! 김태

춘!" 하는 연호까지 받으니 아버지까지도 꿈에서 응원하는 줄 알았나 보다.

다음날 日曜日 아침. 김태춘은 洗手도 정갈하게 하고

'아! 아버지가 살아 계셔서 나를 본다면 얼마나 좋아하실까?'

김태춘이 거북船 운전에도 自信이 생겼고 어느 정도 달려도 以上이 없는지라, 오늘은

曜	빛날 요	5급/야오
	日	18획
	뜻; 빛나다, 빛, 요일	
水曜日(수요일) 일요일로부터 네 번째 되는 날		
照曜(조요) 비쳐서 빛남 또는 비쳐서 밝음		

敗	패할 패	5급/빠이
	攵	11획
	(반);成(성할 성)勝(이길 승)	
敗亡(패망) 싸움에 져서 망함		
敗走(패주) 전쟁에 져서 달아남		

北	달아날 배/북녘 북	8급/빼이
	匕	4획
	뜻; 북녘, 달아나다, 등지다	
北反(배반=背反) 논리적으로 양립할 수 없음		
10쪽의 북녘 북과 같음		

洗	씻을 세	5급/시이
	氵(水)	9획
	뜻; 씻다, 대야, 새롭다	
洗練(세련) 지식을 연마하고 기술을 익힘		
洗面(세면) 얼굴을 씻음		

한번 멋지게 달려 강변에 구름처럼 雲集한 구경꾼들을 즐겁게 해야겠다고 마음먹었다.

거북船을 제작하는 作業 人夫 大部分이 金 工場長의 옛 部下들이라 김태춘의 말이라면 무엇이든지 잘 듣는다.

"어이 아우들! 오늘은 유황도 充分히 싣고, 全員이 노를 저을 수 있도록 준비들 하게."

돌아가신 아버지도 雲集한 구경꾼들 사이에 있는 듯하여, 미움도 情이라고 눈물이 핑 돈다.

해 질 녘이 되었다. 오늘은 日曜日이라 구경꾼이 더 많이 모였다.

"여러분, 鐵 社長이 高速 운항을 하지 말라고 하였으나 내 경험으로 보아 以上이 없으니. 오늘은 강변에 구경꾼이 더 많이 雲集한 것 같은데 우리 地나라의 造船 技術을 한번 보여 줍시다."

金 工場長이 놋꾼 40名에 돛꾼까지 합쳐 50여 名을 태우고 시운전을 하는데, 金 工場長은 過去에 한 性質 하던 客氣로 놋꾼들이 最高 速度를 내도록 북을 빨리 치니 배는 바람을 가르는 듯 달렸다.

多幸히 맞바람을 받아서 最高 速度는 아니었다. 하지만 용의 입에서 유황 煙氣가 노랗게 나와 바람에 휘날리고, 구경꾼들이 "김태춘! 김태춘!" 하고 연호하며, 김태춘의 북장단이 점점 빨라지니 정말 대단한 구경거리였다.

얼마만큼 가서 거북船을 急선회하여, 바람을 등지고 달리니 노 젖는 速度에 바람까지 합쳐져 그 速度가 대단하였다.

<table>
<tr><td>質</td><td>바탕 질
貝
뜻; 바탕, 인질, 진실</td><td>5급/즈
15획</td></tr>
</table>

質問(질문) 의문·이유를 캐어물음
本質(본질) 본래부터 갖고 있는 사물 독자의 성질

<table>
<tr><td>煙</td><td>연기 연
火
뜻; 언기, 담배</td><td>4.2급/이엔
13획</td></tr>
</table>

禁煙(금연) 담배를 피우지 못하게 함
煙氣(연기) 물질이 탈 때 흐릿한 기체나 기운

순간

"우두둑. 쿵, 꽈 꽝."

배 밑창이 순식간에 갈라지며 눈 깜짝할 사이에 거북船이 물속으로 사라져 버렸다.

한순간에 참담한 事件이 發生하였다.

"아이고! 이 일을 어떡하나?"

거북船도 거북船이지만 50여 名의 人名이 순식간에 황천객이 되었다.

졸지에 일어난 일이라 救命할 틈이 없었다.

좋은 구경을 하려고 雲集한 사람들의 熱氣도 한순간에 얼음을 뒤집어쓴 양 싸늘한 冷

氣가 되어 江 全體를 덮었다.

한 사람의 客氣에 50여 名의 목숨이 落葉처럼 사라졌으니, 이것은 人災이며 天, 地,

人이 생긴 이래 가장 큰 災殃(앙)이었다.

江가에 시신도 없는 合同 장례式場이 세워졌다. 50名 大部分이 김태춘의 過去 部下다.

急報를 받고 한달음에 달려온 鐵 社長이 부서진 거북船을 인양하고 보니 50여 名이라

는 船員이 채 40名도 안 되었다.

所聞에는 江 河口로 몇 名이 떠내려가는 것을 보았다는 사람도 있고 사람이 아니라

배의 一部分이라는 사람도 있고, 모두 다 정신이 없었다.

救	구원할 구	5급/지우
	攵	11획
	뜻; 건지다, 도움	
救急(구급) 위급한 상황에서 구원함		
救出(구출) 위험한 상태에서 구하여 냄		

冷	찰 랭	5급/렁
	冫	7획
	반;溫(따뜻할 온) 유;寒(찰 한)	
寒冷(한랭) 날씨 따위가 춥고 참		
冷情(냉정) 감정에 사로잡히지 않고 침착함		

葉	잎 엽	5급/이에
	++(艸)	13획
	뜻; 잎, 끝, 모으다	
葉書(엽서) '우편엽서·그림엽서'의 준말		
葉錢(엽전) 놋쇠로 된 가운데 구멍이 있는 옛날 돈		

災	재앙 재	5급/자이
	火	7획
	뜻; 재앙, 화재, 죄악	
災害(재해) 재앙으로 말미암은 피해		
火災(화재) 불로 인한 재앙		

人 大王은 즉시 모든 公式行事 一切를 中止하라고 命令하고 장례 의식에 추호의 소홀

함도 없게 하는 한편, 事故 경위를 調査하게 하였다.

또 이번 일로 많은 人員과 材物 등의 손해를 입은 地나라와 손해 보상 등을 상의하려

고 特使를 地나라로 보냈다.

사고를 수습하느라 人 大王은 天上에서 地上으로 내려온 以後 가장 바쁜 나날을 보냈

다. 또 이번 일을 자세히 調査하고 기록하여 歷史에 길이 남겨 두 번 다시 이런 일이

일어나지 않도록 史官에게 지시하였다.

地나라에서 급파된 관료 및 鐵 社長과 협조가 잘 이루어져, 어려운 局面도 있었지만

큰 問題 없이 장례가 치러졌다.

事故 경위에 관해서는 現在의 거북船 상태가 完全하지 않다는 것을 人 大王도 鐵 社

長에게 들은바 있어 알고 있었지만, 거북船을 運行했다는 事實은 今始初聞이었다.

김태춘 한 사람의 客氣로 이런 대형 事故가 생겼지만 人나라도 責任이 없지 않았다.

切	끊을 절	5급/치에
	刀	4획
	뜻; 끊다, 갈다, 꾸짖다	

切望(절망) 간절히 바람
親切(친절) 매우 정답고 고분고분함

歷	지낼 력	5급/리
	止	16획
	㊀;經(지날 경)過(지날 과) ㊁;歴	

學歷(학력) 학교를 다닌 경력
歷代(역대) 지내 내려온 여러 대

史	사기 사	5급/쓰
	口	5획
	뜻; 역사, 벼슬	

史觀(사관) 역사의 발전 법칙에 대하여 가지는 관
史記(사기) 사관이 쓴 기록 〈점

官	벼슬 관	4.2급/꽌
	宀	8획
	㊁;民(백성 민)	

館舍(관사) 관리가 살도록 관청에서 지은 집
名官(명관) 정치를 잘하여 이름이 난 관리

局	판 국	5급/쥐
	尸	7획
	뜻; 판, 국, 재능	

藥局(약국) 약사가 약을 조제하거나 파는 곳
局地(국지) 한정된 지역

즉시 거북船 建造 지원 관청을 폐쇄하고 責任의 輕重에 따라 合當한 처벌을 내렸다.

무릇 공무원이란 國民의 손발이 되어 사소한 사고라도 일어나지 않게 해야 한다는 것

을 再認識을 시키는 뜻에서 最高 責任者를 귀양을 보내는 重罪로 다스렸다.

이번 일이 일벌백계(一罰百戒)가 되어 다시는 百姓들에게 작은 사고라도 再發되지 않

기를 바라는 뜻이었다.

한편, 地나라에서는 開國 以來 첫 大形 事件이었다. 그뿐만 아니라 많은 百姓이 他國

에서 목숨을 잃었으니 地나라 百姓들 사이에 凶凶한 所聞이 나돌기까지 하였다.

며칠 前雨期도 아닌 때에 큰비가 내린 것도 全部 하늘이 노한 탓이라는 둥, 石洞橋

아래서 용을 봤다는 둥.

地王이 地나라의 開國과 本人의 등극을 하늘에 계신 옥황상제님께 告해야 하는데, 상

제님께 罪를 지은 罪人의 몸으로 귀양 온 自身의 처지를 地王이 잘 알고 있어 차일피

일하며 미루던 차에 이런 일이 생겼다.

地王은 이런 모든 所聞이 허황하다는 것을 잘 알지만, 民心도 달랠 겸 상제님께 지난

일들을 報告할 겸 천신제를 지내기로 하였다.

<table>
<tr><td rowspan="3">再</td><td>두 재</td><td>5급/자이</td></tr>
<tr><td>冂</td><td>6획</td></tr>
<tr><td colspan="2">뜻; 둘, 거듭</td></tr>
</table>

再建(재건) 무너진 것을 다시 일으켜 세움
再發(재발) 병 따위가 다시 일어남

認 인정할 인 · 4.2급/린 · 言 · 14획 · ⊕;知(알 지)識(알 식)
認可(인가) 인정하여 허락함
認許(인허) 인정하여 허가함

雨 비 우 · 5급/위 · 雨 · 8획 · 뜻; 비, 적시다
雨衣(우의) 비옷
雨後竹筍(우후죽순) 비 온 뒤에 돋아나는 죽순

때는 開天 3年 동짓달 보름에 九石洞 제당에서 천신제를 지내기로 하고, 地나라의 모
　　40.34　15　　　　　　　　14.49.25　　　　　　　　　　　　　　36
든 百姓에게 알려 모두 同參하게 하고 천신제를 올렸다.
　　19.23　　　　　　　　28.75

"하늘에 계신 옥황상제님은 바쁘신 일을 잠시 休停하시고 小人 地王의 祝手를 받으소
　　　　　　　　　　　　　　　　　　　　20　　　　13.6　36.7　74.19
서.

小人 地王이 상제님께 罪를 지어 이곳 石洞으로 귀양을 왔으나, 지금 地王이 된 것과
13.6　36.7　　　　　　76　　　　　　49.25　　　　　　　　　　36.7
地나라를 建國한 것을 상제님께 아뢰지 못하여 이렇게 큰 벌을 받고 있습니다.
36　　　　73.7

이 모든 罪는 小人에게 있으니 모든 잘못을 小人에게 물으시고 地나라의 무고한 百姓
　　　　76　13.6　　　　　　　　　　　　13.6　　　　　36　　　　　　19.23
들을 굽어살펴 주십시오.

여기에 제물로 산 돼지를 올리니 그 피로 小人의 罪를 다스려 주소서."
　　　　　　　　　　　　　　　　　13.6　76

지성이면 感天이라고 상제님이 뜻을 받아 주셨는지 아침에 흐리고 추웠던 날씨가 화
　　　　67.34
창하게 개고 추운 날씨에 얼었던 개울물의 氷板도 地나라 百姓들의 마음처럼 모두 녹
　　　　　　　　　　　　　　　　　　　104　36　19.23
았다.

百姓들은 不安한 마음이 온데간데없어지고, 下山 길에는 누가 먼저라 할 것 없이 唱
19.23　　21.27　　　　　　　　　　　　30.9
歌를 부르니 消風을 다녀오는 듯 보였다.
27　　　　　38.35

<table>
<tr><td rowspan="3">停</td><td>머무를 정</td><td>5급/팅</td></tr>
<tr><td>亻(人)</td><td>11획</td></tr>
<tr><td colspan="2">㊌;留(머무를 류)止(그칠 지)</td></tr>
<tr><td colspan="3">停會(정회) 회의를 한때 중지함</td></tr>
<tr><td colspan="3">停留(정류) 자동차 따위가 멎어 섬</td></tr>
</table>

<table>
<tr><td rowspan="3">氷</td><td>얼음 빙</td><td>5급/삥</td></tr>
<tr><td>水</td><td>5획</td></tr>
<tr><td colspan="2">㊙;炭(숯 탄)</td></tr>
<tr><td colspan="3">氷水(빙수) 얼음냉수</td></tr>
<tr><td colspan="3">氷質(빙질) 얼음의 품질 강태</td></tr>
</table>

<table>
<tr><td rowspan="3">唱</td><td>부를 창</td><td>5급/창</td></tr>
<tr><td>口</td><td>11획</td></tr>
<tr><td colspan="2">뜻; 노래, 부르다</td></tr>
<tr><td colspan="3">主唱(주창) 앞장서서 부르짖음　〈면서 부름</td></tr>
<tr><td colspan="3">合唱(합창) 많은 사람의 소리가 서로 화성을 이루</td></tr>
</table>

한편, 韓水 河口에서 멀리 떨어진 어느 바닷가 이름 모를 백사장에 큰 나무 등걸이 하
　　　9.10　92.20
나가 밀려와 있었다.

거기에는 죽었는지 살았는지 모를 사람 한 명이 나무 등걸이에 붙어 있었다.

아니 이게 누구인가? 김태춘이 아닌가?

한참 時間이 지난 다음에 그가 움직이기 시작하였다.
　　　22.22
김태춘은 自身이 살아있다는 것을 안 순간 모든 상황을 간파했는지 대성통곡을 하기
　　　25.34
始作하였다.
61.61
한참을 울던 김태춘이 정신을 차리고 주위에 또 다른 생존자가 있는지 살피는데 아무

리 살펴보아도 아무도 보이지 않았다.

明朗하고 活氣차던 기백이 모두 어디로 갔는지 김태춘의 얼굴엔 孤獨한 그늘이 비쳤다.
48　　　30.24
하늘까지 슬퍼하는지 가랑비가 하염없이 추적추적 내렸다.

김태춘은 雨中에 어디론가 사라졌다.
　　　110.12
남의 耳目을 피하여 아무도 없는 곳으로…….
　　32

朗	밝을 랑　　　　　5급/랑 月　　　　　　　11획 뜻; 밝다, 소리 높여
	朗報(낭보) 반가운 소식 朗誦(낭송) 크게 소리를 내어 글을 읽거나 욈

孤	외로울 고　　　　4급/구우 子　　　　　　　8획 ㊕;獨(홀로 독)
	孤兒(고아) 부모를 여의거나하여 몸 붙일 곳 없는 〈아이 孤城(고성) 외딴 성

獨	홀로 독　　　　　5급/두우 犭(犬)　　　　　16획 ㊕;孤(외로울 고)單(홑 단)㊟;独
	獨立(독립) 남에게 의지하지 않고 따로 섬 獨唱(독창) 혼자서 노래를 부름

耳	귀 이　　　　　　5급/얼 耳　　　　　　　6획 뜻; 귀, 듣다
	牛耳(우이) 쇠귀, 일당·일파·한 단체의 우두머리 耳順(이순) 나이 60세

지금까지 나오지 않은 5급 한자: 壇(215), 寫(205)

[초등학생은 제6장을 공부하기 전에 앞에 있는 머리말을 한 번 더 읽으세요.]

112

'人' 大王은 장례식장에 다녀온 後 地上의 장례 禮法이 너무 복잡하고 禮法 또한 衆
口難防이라, 이번에 거북船 사고로 因한 장례식을 치른 다음 장례식을 禮法에 어긋나
지 않고 허례허식이 되지 않는 범위에서 치르기 위하여 몇 가지 意志를 밝혔다.

['天·地·人 漢字 三國地' 와는 관계없이 장례 禮法과 제사 禮法을 적는다.]

관·혼·상·제는 特定 종교를 除外하고는 東西古今을 막론하고 重要한 禮法이다.

이번 災殃(앙)과 관련한 '상'은 高麗 時代에는 國敎가 불교이고 정책도 불교를 숭상하
는 숭불정책이라, '상'에 관한 禮法도 불교식으로 화장하여 번거롭지가 않았다.

朝鮮 時代에는 유교를 숭상하고 불교를 억제하는 숭유억불 정책으로 바뀌며 유교의
根本인 孝에 바탕을 두어 서민층에서도 三代 祖上까지 제사를 지내다가, 近來에 와서
는 간소화되기는 커녕 孝라는 認識에서 四代 祖上까지 제사를 지내게 되었다.

衆	무리 중	4.2급/종
	血	12획
	㊀;群(무리 군)	
衆論(중론) 여러 사람의 의논·의견		
大衆(대중) 수많은 사람의 무리		

難	어려울 난	4.2급/난
	隹	19획
	㊅;易(쉬울 이) ㊀;困(곤할 곤)	
難題(난제) 해결하기 어려운 문제나 일		
難局(난국) 어려운 상황		

防	막을 방	4.2급/팡
	阜	7획
	뜻; 뚝, 수비, 맞서다	
防水(방수) 홍수를 막음		
防止(방지) 막아서 멎게 함		

志	뜻 지	4.2급/즈
	心	7획
	㊀;意(뜻 의)	
志士(지사) 고매한 뜻을 품은 사람		
同志(동지) 뜻이 서로 같음 또는 그런 사람		

除	덜 제	4.2급/주
	阜	12획
	뜻; 나누다, 쌓다, 섬돌	
除去(제거) 없앰, 치움		
除名(제명) 명단에서 이름을 뺌		

麗	고울 려	4.2급/리
	鹿	19획
	뜻; 곱다, 지나다, 화려하다	
美麗(미려) 아름답고 고운		
麗風(여풍) 서북풍		

우리 祖上님들은 장례 역시 孝의 一部分이라고 생각하여 복잡하더라도 充實히 하였다.

지금도 '상'과 '제'는 儒敎를 根本으로 하여 禮法을 重要시하다 보니 복잡한 것이 事實이다.

그래서 近年에 허례허식을 배제한 국민의례準則이 制定되었지만, 국민의례準則 역시 儒敎에 그 根本이 있는지라 固有의 規則을 지키고 있다.

어느 家宅이라도 그 家宅의 法度가 있으니 뭐라고 말할 수는 없지만, 固有의 규범에 어긋나는 몇 가지를 고쳐보자는 뜻에서 적는다.

상주란 父母, 祖上님이 천수를 다하셨더라도 不孝子라고 칭한다.

또 상주는 초상집에서는 第一 윗사람이다.

상주는 어떠한 일이 있더라도 亡者의 곁을 떠나지 말아야 한다. 亡者를 病院 永安室에 모셨더라도 상주는 영정(神位) 앞을 떠나면 안 된다.

요즘은 大部分 三日장이라서 임종 時間부터 計算하여도 48時間에서 72時間 以內다.

상주가 平生 동안 자신을 보살핀 父母님을 그 짧은 時間이나마 한순간이라도 떠나면 法度에 어긋난다. 혹여 親舊나 貴한 손님이 문상을 와도 상주는 亡者 곁을 떠나면 안 된다. 화장실을 갈 때도 急히 用務를 보고 돌아와야 한다.

儒	선비 유	4급/루
	人	16획
	뜻; 선비, 유학, 부드럽다	
儒林(유림) 유교의 도를 닦는 학자들		
儒學(유학) 유교를 연구하는 학문		

準	준할 준	4.2급/준
	氵(水)	13획
	뜻; 본받다, 평평하다, 같다	
準則(준칙) 표준을 삼아 따라야 할 규칙		
準備(준비) 미리 마련하여 갖춤		

制	법도 제	4.2급/즈
	刂(刀)	8획
	뜻; 마르다, 다스리다, 규정	
制定(제정) 제도를 정함		
制度(제도) 정해진 법도		

務	힘쓸 무	4.2급/우
	力	11획
	㊤;事(일 사)業(업 업)	
公務員(공무원) 국가, 지자체의 사무를 맡아보는		
業務(업무) 직장 따위에서 맡아서 하는 일 〈사람		

돌아가신 분의 **飮食**은 살아 계신 것처럼 하루에 3끼 **以上**을 반드시 올려야 하고 **間食**

도 떨어지지 않게 올려야 하며, **香**은 **晝夜**로 꺼지지 않게 **特別**히 **注意**하여야 한다.

한편, 문상객이 오면 상주는 **必**히 곡(哭=울다)을 하여야 한다.

宗教를 핑계로 곡을 하지 않는 상주도 있는데, 아무리 **宗教**의 차이라고는 하지만 곡

을 하지 말라는 **宗教**는 없다.

조문객은 **亡者**를 애도하기 **爲**하여 온 것인데, 조문객이 울지 않을 때 상주가 대신 우

는 흉내라도 내어, **亡者**를 위로 하는 것이 곡이다.

바쁜 **時間**을 내어 또는 **他地**에서 온 조문객을 **爲**하여 상주가 조문객에게 주는 **最高**의

예우는 **飮食**이 아닌 곡으로 **代身**하여야 한다.

상주는 **亡者**를 **爲**하여, 조문객을 **爲**하여 **必**히 곡을 하여야 한다.

요즘도 상제의 복장을 굴건 **祭服**으로 하는 **家宅**이 많으나, **通常** 검은 **洋服**에 완장을

차는 것이 **基本**처럼 되고 있다.

맏상제는 세 줄이 있는 완장, 상주들은 두 줄, 사위나 **其他 寸數**는 한 줄 완장을 **主**로

찬다.

팔에 찬 완장은 계급의 상징이다.

香	향기 향	4.2급/쌍
	香	9획
	뜻; 향기, 아름다움	
香氣(향기) 향 냄새		
香煙(향연) 향기로운 연기		

宗	마루 종	4.2급/종
	宀	8획
	뜻; 마루, 우두머리, 제사	
宗親(종친) 임금의 친족		
宗家(종가) 한 씨족의 맏이로 이어온 집		

爲	할 위	4.2급/웨이
	爪	12획
	㈜;行(행할 행) ㈐;爲	
爲主(위주) 으뜸으로 삼음		
行爲(행위) 사람이 의지를 갖고 하는 일		

祭	제사 제	4.2급/지
	示	11획
	뜻; 제사, 사귀다, 깊다	
祭禮(제례) 제사를 지내는 예법이나 예절		
祭物(제물) 제사에 쓰이는 음식		

계급이 높을수록 완장이 크고 줄도 많다.

상주란 罪人인데 완장은 말도 안 된다.

편의를 위해서라면 다른 方法을 찾아야 한다.

옛날에는 상주는 罪人이고 不孝子라고 하여 건을 쓰고 망나니나 두르는 새끼줄을 건

에 두르고, 하늘을 보지 못하게 헝겊을 매달았다.

48時間 조금 넘는 時間인데 不便하더라도 상주들은 건만이라도 쓰고, 맏상제는 건에

새끼줄을 두르고 나머지 상주는 건만 쓰고 상주임을 表示하면 될 일이다.

앞으로는 계급의 상징인 완장은 차지 말았으면 한다.

장지가 있으면 매장을 하는 것도 좋겠지만, 요즘은 大部分 화장을 한다.

화장장에서도 예의범절을 지켰으면 한다.

各自 집안마다 宗敎가 다르겠지만, 화장장에서 이것만은 지켜서 亡者의 마지막을 便

하게 하였으면 한다.

화장장이 宗敎 展示場이 아닌데, 이쪽 집에서는 讚頌歌를 부르고 저쪽 집에서는 佛經

과 목탁을 치고, 그러다 보면 이쪽 집에선 더 큰 소리로 讚頌歌를 부르고, 그러면 저쪽

讚	기릴 찬	4급/찬
	言	26획
	㉠;稱(일컬을 칭) ㉮;讚	
讚歌(찬가) 찬양·찬미의 뜻을 표한 노래 〈자랑함		
自畵自讚(자화자찬) 자기가 한 일을 자기 스스로		

頌	기릴 송	4급/송
	頁	13획
	뜻; 기리다, 얼굴	
頌德碑(송덕비) 공덕을 기념하여 세운 비석		
頌歌(송가) 칭송하여 노래 함		

佛	부처 불	4.2급/프
	亻(人)	7획
	㉮;仏	
成佛(성불) 죽어서 부처가 됨		
佛道(불도) 부처가 말씀한 교도, 부처의 가르침		

經	경서 경	4.2급/징
	糸	13획
	㉮;歷(지낼 럭)過(지닐 과) ㉮;経	
經驗(경험) 실제로 해보거나 격어 봄		
經濟(경제) 사회생활에 필요한 모든 활동		

집에는 더 큰 소리의 佛經과 목탁 소리를 낸다.

이것은 分明히 亡者를 爲하는 것이 아니다.

亡者의 마지막 길을 眞情으로 생각하고 爲한다면, 他 宗敎 禮式이 끝날 때까지 기다리든지 아니면 조용히 의식을 進行하는 것이 眞情 亡者를 便하게 보내는 것이다.

화장이 끝난 다음 분골(뼛가루) 한 後의 行爲에서 이것만은 다시 생각하기를 바란다.

全部는 아니지만 많은 집안에서 분골 後 亡者의 영정을 앞세우고 근엄하게 장례 行列이 옆 산비탈로 向한다.

그 山 위에는 一定 의식이 끝난 後 작은 돌구멍으로 분골을 버리는(?) 場所가 있다.

그 작은 돌구멍 속에는 물 흐르는 소리가 나는데, 分明히 펌프로 물을 强制 순환시킬 것이다.

그렇다면 어딘가 分明히 여과망도 있을 것이다.

근엄하게 올라와서 의식을 치르고 亡者의 분골을 작은 돌구멍에 버리면(?), 數十 數百 名의 분골이 여과망에 걸러져 어디로 갈까?

쓰레기처리장은 아니더라도 가는 곳이 뻔하다.

이것은 人間으로서 정말 不滿스러운 行動이고, 分明히 잘못된 일이다.

眞	참 진 目 (반);假(거짓 가)	4.2급/진 10획
眞實(진실) 거짓이 없고 참됨 眞理(진리) 참된 이치, 참된 도리		

進	나아갈 진 辶 (반);退(물러날 퇴) (유);就(나아갈 취)	4.2급/진 12획
進學(진학) 학문의 길로 나아가 배움 進出(진출) 앞으로 나아감		

列	벌일 렬 刂(刀) (유);羅(벌일 나)	4.2급/리에 6획
序列(서열) 순서를 좇아 늘어섬 分列(분열) 각각 갈라져서 늘어 섬		

滿	찰 만 氵(水) (반);干(방패 간)	4.2급/만 14획
滿足(만족) 마음에 흡족(洽足)함 充滿(충만) 가득하게 차 있음		

그렇다면 어떻게 할까?

화장장 인근에는 사찰도 있고 敎會도 있고 聖堂도 있다.
8. 59   40

자신이 믿는 宗團에 임시 奉安했다가 日曜日이나 生活에 支障이 없는 便한 날을 택하
116.75   105.27   9.106.9   8. 30   27

여 江이나 바다 또는 故人이 즐겨 찾는 山에 뿌리거나 작은 구덩이를 파고 自然으로
17   6   9   25.31

돌아가게 하는 것이 맞다.

사람마다 생각이 다른 것은 당연하지만, 나는 납골당을 反對한다.
63.60

사람이 죽었을 때 매장하는 것도 自然으로 보내는 것이고, 화장하여 江이나 山에 뿌
25.31   17   9

리는 것도 自然으로 보내는 것인데, 납골당처럼 空氣도 通하지 못할 것 같은 작은 石
25.31   31.24   43   49

器 안에 분골을 담아서 또 작은 돌함 속에 넣어 보관(?)하는 것은 自然의 理致, 즉 順
25.31   42.91   74

理가 分明 아닐 것이다.
42   54.48

돈이 아무리 많아도 그렇지, 비싼 수입產 돌로 만든 石器에 또 高價의 돌 상자 속에
88   49.119   57.89

왜들 巨金을 주고 그러는지? 장사꾼의 농간이 아니겠는가?
10

	聖	성인 성	4.2급/썽
		耳	13획
		뜻; 성스럽다, 슬기롭다	
聖人(성인) 지덕이 뛰어나 숭앙 받는 사람			
聖堂(성당) 공자를 모신 사당, 천주교의 교회당			

	支	가를 지	4.2급/즈
		支	4획
		반;干(천간 간)收(거둘 수)	
支給(지급) 지출해 급여함			
支分(지분) 잘게 나눔			

	障	막을 장	4.2급/짱
		阝(阜)	14획
		뜻; 막다, 가리다, 한계	
障壁(장벽) 가리어 막은 벽			
障害(장해) 막아서 방해함			

	故	까닭 고	4.2급/구우
		攵	9획
		뜻; 옛날, 뜻, 반듯이	
故國(고국) 조상 때부터 살던 나라			
故意(고의) 일부러 하는 일			

	器	그릇 기	4.2급/치
		口	16획
		뜻; 그릇, 기관	
器具(기구) 연장의 총칭			
器材(기재) 기구와 재료			

	巨	클 거	4급/쥐
		工	5획
		유;大(큰 대)	
巨物(거물) 인물됨이 큰 사람			
巨人(거인) 키가 큰 사람			

眞情으로 故人을 생각한다면 요즘은 수목장도 있을 것이며, 분골은 自然으로 보내드
116.66　　119.6　　　　　　　　　　　　　　　　　　　　　　25.31

리고 뒷동산이나 庭園에 좋은 나무를 한 그루 심어놓고 그 밑에 故人을 생각 할 수
　　　　　　　　61.61　　　　　　　　　　　　　　　　119.6

있는 物件 하나 정도를 묻으면 더 좋을 것이다.
　　22.83

매장도 좋다고 생각하지만, 國土가 좁은 것을 고려해야 한다.
　　　　　　　　　　7.10

또 무슨 財力의 상징인 양 산소에 石物을 設置하는 것도 좋지 않다.
　　　　92.24　　　　　　　　　49.22　92.82

歷代의 王이나 歷史에 길이 남을 偉大한 분처럼 永遠히 保存할 분이 아니라면 祖上을
109.37　7　　109.109　　　　　105.9　　　　64.40　　　　　　　　　　65.18

自然으로 보내드려 數 代가 지나면 완벽하게 自然이 되어야 하는데, 石物은 自然으로
25.31　　　　　19　37　　　　　　　25.31　　　　49.22　25.31

의 귀향을 妨害하는 것이며 自然保護 次元에서도 深刻한 問題다.
　　　　38.78　　　　25.31.120　105.105　　　29.62

碑石이나 石物은 祖上의 묘를 찾는 하나의 表示이지 그 以上도 그 以下도 아니다.
　49　　49.22　65.18　　　　　　56.98　　　70.18　　70.30

한편, 碑石 後面에 사돈의 八寸까지 이름을 새기는 行爲도 삼가야 한다.
　　　120.49 26.32　　　　14.11　　　　　　43.116

地方을 다니다 보면 主人 없이 버려진 묘지에도 碑石 後面에는 數많은 이름이 있다.
36.18　　　　　36.6　　　　　　　　120.49 26.32　　19

찾지 않을 後孫의 姓名은 새기지 말아야 他人에게 욕을 먹지 않을 것이다.
　　　26.48　　23.18　　　　　　91.6

<table>
<tr><td>保</td><td>지킬 보　　　4.2급/빠오
亻(人)　　　9획
⊕;守(지킬 수)護(지킬 호)</td><td>存</td><td>잇을 존　　　4급/춘
子　　　6획
반;亡(망할 망)⊕;在(있을 재)</td></tr>
<tr><td colspan="2">保護(보호) 위험이 미치지 못하게 함 〈하는 시설
保育院(보육원) 부양 의무자가 없는 아동을 수용</td><td colspan="2">存在(존재) 거기, 혹은 현실에 있음
共存(공존) 함께 같이 있는 것</td></tr>
<tr><td>護</td><td>보호할 호　　　4.2급/후인
言　　　21획
⊕;守(지킬 수)保(지킬 보)</td><td>深</td><td>깊을 심　　　4.2급/썬
氵(水)　　　11획
뜻; 깊다, 너비, 숨기다</td></tr>
<tr><td colspan="2">護身(호신) 몸을 보호함
護衛(호위) 따라다니며 보호하여 지킴</td><td colspan="2">深度(심도) 깊은 정도
深夜(심야) 깊은 밤</td></tr>
<tr><td>刻</td><td>새길 각　　　4급/크어
刂(刀)　　　8획
뜻; 새기다, 벗기다, 다하다</td><td>碑</td><td>비석 비　　　4급/빼이
石　　　13획
뜻; 비석, 돌기둥</td></tr>
<tr><td colspan="2">刻舟求劍(각주구검) 어리석은 사람을 비유할 때
刻印(각인) 도장을 새김</td><td colspan="2">碑文(비문) 비석에 새긴 글
碑表(비표) 경계의 표시</td></tr>
</table>

그냥 表石 程度의 작은 碑石이면 어떨까.
　　56.49　 35　　　　　120.49

다음은 제사에 對하여
　　　　　　　60

儒敎는 孝가 根本이라 제사를 매우 重要하게 생각한다.
115.8　　 31　 58.46　　　　　　　 28.72

事實 孝道란 父母님이나 祖父母님처럼 살아있는 분에게만 行하는 것이 全部가 아니
24.74 31.19　 15.15　　 32.15.15　　　　　　　　　　 43　　　　 31.44

다. 돌아가신 祖上님에게도 生存해 계신 父母님과 똑같이 孝를 實行하여야 한다. 父母
　　　　 32.18　　　 8.120　　 15.15　　　 31　 74.43　　　　 15.15

님의 아버지, 어머니, 그 위에 아버지 등 모두가 父母이기 때문이다.
　　　　　　　　　　　　　　　　　　 15.15

제사는 祖上님이 他界한 날의 하루 前에 제수 準備를 하고, 他界한 날 子時(23~01時)
　　 32.18　　 91.37　　　　 18　　 115.97　　　 91.37　　 28.22　　　 22

에 지내는 것이 原則이나, 국민의례準則에서는 他界한 날 저녁에 지내도록 한다.
　　　　　 104.96　　　　　 115.96　　 91.37

모든 禮法 즉 '상'과 '제'는 儒敎의 禮法에 따르는 것인데, 국민의례準則 制定 當時에
　　 41.39　　　　　　　　 115.8　 41.39　　　　　　　　　 115.96 115.42 74.22

는 夜間 通行禁止 時間이 있었고, 簡素化라는 美名 아래 제사 時間을 돌아가신 以後
　 35.22 43.43 76 22.22　　　　 88　　　 53.18　　　　 22.22　　　 70.26

時間인 저녁으로 정했다. 이것은 잘못된 일이다. 제사란 돌아가시기 前 時間, 즉 生存
22.22　　　　　　　　　　　　　　　　　　　　 18 22.22　　 8.120

했던 時間에 지내는 것이 原則이고, 當日에 지내는 것 또한 民俗의 禮法이다.
　 22.22　　　　　　 104.96　 74.9　　　　　　　　 7　　 41.39

<table>
<tr><td rowspan="3">程</td><td>법도 정</td><td>4.2급/청</td></tr>
<tr><td>禾</td><td>12획</td></tr>
<tr><td colspan="2">뜻; 단위, 법도, 한도</td></tr>
<tr><td colspan="3">程度(정도) 얼마 가량의 분량</td></tr>
<tr><td colspan="3">規程(규정) 조목 별로 정해 놓은 표준</td></tr>
</table>

<table>
<tr><td rowspan="3">禁</td><td>금할 금</td><td>4.2급/진</td></tr>
<tr><td>示</td><td>13획</td></tr>
<tr><td colspan="2">반;許(허락할 허)</td></tr>
<tr><td colspan="3">禁止(금지) 말려서 하지 못하게 함</td></tr>
<tr><td colspan="3">禁斷(금단) 어떠한 행위를 못하게 엄중하게 금지함</td></tr>
</table>

<table>
<tr><td rowspan="3">簡</td><td>편지 간</td><td>4급/지엔</td></tr>
<tr><td>竹</td><td>18획</td></tr>
<tr><td colspan="2">뜻; 대쪽, 글, 편지, 검열</td></tr>
<tr><td colspan="3">簡紙(간지) 두껍고 품질이 좋은 편지지</td></tr>
<tr><td colspan="3">竹簡(죽간)) 대나무 조각을 엮어 만든 서책</td></tr>
</table>

<table>
<tr><td rowspan="3">素</td><td>흴 소</td><td>4.2급/수</td></tr>
<tr><td>糸</td><td>10획</td></tr>
<tr><td colspan="2">유;朴(소박할 박)</td></tr>
<tr><td colspan="3">平素(평소) 평상시</td></tr>
<tr><td colspan="3">素服(소복) 하얗게 차려입은 옷. 흰옷. 상복</td></tr>
</table>

<table>
<tr><td rowspan="3">俗</td><td>풍속 속</td><td>4.2급/수</td></tr>
<tr><td>亻(人)</td><td>9획</td></tr>
<tr><td colspan="2">뜻; 풍속, 비라다, 세싱</td></tr>
<tr><td colspan="3">俗說(속설) 세상 사람이 흔히 말하는 설</td></tr>
<tr><td colspan="3">風俗(풍속) 예로부터 전해 오는 생활에 관한 습관</td></tr>
</table>

그런데 大部分의 일반 國民들이 제사日을 돌아가신 날의 하루 前날(제수를 준비하는

날)로 알아서 하루 前 저녁에 제사를 지내는 웃지 못할 촌극을 하고 있다.

다시 말해 광복절은 8月 15日인데, 8月 14日을 記念하는 꼴이다.

他界한 날 새벽 0時 以後에 제사를 지내는 것은 요즘처럼 바쁜 世上에는 無理가 있다.

하지만 子時는 23時부터 다음날 01時까지이므로 밤 11時 경에 제사를 지내도 關係가

없다. 따라서 제사를 밤 11時 경에 지내고 밤 12時 以前에 끝낸다면 큰 無理가 없다.

국민의례準則도 잘못된 것은 고쳐서 實行하여야 한다.

다음은 秋夕이나 설 등의 차례에 對하여

요즘에는 아주 小數의 사람들이 秋夕이나 설날 차례를 유원지의 호텔이나 스키장에서

지내기도 한다.

호텔에서 파는 차례 床으로 50萬 圓 또는 100萬 圓짜리 차례 床이 있다고 한다.

아무리 家族의 餘暇 生活도 좋지만, 祖上을 모시는 일을 그런 式으로 行하면 안 하는

係	맬 계	4.2급/시
	亻(人)	9획
	뜻; 잇다. 걸리다	
係爭(계쟁) 어떤 일에 관련되어 다툼		
關係(관계) 둘 이상의 현상이 서로 관련을 맺음		

床	평상 상	4.2급/촹
	广	7획
	뜻; 평상, 잠자리	
河床(하상) 하천의 바닥		
床石(상석) 무덤 앞에 제물을 차리기 위한 돌상		

圓	둥글 원	4.2급/위엔
	口	13획
	반;方(모 방) 약;円	
半圓(반원) 원을 지름으로 이등분하였을 때의 그		
圓滿(원만) 일의 진행이 순조로운 〈반쪽		

餘	남을 여	4.2급/위
	食	16획
	뜻; 남다, 나머지, 결말	
餘白(여백) 글씨를 쓰고 남은 빈자리		
餘談(여담) 본 줄거리와 관계없는 딴 이야기		

暇	겨를 가	4급/씨아
	日	13획
	뜻; 겨를, 지내다	
暇景(가경) 한가한 날		
病暇(병가) 몸의 병으로 얻는 휴가		

것만 못하다.

차라리 제사를 지내지 마라. 지내지 않는 것이 더 타당하다.

祖上들이 무슨 잘못이 있어 차례 床을 받으려고 이름도 모르는 스키장이나 유원지로
血肉과 子孫을 찾아 헤매야 하는가?

제사와 차례는 물 한 그릇을 올려도 精誠으로 지내야 한다.

그런 式으로 지낼 바에야 차라리 지내지 말라고 한 이유는 다음과 같다.

1,900年을 前後하여 東學혁명이 일어날 當時에는 兩班은 全 國民의 4부(%) 前後고,

平民 즉 衆人은 대략 20부(%) 程度였고, 나머지 大多數 國民이 천민이나 종, 머슴이라
는 統計가 있다.

王族, 兩班, 衆人을 除外하고는 많은 數의 百姓은 姓이 없었다. 간혹 살기가 어려워
身分을 버리고 종이나 머슴으로 들어간 사람도 있겠지만.

姓이 없다는 것은 제사를 지낼 때 神位(지방)를 쓸 수 없다는 것이다. 神位 없이 제사
를 지내는 것은 있을 수 없는 일이다.

血	피 혈	4.2급/쉬에
	血	6획
	뜻; 피, 눈물, 근심하다	

血路(혈로) 위급을 면하는 수단
血統(혈통) 같은 핏줄의 계통

肉	고기 육	4.2급/로우
	肉	6획
	(반);骨(뼈 골) (유);身(몸 신)	

肉身(육신) 육체
肉聲(육성) 사람의 입에서 직접 나오는 소리

精	정밀할 정	4.2급/징
	米	14획
	뜻; 정교하다, 깊다, 굳세다	

精神(정신) 마음이나 영혼
精氣(정기) 만물을 생성하는 원기

誠	정성 성	4.2급/청
	言	14획
	뜻; 정성, 참되다, 자세하다	

誠意(성의) 정성스러운 뜻
誠金(성금) 정성으로 내는 돈

兩	두 량	4.2급/량
	入	8획
	(야);両	

兩立(양립) 두 가지가 서로 동시에 따로 성립됨
兩端(양단) 처음과 끝

統	거느릴 통	4.2급/통
	糸	12획
	뜻; 실마리 거느리다, 힐통	

統合(통합) 여러 조직이나 기구를 하나로 합침
血統(혈통) 같은 핏줄을 타고난 겨레붙이의 계통

따라서 國民 大多數를 차지하는 百姓들은 제사 禮法에 對하여 본 것도 적고 아는 것
도 적으며. 제사의 重要함을 깨닫는 정도도 不足할 것이다.

그러니 제사나 차례를 우습게 보고 호텔에서 돈으로 形式상의 차례를 지내는 것이 아

니겠는가?

班常을 論하는 것이 아니라 精誠껏 차례를 지내고 난 後에 餘暇를 즐기라는 것이다.
一年에 차례나 제사가 몇 번이나 된다고 그런 式으로 하면 되겠는가.
자신이 그런 行動을 하면 그것을 본 子息들도 歲月이 흘러 成人이 되면 그 本을 받을

것이다. 그러다 보면 제사나 차례란 것이 없어질 수도 있다.

제사나 차례는 孝를 行하는 것이다. 모든 萬物 가운데 가장 偉大하고 尊敬해야 할 대
상은 英雄호걸이 아니고 나를 世上에 存在하게 한 父母님, 祖父母님이다.
英雄이나 순국선열에는 묵념하면서 나에게 가장 偉大한 祖上의 제사에 소홀한 것은
本人이 自身을 無視하는 行爲이며, 後孫들이 願하는 일이 아니다.
부디 先烈들의 崇高한 높은 뜻을 이어받아 家門의 血脈을 이어가길 바란다.

論	논의할 논 言 ㊛;議(의논할 의)	4.2급/론 15획
討論(토론) 어떤 논제를 두고 제각기 의견을 논의함 言論(언론) 말이나 글로 자기 사상을 발표하는 일		

息	쉼쉴 식 心 ㊛;休(쉴 휴)	4.2급/시 10획
休息(휴식) 잠깐 쉼 安息(안식) 편안하게 쉼		

尊	높을 존 寸 ㊛;重(무거울 중)	4.2급/준 12획
尊貴(존귀) 지위가 높고 귀함 尊堂(존당) 남의 어머니를 높인 말		

烈	세찰 렬 灬(火) 뜻; 세차다, 위엄	4급/리에 10획
烈火(강화) 맹렬하게 타오르는 불 烈女(열녀) 절개가 굳은 여자		

崇	높을 숭 山 ㊛;高(높을 고)	4급/총 11획
崇拜(숭배) 우러러 공경함 崇佛(숭불) 부처, 불교를 숭상함		

脈	맥 맥 肉 뜻; 맥, 수로, 줄기	4.2급/마이 10획
山脈(산맥) 여러 산악이 계속 길게 벋치어 줄기를 脈動(맥동) 맥박이 뜀　　　　　〈이룬 지대		

'남의 제사에 감 놓아라, 배 놓아라, 하지 마라!' 라는 말이 있다.

맞는 말이다.

제사도 儒敎 禮法에 準해서 하는 것이다.

그런데 우리나라는 黨派싸움으로 東人, 西人으로 나누어졌다가 다시 南人, 北人 그리

고 老論, 少論으로 갈라졌다.

黨爭은 우리나라의 수치 中 하나다.

儒敎 禮法대로 제사 절차가 傳해 오다가 老論派에 의하여 많은 것이 바뀌었다.

紅東白西는 紅西白東으로, 밥과 국의 자리도 바뀌고, 수저를 놓은 자리도 바뀌고. 과

일을 깎는 部位도 바뀌었다. 自身들의 파벌 때문에 禮法이 바뀌었다.

물론 옛 祖上님들이 한 行爲에 대하여 옳고 그름을 따질 理由는 없다.

그래서 제사상에 飮食을 올리는 것이 家宅마다 다르다고 말하는 것이다.

바뀌지 않은 것은 飮食의 配列 順序다.

父母님의 생신 床처럼 제사 床도 飮食 配列이 비슷하다.

첫 列에는 밥과 국, 술잔을 놓고, 둘째 列에는 국물이 떨어질 수 있는 탕이나 물기 있

는 飮食을 놓고, 셋째 列에는 일반 반찬을 놓고, 넷째 列에는 술안주 반찬, 정과 飮食

을 놓고, 다섯째 列에는 後食으로 果實을 놓는다.

黨	무리 당	4.2급/당
	黑	20획
	⑭;党	
黨爭(당쟁) 당파를 이루어 서로 싸움	
黨論(당론) 정당의 의견이나 논의	

派	갈래 파	4급/파이
	氵(水)	9획
	뜻; 물갈래, 파견하다	
派兵(파병) 군대를 파견 함 〈나와 생김	
派生(파생) 어떤 근원으로부터 다른 사물이 갈려	

紅	붉을 홍	4급/홍
	糸	9획
	⑭;朱(붉을 주)	
紅一點(홍일점) 여럿 중 하나가 이채를 띠는 것	
丹紅(단홍) 붉은 빛깔	

配	짝/나눌 배	4.2급/페이
	酉	10획
	集(모일 집)	
配合(배합) 이것저것을 일정한 배율로 한데 섞어	
分配(분배) 몫몫이 고르게 나눔 〈합함	

飮食 配列은 老論과 少論의 區別 없이 모두 同一하다.
49.28.125.119　21.124　25.124　40.37　　　　　　28.14

앞에서 말했듯이 紅東白西라든지, 생선 머리가 東向이나 西向이라든지, 올릴 수 있는
125.7. 8.10　　　　　　　　7. 50　　　10.50

飮食이나 올릴 수 없는 飮食이라든지, 모두 各各 家宅의 風習대로 하되 精誠을 다하
49.28　　　　　　　49.28　　　　37.37　15.86　35.41　　　123.123

여야 하며, 조용하고 엄숙하게 施行하면 된다.
43

이것이 돌아가신 祖上님의 恩惠에 報答하는 것이다.
32.18　　　　76.20

間或 제사를 지낼 때 이런 일이 있다.
22

제사는 관례상 맏아들 집에서 지내는데 다른 子息들이 父母님이 生時에 즐기시던 飮
28.124　15.15　8. 22　　49

食을 가져오는 일이 자주 있다. 大部分 과일과 술을 求入해 온다.
28　　　　　9.44.58　　20

그러니 그 과일이나 술을 제사床에 올리지 않을 수가 없다.
122

여기서 問題가 생긴다. 飮食의 配列은 바꿀 수 없다고 했는데, 과일 列인 다섯째 列의
29.62　　49.28　125.110　　　　　119　　119

자리가 좁다. 그렇다고 대추, 밤, 배, 감, 사과 中에서 무엇을 내려놓을 수도 없다.
12

제사床 中에 있는 모든 飮食은 祖上님이 먹고 가는 것이다.
122 12　　　49.28　32.18

施	베풀 시	4.2급/쓰
	方	9획
	㊡;設(베풀 설)	
施賞式(시상식) 상을 주는 의식 또는 행사		
實施(실시) 실제로 시행함		

恩	은혜 은	4.2급/인
	心	10획
	㊎;怨(원망할 원) ㊡;惠(은혜 혜)	
報恩(보은) 은혜를 갚음		
恩功(은공) 은혜와 공로		

惠	은혜 혜	4.2급/후이
	心	12획
	㊡;恩(은혜 은)	
受惠(수혜) 은혜를 입음		
惠澤(혜택) 은혜와 덕택		

或	혹 혹	4급/후인
	戈	8획
	뜻; 혹여, 어떤 이, 늘	
或者(혹자) 어떤 사람		
或時(혹시) 어쩌다가		

求	구할 구	4.2급/치우
	水	7획
	뜻; 구하다, 묻다, 탐하다	
求愛(구애) 사랑을 구함		
求人(구인) 사람을 구함		

그런데 대추와 밤은 다르다.

대추와 밤이 意味하는 뜻은 아주 많다.
　　　　　59

대추는 아들이고, 밤은 딸이라는 둥. 대추는 多産을 뜻한다는 둥.
　　　　　　　　　　　　　　　　　64.88

대추와 밤에 對해서는 祖上님의 또 다른 심오한 解法이 여럿 있다.
　　　　　　　60　　　32.18　　　　　　　　　39

하지만 제사床에 있는 대추와 밤은 祖上님이 제사床을 받고, 먼 길을 돌아갈 때 군것
　　　　　122　　　　　　　　　32.18　　　122

질로 드시라고 올리는 飮食이다.
　　　　　　　　　49.28

그래서 대추와 밤은 老論과 少論이 同一하게 西쪽에 놓는다.
　　　　　　　　21.124　25.124　28.14　　10

지금으로 말하면 심심풀이 땅콩과 같은 것이다.

따라서 과일 列인 다섯째 列에 빈자리가 없으면, 대추와 밤을 따로 담은 작은 床을 門
　　　　　118　　　　118　　　　　　　　　　　　　　　　122　　10

옆에 놓아두든가 아니면 마지막 첨주를 하기 直前에 반찬을 내려놓고 대추와 밤을 그
　　　　　　　　　　　　　　　　　29.18

자리에 올려놓아도 된다.

제사를 지내는 데는 무엇이 옳고 무엇이 그르냐보다 얼마나 精誠을 드리고 淸潔한 마
　　　　　　　　　　　　　　　　　　　　　　123.123　　　52

음으로 지내느냐가 重要하다
　　　　　　28.72

宗敎가 달라도 祖上과 父母에게 孝道하는 것은 變할 수 없으므로 子孫萬代까지 祖上
116.8　　　32.18　　15.15　　31.19　　　　88　　　　　　　28.48. 9. 37　　32.18

을 崇拜하는 精神이 이어지길 바란다.
　124　　　123.38

<table>
<tr><td rowspan="3">味</td><td>맛 미</td><td>4.2급/웨이</td></tr>
<tr><td>口</td><td>8획</td></tr>
<tr><td colspan="2">뜻; 맛, 느낌, 체험하다</td></tr>
</table>

味	맛 미	4.2급/웨이
	口	8획
	뜻; 맛, 느낌, 체험하다	
味讀(미독) 글의 내용을 충분히 음미하면서 읽음		
興味(흥미) 흥을 느끼는 재미		

解	풀 해	4.2급/지에
	角	13획
	반;結(맺을 결)	
解說(해설) 내용을 알기 쉽게 풀어서 설명함		
解答(해답) 질문이나 문제에 대하여 풀은 답		

潔	깨끗할 결	4.2급/지에
	氵(水)	15획
	유;純(순수할 순)淸(맑을 청)	
高潔(고결) 성품이 고상하고 순결함		
純潔(순결) 마음이 사욕 따위가 없이 깨끗함		

拜	절 배	4.2급/빠이
	手	9획
	뜻; 절, 공경하다, 감사하나	
拜席(배석) 의식 때 절하는데 쓰는 자리		
參拜(참배) 무덤이나 기념비 앞에서 추모를 함		

한편, 제사床에 올리지 못하는 飮食을 간추려 보았다.

1. 마늘은 東洋과 西洋이 비슷하게 모두 雜神을 쫓는 飮食이라 하여 제사 飮食에는

   양념으로도 使用하지 않는다.

2. 고추와 같은 붉은色 飮食도 使用을 삼간다. 동짓날 팥죽으로 雜神을 豫防하는 風習

   도 팥죽이 붉은色이기 때문이다.

3. 이름이 치 字로 끝나는 생선은 제사床에 올리지 않는다.

   우리 祖上님들은 뜻을 풀이할 때 글자로 풀어 解讀하거나, 發音으로 풀이하거나, 글

   자가 비슷하다고 가려서 쓰기도 하였으니 興味롭고 異色的이다.

   치 字는 좋지 못한 무리가 떼를 지어 다닌다는 뜻의 양아치, 천민을 나타내는 갓바

   치, 개도치 등에 붙어있다.

   또 어리다는 뜻의 稚(어릴 치)라 하여 치 字의 생선을 삼간다.

   꽁치, 갈치, 멸치 등이 무리를 지어 다니는 생선이다.

4. 털이 난 과일도 삼간다.

   옛날부터 복숭아나무는 雜神을 쫓는다 하여 울안에 심지 않고, 복숭아는 제사床에

   올리지 않는다.

雜	섞일 잡 隹 약;雑	4급/자 18획
雜念(잡념) 여러 가지 쓸데없는 생각 雜談(잡담) 쓸데없이 지껄이는 말		

豫	미리 예 豕 약;予	4급/위 16획
豫備(예비) 미리 마련하거나 갖추어 놓음 豫算(예산) 미리 비용을 계산함 또는 그 금액		

興	일 흥 臼 반;亡(망할 망)	4.2급/싱 16획
興行(흥행) 관람료를 받고 연극 등을 보여 줌 興敗(흥패) 흥함과 망함		

異	다를 이 田 반;同(한가지 동) 유;差(어긋날 차)	4급/이 11획
異國(이국) 인정·풍속이 전혀 다른 남의 나라 異例的(이례적) 보통 있는 일이 아닌 특이한		

虛無한 이야기 같지만, 지킬 것은 지켜 行하는 것도 孝의 한 方法이다.
77   43   31   18.39

海賊 討伐
18. 98

한편, 天나라에서는 天王의 命을 받은 '수' 七品士와 '표' 大將軍이 월남江 南쪽의
34   34. 7   29   15.37.43   9.77.6   17   10

'호' 海賊을 討伐하기 爲하여 한창 準備를 하고 있었다.
18.98 29.29   116   115.97

이번 출정의 첫째 目的은 人나라 百姓을 救出하는 것이지만, '수' 七品士와 '표' 大將
32.74   6   19.23 108.30   15.37.43   9.77

軍은 天王의 속마음을 익히 짐작하고 있었다.
6   34.7

막강한 水軍과 용맹한 將軍이 必要한 이때에 '호' 海賊 頭目 산하의 一 萬에 가까운
10. 6   77.6   72.72   18.98 42.32   14   9

軍卒과 '호' 頭目 같은 將軍을 갖고 싶은 것이 天王의 眞心인 것을……
6.72   42.32   77.6   34. 7   118.18

'수'와 '표' 두 忠臣은 이번에 天王의 욕심을 滿足시켜 주고 싶었다.
66   34. 7   118.19

天王은 南쪽 섬나라인 '왜' 나라뿐만 아니라 멀리 서역까지도 나라를 넓히려는 생각
34.7   10

이 있던 차에 막강한 水軍을 쉽게 얻을 수 있는 機會가 생겨 內心 반가워하였다.
10. 6   59   17.18

수' 七品士는 天나라에 入職하고 아직 변변한 功勞를 세우지 못했는데도 天王의 눈에
15.37.43   34   20   66.75   34.7

虛	빌 허	4.2급/쉬
	虍	12획
	(반);實(열매실) (유);空(빌공) (약);虚	
虛空(허공) 텅 빈 공중		
虛實(허실) 허함과 실함		

討	칠 토	4급/타오
	言	10획
	(유);伐(칠 벌)	
討論(토론) 어떤 논제를 두고 여러 사람이 논의함		
聲討(성토) 여럿이 모여 어떤 잘못을 비판함		

伐	칠 벌	4.2급/파
	亻(人)	6획
	(유);討(칠 토)	
伐草(벌초) 무덤의 잡초를 베어 깨끗이 함		
採伐(채벌) 나무를 베어 냄		

忠	충성 충	4.2급/쫑
	心	8획
	뜻; 충성, 진심, 바르다	
忠誠(충성) 진정으로 우러나오는 정성		
忠臣(충신) 충성스런 신하		

機	틀 기	4급/지
	木	16획
	뜻; 틀, 용수철, 올가미	
機密(기밀) 중요하고 비밀한 일		
機能(기능) 어떤 사물이 가지는 능력		

職	벼슬 직	4.2급/즈
	耳	18획
	뜻; 벼슬, 임무, 표하다	
職業(직업) 생계를 꾸리기 위하여 종사하는 일		
職能(직능) 직무를 수행하는 능력		

들어 七品士까지 올라온 것이 못내 마음이 不便하였다.

그 바람에 다른 臣下들에게 시기의 대상이 되었던 것도 事實이었다.

이번 '호' 海賊 討伐에 큰 功을 取得하여 實力을 한번 보이기로 作心하였다.

'표' 大將軍도 북망山에서 내려와서 아직 큰 功勞가 없었는데 이번에 제대로 한번 大

功을 세우고, 의동생 '호'도 天나라에서 살게 해야겠다고 마음먹었다.

'수'와 '표'는 한마음으로 이번 출정이 大成功하기를 바랐다.

'수' 七品士와 '표' 大將軍이 議論을 하는데

"'표' 大將軍은 이번 출정에 特別한 計劃이라도 있소?"

"뭐, 特別한 計劃이라고 할 것이야 있겠소? 원래 '호'는 나와는 竹馬故友이며 呼兄呼

弟하던 切親한 동생인데, 나와 함께 天王을 모시고 大國을 建設하는데 一助하자고 하

면 설마하니 거절이야 하겠소?"

"'표' 大將軍은 너무 쉽게 생각하는구려.

取	취할 취	4.2급/취
	又	8획
	뜻; 취하다, 채용, 다스리다	
取消(취소) 기록이나 진술한 사실을 지워 없앰		
取下(취하) 신청하거나 제출했던 것을 거둠		

得	얻을 득	4.2급/더
	彳	11획
	反;失(잃을 실)	
得失(득실) 이익과 손해		
利得(이득) 이익을 얻음		

議	의논할 의	4.2급/이
	言	20획
	由;論(논할 론)	
議決(의결) 의논하여 결정함		
會議(회의) 여럿이 모여 의논함		

竹	대 죽	4.2급/주
	竹	6획
	뜻; 대, 피리, 죽간	
竹簡(죽간) 대나무로 엮은 책		
竹林(죽림) 대 숲		

呼	부를 호	4.2급/후
	口	8획
	由;稱(일컬을 칭)	
呼價(호가) 팔거나 사려는 물건의 값을 부름		
呼名(호명) 이름을 부름		

助	도울 조	4.2급/주
	力	7획
	뜻; 돕다, 유익하다. 이루다	
助言(조언) 거들거나 일깨워 주는 말		
助手(조수) 보조 일꾼		

그래도 한 무리의 首長인데 아무리 높은 職位의 벼슬을 준다 해도 남의 밑에 있기를

바라겠소? 더구나 아무 制約도 받지 않는 海賊인데. '표' 大將軍도 북망山 산채 頭領

으로 있어 봐서 海賊이나 山賊이나 頭領 자리가 어떤지 잘 알지 않소?"

'표' 大將軍은 잠시 눈을 감고 옛날 비적 時節을 回想하고 입가에 미소를 드리우며

"그때가 좋았지요.

그러면 '수' 軍師께서는 무슨 좋은 計劃이라도 있습니까?"

"海賊 頭目 '호'는 쉽게 說得되지 않을 것이요.

하지만 '표' 大將軍의 생각대로 심복인 '牛' 將軍, '犬' 將軍과 심복 몇 名만 데리고

가서 '호' 頭目을 만나 說得해 보시오.

多幸히 '표' 大將軍의 뜻대로 說得된다면 바랄 것이 없겠지만, 그렇지 않으면 거짓말

로 겁을 조금 주고 오십시오.

원래 天王과 人 大王은 天上에서부터 각자 軍部와 學部의 最高 首長으로 서로 막역한

사이였는데, 이번에 월남江 海賊들이 人나라 배를 無斷으로 납치하고 人나라 百姓을

노예처럼 취급한 것에 對하여 人 大王과 天王이 大怒하였고, 두 분이 合心하여 이번

機會에 地上에서 海賊이란 海賊은 모두 다 討伐하기로 作定하고 天나라와 人나라의 모

回	돌아올 회	4.2급/후이
	口	6획
	㈌;歸(돌아갈 귀)	

回送(회송) 환송, 돌려보냄
回軍(회군) 철군, 군대를 철수함

想	생각할 상	4.2급/쌍
	心	13획
	㈌;思(생각 사)念(생각 념)	

感想(감상) 마음에 느끼어 일어나는 생각
想念(상념) 마음속에 품은 여러 가지 생각

斷	끊을 단	4.2급/뚜안
	斤	18획
	㈙;續(이을 속)絶(끊을 절) ㈎;断	

斷面(단면) 어떤 전체 현상의 부분적 상태
中斷(중단) 중도에서 끊어짐

怒	성낼 노	4.2급/누
	心	9획
	㈙;喜(기쁠 희)	

喜怒(희로) 기쁨과 노여움
激怒(격노) 격렬하게 화를 냄

든 兵力을 集結해서 大攻勢를 準備하였다고 하시오.

먼저 先發隊로 五千 名이 월남江 北쪽 近處까지 왔다 하고, 뒤에 또 二萬 名의 本隊가

곧 出發할 것이며 大形 船團도 뒤를 따른다고 하시오.

아우 '호'를 特別히 생각하는 마음에서 '표' 大將軍이 먼저 왔다고만 하시오."

"우리 軍士가 모두 五千 名인데 거짓말이 너무 甚한 것 아니요?"

"내가 위계를 써서 그 程度의 軍勢로 보이도록 할 것이니 걱정하지 마시오."

"그럼 '수' 軍師만 믿고 먼저 出發하겠소."

'표' 大將軍은 軍士 십餘 名만을 데리고 먼저 出發하였다.

'수' 軍師는 나머지 五千 名의 軍士를 五等分 하였다. 먼저 壹千 名을 人나라로 보내

어 규모가 第一 큰 商船 세 척을 빌려서 外形上으로는 軍船인 것처럼 꾸미게 하고 월

남江 入口 30里 밖에서 만나기로 하였다. 또 다른 壹千 名에게는 허수아비를 壹萬 個

를 만들어 들고 가게 하였다. 또 다른 壹千 名은 쇠갈고리를 만들어서 끌게 하였다.

攻	칠 공　　　　　　4.2급/꿍
	攵　　　　　　　　　7획
	(반);守(지킬수)放(막을방)(유);擊(칠격)
侵攻(침공) 다른 나라에 침범하여 쳐들어감
成功(성공) 목적을 이룸, 뜻을 이룸

勢	기세 세　　　　　　4.2급/쓰
	力　　　　　　　　　13획
	뜻;기세, 권세, 무리
勢力(세력) 현제 진행되는 힘이나 기세
去勢(거세) 저항이나 반대를 못하도록 세력을 꺾음

隊	무리 대/떨어질 추　4.2급/뛔이
	阝(阜)　　　　　　　20획
	뜻; 무리, 떨어지다
隊員(대원) 집단을 이루고 있는 사람
隊列(대열) 줄을 지어 늘어선 행렬

處	곳 처　　　　　　　4.2급/츄
	虍　　　　　　　　　11획
	(유);所(바 소)(약);処
處斷(처단) 결단하여 처치하거나 처분함
處地(처지) 자기가 처해 있는 경우 또는 환경

壹	한 일　　　　　　　3급/이
	士　　　　　　　　　12획
	뜻;오직, 오로지, 1과 같음(약);壱
壹意(일의) 한 가지 일에 전심함

個	낱 개　　　　　　4.2급/그어
	亻(人)　　　　　　　10획
	뜻; 개수
個別(개별) 하나씩 따로 따로
各個(각개) 하나하나, 낱낱

쇠갈고리가 땅을 헤집으니 먼지가 **數十 里** 밖에서도 보이고, 갈고리가 땅에 부딪혀 이
　　　　　　　　　　　　　　　　19.15　31

리 데굴 저리 데굴 구르니 꼭 병장기가 햇빛을 받아 번쩍이는 것처럼 보였다.

또 **壹千 名**을 먼저 보내 **二萬 五千 名**이 머무를 수 있는 군막을 **設置**하게 하였다.
　　132.19　18　　　　　　　　15. 9　9. 19　18　　　　　　　　　　　　　　92.82

마지막으로 남은 **壹千 名**에게는 깃대를 높이 들고 **行進**하는 **部隊** 사이를 왔다갔다하
　　　　　　　132.19　18　　　　　　　　　　　　　43.118　　　44.132

게 하니, **二萬 五千 名**의 **假兵**이 누가 보아도 **最強**의 **强兵**처럼 보였다.
　　　15. 9　9. 19　18　　52　　　　　　　　82.52　　35.52

먼저 **到着**한 '표' **大將軍**은 '호' **海賊 頭目**을 만나 **過去** 이야기를 하며 **時間** 가는 줄 몰랐다.
　　　73.73　　9. 77. 6　　　　18.98　42.32　　　　　87.87　　　　　　22.22

"**所聞**에는 '표' 형님이 북망**山** 산채 **頭領**으로 잘 먹고 잘산다던데 **身手**가 훤해졌소.
　24.43　　　　　　　　　　9　　42.93　　　　　　　　　　34.19

하하하!"

"'호' 아우가 막강한 **海賊**을 거느린다는 **消息**을 들었지만, **軍勢**가 정말 대단하구나. 하하하!"
　　　　　　　　　　18.98　　　　　　38.124　　　　　6.132

"그냥 그럭저럭 조그마한 **軍隊**를 거느리는 것뿐이지요. 하하하!
　　　　　　　　　　6.132

나야 어디 '표' 형님처럼 날쌔고 **勇敢**합니까? **武藝**는 **斷然**코 형님이죠."
　　　　　　　　　　　　　45　　131.31

"**勇敢**하긴 나보다 '호' 아우가 더 **勇敢**하였지. 나야 **性格**이 남달리 **急**할 뿐이지.
45.133　　　　　　　　　　45.133　　　70.77　　　35

'호' 아우는 어려서부터 나보다 **智略**도 나았지. 하하하!"

假	거짓 가　　　　　4.2급/지아 イ(人)　　　　　　11획 ⑫;眞(참 진) ⑭;仮	敢	감히 감　　　　　4급/간 攵　　　　　　　12획 뜻; 감히, 굳세다
	假面(가면) 나무·종이 등으로 만든 얼굴의 형상 假名(가명) 거짓으로 일컫는 이름		敢行(감행) 과감하게 실행하다 果敢(과감) 과단성이 있고 용감하다

武	호반 무　　　　　4.2급/우 止　　　　　　　8획 ⑫;文(글월 문)	藝	재주 예　　　　　4.2급/이 艹(艸)　　　　　19획 ⑭;技(재주기)術(재주술) ⑭;芸
	武官(무관) 무과 출신의 벼슬아치 武器(무기) 전쟁에 쓰는 온갖 기구		藝術(예술) 기예와 학술 藝能(예능) 재주와 기능

智	슬기 지　　　　　4급/즈 日　　　　　　　12획 뜻; 슬기, 지혜, 꾀	略	간략할 략　　　　4급/뤼에 田　　　　　　　11획 ⑭;計(꾀 게)
	智識(지식) 안다는 의식의 작용 智見(지견) 지혜와 식견		略式(약식) 정식 절차를 생략한 의식 政略(정략) 정치상의 책략, 목적을 위한 방략

"그런데 '호' 형님, 服裝이 美麗한 것이 山賊 服裝이 아닌데 어떻게 된 거요?"

"아! 나는 지금 天나라 大將軍으로 있다네.

天나라의 天 大王은 하늘의 天上國에서 上將軍으로 계시던 분인데 雄志가 있어 地上

에 天나라를 創建하셨지.

나도 天王의 人品에 반하여 山賊隊를 解體하고 天나라와 合하였다네.

그런데 '호' 아우, 왜 人나라 무역선은 잡았는가?

그 事件으로 人나라의 人 大王과 우리 天王이 大怒하셨다네."

"내 本業이 海賊인데 이것저것 가려가며 海賊질을 합니까? 염려 마시오. 하하하!

비록 壹 萬에 不過한 軍士지만, 이 兵力을 먹여 살리려면 눈에 보이는 것을 모두 잡아

도 먹고살기 어렵습니다. 형님. 하하하!

또 뭐가 겁나겠소? 우리 海賊은 外形이나 服裝은 形便없지만, 싸움질만큼은 正規軍

몇 萬 程度로는 상대가 안 될 것이요. 하하하!

형님 술이나 먹읍시다."

"호 아우, 지금은 위급한 狀態라네. 술이나 먹고 있을 時局이 아니라네. 事實 지금 人

나라와 天나라가 정예 兵力 二萬 五千 名의 大軍을 動員하였다네.

<table>
<tr><td>

裝 꾸밀 장   4급/쫭
衣   13획
(약);装

裝着(장착) 의복·기구·장비 등을 붙이거나 착용함
服裝(복장) 옷차림, 옷

</td><td>

創 비롯할 창   4.2급/챵
刂(刀)   12획
뜻; 비롯하다, 만들다, 상처

創世(창세) 처음으로 세계를 만듦, 세계의 시초
創案(창안) 방안·물건 따위를 처음으로 생각해 냄

</td></tr>
<tr><td>

狀 형상 상   4.2급/쫭
犬   8획
(유);態(모양 태)(약);状

狀態(상태) 사물이나 현상이 놓여 있는 형편이나
狀況(상황) 일이 되어 가는 형편이나 모양 〈모양

</td><td>

態 모양 태   4.2급/타이
心   14획
(유);狀(모양상)樣(모양양)姿(모양자)

態度(태도) 몸의 동작, 몸을 거두는 모양새
態勢(태세) 상황에 대처하는 태도나 자세

</td></tr>
</table>

그래서 좋은 方法을 찾으려고 내가 먼저 온 것이네. '호' 아우도 나처럼 天나라와 合
兵하고 앞으로 나와 함께 榮光스러운 武士로 살아가는 것이 어떻겠나?"

"아니, 그럼 '표' 형님이 나를 잡으러 온 것이요? 형님이라도 살아서는 나가지 못할

것이요."

"'호' 아우, 지금 大軍을 이끄는 사람은 '수' 軍師라는 분인데, 智略이 제갈공명이요,

兵法은 孫子도 울고 가는 무서운 사람이네. 海賊이나 山賊은 그분의 敵手가 안 될 것

이야. 내가 목숨이 아까웠다면 여기에 오지도 않았네. 모두 '호' 아우의 身邊을 지켜

주기 爲함이니 잘 생각해보게나."

이때 해안을 監視하던 한 軍卒이 急하게 뛰어들어오며

"'호' 頭領님, 큰일 났습니다. 世上에 저렇게 큰 軍船은 처음 봤습니다. 그것도 무려

세 척이나 월남江 河口로 오고 있습니다."

이때 강 건너에 警戒를 나갔던 軍卒이 들어와 숨을 몰아쉬며 하는 말이

"'호' 頭領님, 지금 當場 江 건너편을 보시오. 數十萬의 大軍이 江을 건널듯하오."

榮	영화 영 4.2급/룽 木 14획 (약);栄
榮光(영광) 빛나는 영예	
榮達(영달) 지위가 높고 귀하게 됨	

敵	원수 적 4.2급/띠 攵 15획 뜻; 원수, 대등하다, 겨루다
强敵(강적) 강한 적수	
敵情(적정) 적의 정세	

邊	가 변 4.2급/삐엔 辶 19획 (약);辺
邊境(변경) 나라의 경계가 되는 변두리 땅	
江邊(강변) 강가	

監	볼. 살필 감 4.2급/지엔 皿 14획 (유);督(살필 독)視(볼 시)
監査(감사) 감독하고 검사함	
監視(감시) 경계하여 살펴봄	

警	경계할 경 4.2급/징 言 20획 (유);戒(경계할 계)
警覺(경각) 경계하여 각성시킴	
軍警(군경) 군인과 경찰	

戒	경계할 계 4급/찌에 戈 7획 (유);警(경게할 계)
訓戒(훈계) 타일러서 잘못이 없도록 주의를 줌	
戒律(계율) 계와 율, 불자(佛者)가 지켜야 할 율법	

"'호' 아우, 저 大軍이 순식간에 밀고 들어오면 方法이 있겠나?

'수' 軍師의 權謀(모)術數에 大軍을 더한다면 '호' 아우나 나처럼 兵法을 잘 모르는

사람은 칼을 빼기도 前에 大破되어 敗北할 것이야, 아우."

"'표' 형님 이젠 많이 늙었구려. 옛날의 그 기백은 다 어디 갔소?"

"아니라네. 내가 조금 無識하지만, 武術은 한 武術 하지 않는가?

창피한 이야기지만, 天王과의 對戰에서 내가 세 번을 붙잡히고 세 번을 풀려났다네.

그런 天王이 가려 뽑아서 보낸 '수' 軍師일세."

"하하하! 여기는 地形的으로 江을 끼고 있어 방어가 쉬우며 우리 軍士들은 이곳 기후

나 환경에 잘 適應되었고 우리 海賊들은 싸움 하나는 通達했다고 할 수 있소. 아무리

强兵이라도 저 江을 넘기가 어려울 뿐 아니라 이곳이 더운 地方이라 鄕土病이 甚해서

보름을 넘기기가 어려울 것이요.

天王이 그렇게 勇敢하고 智略이 뛰어나다면 직접 와서 겨뤄보자고 하시오. 하하하!"

權	권세 권	4.2급/취엔
	木	22획
	(약);権	
勸力(권력) 남을 지배하고 복종시키는 힘		
公權(공권) 공법상(公法上)의 권리		

破	깨뜨릴 파	4.2급/포
	石	10획
破産(파산) 재산을 모두 잃어버리고 망함		
大破(대파) 크게 부셔짐		

適	맞을 적	4급/지
	辶	15획
	뜻; 가다, 원수, 이르다	
敵意(적의) 적대시하는 마음		
適任(적임) 임무에 적당함		

應	응할 응	4.2급/잉
	心	17획
	(약);応	
應答(응답) 물음에 응하여 대답함		
應用(응용) 어떤 원리나 지식을 다른 일에 활용함		

達	통달할 달	4.2급/다
	辶	13획
	(유);到(이를 도)	
達成(달성) 목표한 바를 성취함		
達觀(달관) 사물의 진실을 꿰뚫어 보는 뛰어난 관찰		

鄕	시골 향	4.2급/썅
	阝(邑)	13획
	(반);京(서울 경)	
故鄕(고향) 자기가 태어나서 자라난 곳		
鄕學(향학) 고려 때 지방에 두었던 교육기관		

"아우, 들어오며 얼핏 보니 이곳에 한때 북망山에 있었던 軍卒들이 있는 것 같은데,
　　　　　　　　　　　　　　　　　　　　9　　　　　　　　6.72

그 軍卒들에게 天나라와 天王에 對하여 仔(子)細히 물어보고 다시 한번 생각해 보게.
　　6.72　　　　34　　　　34.7　　60　　(자세할자)28

내가 '호' 아우와의 옛 友情을 생각하여 이렇게 온 것인데 섭섭하기가 한이 없네.
　　　　　　　　　　78.66

'호' 아우는 나보다 經驗이 豊富하니 잘 생각하여 賢明하게 決定하기를 바라네.
　　　　　　　　117　　86　　　　　　　48　　71.42

나는 天나라의 大將軍이니 天나라 군영으로 돌아가겠네.
　　　34　　　9.77.6　　34

나를 죽이고 살리고는 '호' 아우에게 달렸으니 마음대로 하게."

표' 大將軍은 手下 將卒을 대리고 월남江을 건너 天나라 군영으로 돌아갔다.
　　9.77.6　　19.30 77.72　　　　17　　　　34

호'가 월남江을 믿고 큰소리를 칠만하였다. 波高가 높고 험해서 도강이 어려웠다.
　　　17　　　　　　　　　　57

군영으로 돌아온 '표' 大將軍이 '수' 軍師에게 말하기를
　　　　　　　　9.77.6　　　6.81

"'수' 軍師. 역시 내가 잘못 생각을 했소. '호 '아우는 過去의 '호' 아우가 아니요. 무
　6.81　　　　　　　　　　　　　　87.87

슨 方法이라도 있소? 어떻게라도 戰爭만은 하지 말았으면 합니다."
　19.39　　　　　　　35.97

"염려 놓으시오. 만약 戰爭을 하면 兩方間의 避害도 막심할 뿐 아니라 人나라의 商人들
　　　　　　35.97　　23.19.22　　78　　　　　　6　　　　66.6

도 救助할 수 없고, 天王이 원하는 것도 아니니 결코 戰爭은 避할 것이요."
　108.130　　34.7　　　　　　　　　35.97　137

細	가늘 세　　　　4.2급/시	驗	증험할 험　　　4.2급/이엔
	糸　　　　　　　11획		馬　　　　　　　23획
	뜻; 가늘다, 미미하다, 작다		유;試(시험할 시)
細讀(세독) 글을 자세히 읽음		驗算(험산) 계산이 맞나 틀렸나 확인하기 위하여	
細作(세작) 간첩		效驗(효험) 일이나 작용의 보람 〈따로 하는 계산	

豊	풍년 풍　　　　4.2급/펑	賢	어질 현　　　4.2급/시엔
	豆　　　　　　　13획		貝　　　　　　　15획
	반;凶(흉할 흉) 유;富(가멸 부)		뜻; 어질다, 착하다, 존경하다
豊富(풍부) 물자가 넉넉함		賢淑(현숙) 여자의 심성이 어질고 착함	
豊年(풍년) 농사가 잘 된 해		賢婦(현부) 현명한 부인	

波	물결 파　　　　4.2급/뽀	避	피할 피　　　4급/삐
	氵(水)　　　　　8획		辶　　　　　　　17획
	뜻; 물결, 주름, 달리다		유;逃(달아날 도)
波高(파고) 물결의 높이, 긴장의 정도를 비유한 말		避身(피신) 몸을 숨겨 피함	
波市(파시) 해상에서 열리는 생선 시장		避難(피난) 재난을 피해 멀리 옮겨감	

'표' 大將軍은 비로소 마음을 놓고 '수' 軍師의 戰略을 믿기로 하였다.
9.77.6 · 6.81 · 35.133

'수' 軍師는 위장 軍船 세 척을 晝間에는 멀리 避하게 하고, 夜間이면 어김없이 월남
6.81 · 6.89 · 35.22 · 137 · 34.22

江 河口로 들여와 天나라 軍陣 앞에서 곧 侵攻을 할 것처럼 새벽까지 횃불을 밝혀놓
17 92.20 · 34 · 6 · 132

고 북과 장구를 두드리며 소란을 떨다가 새벽이면 어김없이 월남江 河口를 벗어나 멀
17 92.20

리 避하기를 며칠째 繼續하였다. 天나라 軍陣의 兵力도 위장 軍船과 같이 晝間에는
137 · 34 · 6.138 52.24 · 6.89 · 35.22

警戒兵만 세워 놓고 全員이 낮잠을 자다가, 夜間이 되면 횃불을 밝게 비추고 병장기
135.135.52 · 31.81 · 34.22

를 부딪치는 등 소란을 떨며 월남江 上流로 大移動을 하였다가, 새벽이면 어김없이
17 18.69 · 9 27

돌아와 낮잠을 자기를 며칠째 繼續하였다.
138.138

天나라 軍士가 마치 江 上流로 侵攻할 것처럼 演出을 하는 바람에 海賊들은 밤새 마
34 · 6.43 · 17 18.69 138.132 · 30 · 18.98

음을 놓을 수가 없었다.

한편 '호' 海賊 진영에서는 '호' 海賊 頭目이 예전에 북망山 山賊으로 있었던 卒兵들을
18.98 · 18.98 42.32 · 9 9.98 · 72.52

모아놓고 天나라의 軍勢와 天王의 위용을 물으니 모든 卒兵이 하나같이 天王의 武功
34 · 6.132 34.7 · 75.52 · 34.7 133.66

陣	진칠 진	4급/천
	阝(阜)	10획
	뜻; 진영, 줄, 전쟁	

陣地(진지) 적과 교전할 목적으로, 부대를 배치하
圓陣(원진) 둥근 진형　〈여 둔 곳

侵	침노할 침	4.2급/친
	亻(人)	9획
	(유);犯(범할 범)	

侵攻(침공) 다른 나라에 침범하여 쳐들어감
敵侵(적침) 적의 침입, 적의 침략

繼	이을 계	4급/지
	糸	20획
	(반)斷(끊을단)(유)續(이를속)承(이를승)	

繼統(계통) 왕통을 이음
後繼(후계) 뒤를 이음

續	이을 속	4.2급/쉬
	糸	21획
	(유);繼(이를계)連(이을연)(약);続	

續出(속출) 잇따라 나옴
續行(속행) 계속하여 행함

移	옮길 이	4.2급/이
	禾	11획
	뜻; 옮기다, 움직이다, 바꾸다	

移民(이민) 자기 나라를 떠나 다른 나라로 이주하는
移植(이식) 옮겨 심음　〈일

演	펼 연	4.2급/이엔
	氵(水)	14획
	뜻; 멀리 흐르다, 통하다	

演習(연습) 군대에서 실전과 같은 모의 군사 행동
演說(연설) 여러 사람 앞에서 의견을 진술함

과 智略을 서로 자랑하듯이 이야기하니 '호' 海賊 頭目이 긴장하지 않을 수가 없었다.

또 天나라 大軍은 무슨 밤 박쥐인 양 낮에는 조용하다가 해만 떨어지면 總攻勢를 取

할듯하니, 夜間에 侵攻을 할지 아니면 放心한 틈을 타 낮에 侵攻을 할지 도무지 內容

을 모르니 對處할 方法이 없었다.

모든 將卒이 벌써 며칠을 잠을 못 자니 軍卒이나 '호' 海賊 頭目이나 식욕도 없고 精

神도 흐리멍덩해지며 너나 할 것 없이 눕고만 싶은 心情이었다.

어젯밤부터는 한술 더 떠 深夜에 哀絶한 노래까지 불러대니 士氣가 땅에 떨어질 地境

이었다.

이때 天나라 軍陣에서 傳令이 '호' 海賊 軍陣 앞에 와서

"'호' 海賊 頭目은 들으시오!

우리 '수' 軍師님이 오늘 저녁 만찬에 '호' 頭目을 아무 私心 없이 招請하니 天나라

軍陣으로 오시라는 말을 傳합니다."

그리고는 쏜살같이 天나라 軍陣으로 돌아갔다.

總	거느릴 총　　　　4.2급/총	哀	슬플 애　　　　3.2급/아이
	糸　　　　　　　　17획		口　　　　　　　　9획
	약;総		반;歡(기쁠 환)
總計(총계) 한데 통틀어서 계산함		哀願(애원) 통사정하여 애절히 바람	
總和(총화) 전체를 합하여 모은 수, 총계		哀情(애정) 불쌍히 여기는 마음	

絶	끊을 절　　　　4.2급/쥐에	私	사사 사　　　　4급/스
	糸　　　　　　　　12획		禾　　　　　　　　7획
	유;拒(막을 거)斷(끊을 단)		반;公(공변할 공)
絶對(절대) 상대하여 비교될 만한 것이 없음		公私(공사) 공공의 일과 사사로운 일	
絶景(절경) 뛰어난 경치		私費(사비) 개인이 부담하는 비용	

招	부를 초　　　　4급/자오	請	청할 청　　　　4.2급/칭
	扌(手)　　　　　　8획		言　　　　　　　　15획
	뜻; 부르다, 구하다, 들다		뜻; 청하다, 빋아들이나
招待(초대) 사람을 불러서 대접함		請求(청구) 돈이나 물건을 달라고 요구함	
問招(문초) 공초를 받기 위해 죄인을 신문함		要請(요청) 요긴하게 청함	

‘호’ 海賊 頭目이 아무리 생각해도 어이가 없었다. 무슨 어린아이 같은 장난인가?
18.98 42.32

며칠 동안 잠을 제대로 못 자고 哀絶한 노래까지 들으니 ‘호’ 頭目을 비롯하여 모든
139.139 42.32

將卒이 나른해진 것은 事實이다.
77.72 24.74

그런데 날씨까지 사람 마음을 싱숭생숭하게 하였다. 여기 월남江은 熱帶 地方에 가까
17 87 36.18

워 날씨가 덥고 기후 變化도 甚한데, 요즘은 날씨 變動이 없고 기후마저 溫暖한 것이
88.88 39 88.27 66

사람 마음을 弱하게 하였다.
66

街路邊에 滿開한 아름다운 野生花까지도 ‘호’ 頭目의 眼前에는 心氣를 不便하게 하는
49.135 118.40 34. 8. 17 42.32 18 18.24 21.27

것으로 보였다. ‘호’ 頭目은 모든 것에 確信이 생기지를 않고 답답할 뿐이었다.
42.32 25

이곳 월남江은 天, 地, 人 三國이 대치하는 곳에서 南쪽으로 수千 里 떨어져 있고 文
17 34 36 6 9. 7 10 19 31 22

明이 發達하지 못한 未開한 곳이다.
48 30.136 40

그래서 山賊이나 海賊이 난립하고, 사람이 不足하여 船員을 잡아 農事나 其他 雜일을
9. 98 18.98 21.19 89.81 24.24 39.91 128

시키며 노예와 같은 生活을 하게 하는 것이다.
8. 30

帶	띠 대　　　　　4.2급/따이 巾　　　　　　　11획 뜻; 띠, 차다, 두르다
	帶同(대동) 사람을 함께 데리고 감 溫帶(온대) 한대와 열대 사이의 지대

暖	따뜻할 난　　　　4.2급/난 日　　　　　　　13획 반;寒(찰 한) 유;溫(따뜻할 온)
	暖流(난류) 온도가 높고 염분이 많은 해류 暖冬(난동) 따뜻한 겨울

街	거리 가　　　　　4.2급/지에 行　　　　　　　12획 유;道(길 도)
	街道(가도) 도시 사이를 통한 큰길 街路(가로) 시가지의 도로

眼	눈 안　　　　　4.2급/이엔 目　　　　　　　11획 유;目(눈 목)
	眼界(안계) 눈에 보이는 한의 범위 眼目(안목) 사물을 보고 분별하는 견식

確	굳을 확　　　　　4.2급/취에 石　　　　　　　15획 유;固(굳을 고)
	確實(확실) 틀림없이 그러함 確立(확립) 굳게 세움

未	아닐 미　　　　　4.2급/웨이 木　　　　　　　5획 반;可(옳을 가)
	未決(미결) 아직 결정되지 아니함 未滿(미만) 정한 수효나 정도에 차지 못함

‘호’ 海賊 頭目은 부쩍 의심이 늘어 오늘 저녁은 警備를 더욱 철저히 하고 모든 兵士
는 전투 準備에 萬全을 다하라며 直接 指示를 하고 다녔다.

그런데 天나라 軍陣에서의 行暴는 더욱 可觀이었다. 술 냄새와 고기 굽는 냄새가 바
람을 타고 海賊들의 軍陣까지 오는 것이 아닌가?

天軍의 行暴에 ‘호’ 頭目은 心氣가 不便할 대로 不便하여 명령하였다.

“저놈들의 얕은 간계이니 警備를 더욱 철저히 하여라.”

모든 軍卒이 夜間 警戒勤務를 하며 交代도 없이 밤을 새웠다. 그 밤에도 天軍은 侵攻
하지 않았다.

다음 날 아침 멀리서 보니 역시 天나라 軍陣은 여느 때처럼 警備兵들만 보일 뿐 쥐죽
은 듯 조용하다.

다음 날 午後에 또다시 天나라 傳令이 軍陣 앞에 와서

“‘호’ 頭目은 들으시오.

우리 ‘수’ 軍師께서 ‘호’ 頭目이 天나라의 軍陣까지 올 수 없다면 中間 地點에서 만나

接	사귈 접　　　　　4.2급/지에 扌(手)　　　　　　11획 뜻; 사귀다, 모으다, 잇다
	交接(교접) 서로 닿아서 접촉함
	接木(접목) 서로 다른 것을 합쳐서 알맞게 조화시킴

指	가리킬 지　　　　　4.2급/즈 扌(手)　　　　　　9획 뜻; 손가락, 가리키다, 지시하다
	指呼(지호) 손짓해 부름
	指路(지로) 길을 가리켜 인도함

暴	포악할 포/폭　　　　4.2급/빠오 日　　　　　　15획 뜻; 사납다, 해치다, 학대
	暴擧(폭거) 난폭한 행동
	暴落(폭락) 물가 등이 갑자기 크게 떨어짐

勤	부지런할 근　　　　4급/친 力　　　　　　13획 ㊀;勉(힘쓸 면)
	勤務(근무) 직장에 적을 두고 일을 맡아 함
	勤續(근속) 한 직장에서 장기간 계속해서 근무함

點	점 점　　　　　4급/지엔 黑　　　　　　17획 ㊀;点
	點火(점화) 불을 켜거나 붙임
	短點(단점) 잘못되고 모자라는 점

食事라도 하자고 합니다.
28.24

우리 '표' 大將軍도 함께 參席하니 다른 誤解를 안 해도 된다고 합니다."
9. 77. 6   75.47   127

라고 말하고 또다시 비호처럼 돌아갔다.

'호' 頭目 주위에는 이와 같은 狀況을 相議할 人物도 없고, 어제의 行動도 卒兵들에게
42.32   134   79.130   6. 22   43.27   72.52

頭目답지 않은 창피한 일인 것 같고, 그렇다고 强兵이 있는 天나라의 軍陣으로 쳐들
42.32   35.52   34   6.138

어갈 勇氣도 안 생기고 '호' 頭目은 어찌할 方法이 없었다.
45.24   42.32   18.39

한편 天나라 軍陣에서는
34   6.138

"'표' 大將軍, 이제는 大將軍이 海賊 軍陣에 들어가도 生命에 지장이 없을 것이요. 그
9. 77. 6   9. 77. 6   18.98 6.138   8. 29

러니 單身으로 '호' 頭目을 訪問해서 잘 說得해 보시오.
34   42.32   29   71.130

또 오늘 저녁 食事에 '호' 頭目을 데리고 오시오."
28.24   42.32

"그러지요. 지금쯤 '호' 아우도 精神이 없을 것이요. 힘껏 引導해 보겠소."
123.38

한편, '호' 頭目은 아직 어떻게 할지 판단이 서지 않는데 天나라의 '표' 大將軍이 直接
42.32   34   9. 77. 6   29.141

誤	그르칠 오	4.2급/우
	言	14획
	反;正(바를 정)	
誤算(오산) 잘못 셈함 또는 그 셈		
誤用(오용) 잘못 사용함		

況	하물며 황	4급/꽝
	氵(水)	8획
	뜻; 하물며, 비유하다, 견주다	
常況(상황) 평상시의 형편		
近況(근황) 요사이의 형편		

單	홑 단	4.2급/딴
	口	12획
	反;複(겹칠복) 유;獨(홀로독) 약;单	
單獨(단독) 단 한 사람. 혼자		
名單(명단) 어떤 일에 관계된 사람의 이름을 적은 표		

訪	찾을 방	4.2급/팡
	言	11획
	뜻; 찾다, 묻다, 바야흐로	
來訪(내방) 만나기 위하여 찾아옴		
訪客(방객) 찾아온 손님		

引	끌 인	4.2급/인
	弓	4획
	유;導(인도할 도)	
引下(인하) 물건 따위를 끌어내림		
引受(인수) 물건 · 권리를 넘겨받음		

導	이끌 도	4.2급/따오
	寸	16획
	유;引(끌 인)	
導達(도달) 이끌어서 이르게 함		
導入(도입) 끌어들임		

軍陣 앞에 왔다는 전갈이 왔다.
6.138

‘표’ 大將軍이 竹馬故友지만 지금은 敵將인데도 답답한 마음에 ‘호’ 頭目은 표’ 大將
　　9. 77. 6　　130.36.119.78　　　　　　135.77　　　　　　　　　　　　42.32　　　　　9. 77

軍이 반갑기까지 한다.
6

“‘표’ 형님, ‘수’ 軍師가 무슨 잔꾀로 장난을 치는 거요?”
　　　　　　　　6. 81

“아우, 그것은 아우의 誤算이네. ‘수’ 軍師는 모질고 毒한 人物이 아니네. 天나라 軍
　　　　　　　　　142.23　　　　　6. 81　　　　　6. 22　　　　　34　　　6

勢의 實狀만 보여 줄 뿐 아우를 害칠 생각이 없다네. 그러니 오늘 저녁 ‘수’ 軍師의
132　74.134　　　　　　　78　　　　　　　　　　　　　　　　　6. 81

만찬에 함께 가세. ‘수’ 軍師도 대장부인데 ‘호’ 아우를 해치기야 하겠는가? 내가 監
　　　　　　　　6. 81　　　　　　　　　　　　　　　　　　　　　　　135

督을 할 테니 만약 ‘수’ 軍師가 비겁한 行動을 하면, 내가 아우 편을 들어 直接 ‘수’
　　　　　　　　　6. 81　　　　　43.27　　　　　　　　　　　29.141

軍師의 목을 베겠네.”
6. 81

海賊 軍陣에서 江 건너를 보니 天나라의 軍士들은 江邊에서 멀리 물러나 있고 그 代
18.98　6.138　　17　　　　34　　　6. 43　　17.135　　　　　　　　　　37

身 江邊에는 만찬을 準備하는 듯 군막 하나가 세워지고 있었다.
34　17.135　　　　　115.97

해는 西山에 걸리고 ‘호’ 頭目과 ‘표’ 大將軍이 海賊 軍陣을 떠나 만찬 場所에 到着
　　　10. 9　　　　42.32　　　9. 77. 6　18.98. 6.138　　　　24.24　　73.73

했다. 만찬장에는 燈火를 兩옆으로 羅列하여 대낮처럼 밝혀놓고 ‘호’ 頭目을 반겼다.
　　　　　　　19　123　　　　118　　　　　　　　　　　　42.32

“아이고! ‘호’ 頭目, 어서 오시오. 하하하!”
　　　　42.32

‘수’ 軍師는 마치 가까운 親舊를 만난 듯 ‘호’ 頭目을 반겼다.
　6. 81　　　　　　59.99　　　　　42.32

‘호’ 頭目은 어색한 表情을 지으며, 아무래도 ‘수’ 軍師의 호의를 의심하지 않을 수 없
42.32　　　　56.66　　　　　　　　　　6. 81

<table>
<tr><td>毒</td><td>독할 독　　　　4.2급/듀우
毌　　　　　　　8획
뜻; 독, 해치다, 거칠다</td><td>督</td><td>살펴볼 독　　　4.2급/듀우
目　　　　　　13획
㊌;監(볼 감)視(볼 시)</td></tr>
<tr><td colspan="2">毒素(독소) 아주 해롭거나 나쁜 요소
毒藥(독약) 독성을 가진 약제</td><td colspan="2">監督(감독) 보살펴 단속함
提督(제독) 함대의 사령관</td></tr>
<tr><td>燈</td><td>등잔 등　　　　4.2급/덩
火　　　　　　16획
㊌;灯</td><td>羅</td><td>벌릴,돌 라　　4.2급/라
罒　　　　　　19획
㊌;列(벌릴 렬)</td></tr>
<tr><td colspan="2">燈明(등명) 신불에게 올리는 등불
燈火(등화) 등잔불</td><td colspan="2">羅列(나열) 죽 벌여 놓음
羅城(나성) 성의 외곽</td></tr>
</table>

어 긴장하였다.

함께 食事를 하고 飮料도 일순 배를 하여 興趣가 어느 程度 올랐을 때
　　28.24　　　　　49.81　　　　　　　　128　　　　121.35

“‘호’ 頭目은 들으시오.
　　42.32

내가 天王의 命令을 받고 와서도 ‘호’ 頭目의 根據地를 一擧에 制壓하지 않은 것은
　　34.7　29.84　　　　　　　　42.32　58　36　14.75　15

우리 天軍의 힘이 弱해서도 아니고 서로 避害를 줄이려는 뜻도 아니요.
　　34.6　　　　65　　　　　　137.78

‘표’ 大將軍이 ‘호’ 頭目과의 옛 友情을 생각하여 달라 하기에 오늘까지 기다렸소.
　　9.77.6　　　42.32　　　78.66

우리는 그동안 이곳의 水路와 地形 등 모든 것을 분석하였소.
　　　　　　　10.49　　36.41

내일 當場 도강을 할 수도 있소. 보다시피 우리 天나라의 士氣는 하늘을 찌를 듯하오.
　　74.24　　　　　　　　　　　34　　43.24

‘호’ 頭目의 勇敢함을 모르는 것은 아니요. 내가 ‘호’ 頭目에게 한 가지 提案을 하겠소.
　　42.32　45.133　　　　　　　　　　42.32　　　99

어느 것이라도 좋으니 ‘호’ 頭目이 원하는 것으로 試合을 합시다. 試合 한 판으로 兩
　　　　　　42.32　　　　　　59　　　144.59　　123

쪽 軍士들의 避害를 줄입시다. 만약 우리가 敗한다면 즉시 回軍하겠소.
　6.43　137.78　　　　　　106　　　131.6

代身에 ‘호’ 海賊 쪽이 敗한다면 우리와 함께 天나라로 가서 協力하여 天王을 爲하여
37.34　42.32　106　　　　　34　　　24　　34.7　116

趣	달릴 취/재촉할 촉　　4급/취 走　　　　　　　　15획 뜻; 달리다, 재촉하다, 빠르다
	趣味(취미) 좋아서 하고 있는 일
	趣向(취향) 하고 싶은 마음이 쏠리는 방향

據	근거 거　　　　　　4급/쥐 扌(手)　　　　　　16획 ㊀;依(의지할 의)㊀;拠
	準據(준거) 표준을 삼아 의거함
	根據(근거) 근본이 되는 터전

壓	누를 압　　　　　4.2급/야 土　　　　　　　17획 ㊀;圧
	壓力(압력) 물체가 다른 물체를 누르는 힘
	指壓(지압) 손끝으로 누르거나 두드림

提	끌 제　　　　　4.2급/티 扌(手)　　　　　11획 提起(제기) 의견을 붙여 의논할 것을 내놓음
	提起(제기) 의견을 붙여 의논할 것을 내놓음
	提案(제안) 의안을 제출함

試	시험할 시　　　　4.2급/쓰 言　　　　　　　13획 ㊀;驗(시험할 험)
	試食(시식) 요리 솜씨를 시험하기 위해 먹어 봄
	試驗(시험) 재능·실력 등을 실제로 경험하여 봄

協	화할 협　　　　4.2급/시에 十　　　　　　　8획 ㊀;和(화할 화)
	協同(협동) 서로 마음과 힘을 합함
	協議(협의) 여러 사람이 모여 의논함

地上의 모든 國家를 統合하는 데 團合합시다.”
36.18   7.15   23.59   75.59

“좋소, 當場 돌아가서 무슨 試合이 좋을지 생각하고 三日 안에 對答을 주겠소.”
　　74.24   144.59   9. 9   60.20

“그렇게 하시오.”

‘수’ 軍師는 ‘호’ 頭目이 쪽배를 타는 곳까지 나와 헤어짐이 몹시 아쉬운 듯 저 멀리
　6. 81   42.32

배가 어둠에 묻힐 때까지 손을 흔들며 배웅하였다.

‘호’ 頭目이 本陣으로 돌아와 아무리 생각하여도 ‘수’ 軍師의 心情을 알 수 없었다.
　42.32   46.138   6. 81   18.66

또 술기운에 試合 種類를 三日 안에 對答하겠다고 好言壯談하였지만, 배운 것이라
　　144.59 90.90 9. 9   60.20   52 91

고는 싸움질뿐인데, 싸움하자고 하면 天나라에서는 當然히 ‘표’ 형님이 나올 것인데
　　　　　　　　　　　　　34   74.31

‘표’ 형님에게 칼을 겨눌 수도 없고, 海賊이라고는 해도 무턱대고 海賊질만 했지 兵法
　　　　　　　　　　　　　18.98   18.98   52.39

을 正式으로 研究한 的도 없는데 큰 避害를 甘受하고 海戰을 하자고 할 수도 없고, 도
　29.36   74   137.78   18.35

무지 마땅한 方法이 생각나지 않아 하룻밤을 지새웠다.
　　　19.39

한편, 天나라 軍陣에서는
　　34   6.138

<table>
<tr><td>好</td><td>좋을 호　4급/하오
女　6획
(반);惡(미울 오) (유);愛(사랑 애)</td><td>壯</td><td>씩씩할 장　4급/쫭
士　7획
(약);壯</td></tr>
<tr><td colspan="2">好感(호감) ‘호감정’의 준말
愛好(애호) 사랑하고 즐김</td><td colspan="2">壯觀(장관) 훌륭한 광경
健壯(건장) 몸이 튼튼하고 기운이 센</td></tr>
<tr><td>研</td><td>갈, 벼루 연　4.2급/이엔
石　11획
(유);究(궁구할 구)</td><td>究</td><td>궁구할 구　4.2급/지우
穴　7획
(유);研(갈 연)</td></tr>
<tr><td colspan="2">研修(연수) 연구하고 닦음
研室(연실) 벼룻집</td><td colspan="2">究明(구명) 깊이 연구하여 밝힘
究理(구리) 사물의 이치를 캐어 밝힘</td></tr>
<tr><td>甘</td><td>달 감　4급/간
甘　5획
(반);苦(쓸 고)</td><td>受</td><td>받을 수　4.2급/쇼우
又　8획
(반);給(줄 납) (유);納(들일 납)</td></tr>
<tr><td colspan="2">甘味(감미) 단맛　〈을 내세워 꾀는 말
甘言利說(감언이설) 남의 비위에 맞춰 달콤한 말</td><td colspan="2">受業(수업) 기술이나 학업의 가르침을 받음
受任(수임) 임무나 위임을 받음</td></tr>
</table>

"'표' 大將軍, 내일 아침 일찍 海賊 軍陣에 가서 '호' 頭目을 說得하여 보시오. 이번
　　　9. 77. 6　　　　　　　　　　18.98　6.138　　　　　　　　42.32　71.130

에는 좋은 結果가 있을 것이오."
　　　　　　48.48

"내가 생각해도 '수' 軍師의 戰略은 정말 대단합니다. 兵法에 싸우지 않고 이기는 것
　　　　　　　　　　　6. 81　35.133　　　　　　　　　　52.39

이 最上의 數라 하였는데 이번 원정이 最上의 數가 될 것 같소. 하하하!"
　82.18　19　　　　　　　　　　　　82.18　19

다음 날 아침 '표' 大將軍이 海賊 軍陣에 들어서니 분위기가 逆轉되어 예전과 달리
　　　　　　　　9. 77. 6　　18.98　6.138

대단히 好意的이었다.
　　　145.59.74

"'호' 아우! 무슨 試合으로 할지 決定했는가? 하하하!"
　　　　　　104.59　　　　71.42

"'표' 형님, 지금 頭痛으로 머리가 부서지려고 하는데 누구 약을 올리오?"
　　　　　　　　42

"아우, 海賊 頭目도 좋고 山賊 頭目도 좋지만, 그래도 반듯한 王國에서 堂堂히 살아가
　　　18.98　42.32　　　9. 98　42.32　　　　　　　　　　　7. 7　　74.74

는 것이 훗날 子孫들에게도 떳떳하지 않겠나?
　　　　　28.48

'호' 아우가 우리 天나라와는 달리 원수진 일도 없으니 人나라 百姓들을 모두 풀어주
　　　　　　　34　　　　　　　　　　　　　　　6　　　19.70

고 나와 함께 天나라로 돌아가세. 그것이 더 利益일 거야."
　　　　　　34　　　　　　　　　　41

"모르겠소. 머리만 아프오. 아직 二 日이란 時間이 남아 있고 部下 將卒들의 意見도
　　　　　　　　　　　15　9　　22.22　　　　44.30　77.72　　59.71

들어 보아야 하니 형님은 먼저 돌아가 '수' 軍師에게 이야기나 잘해 놓으시오."
　　　　　　　　　　　　　　　　6. 81

"그렇게 하겠네."

逆	거스를 역	4.2급/니
	⻌	10획
	㊂;順(순할 순)	

逆流(역류) 물이 거슬러 흐름　　　　　　〈하는 설
逆說(역설) 일반적으로 진리라고 인정되는 것에 반

轉	구를, 돌릴 전	4급/쟌
	車	18획
	㊂;転	

轉移(전이) 옮김
轉報(전보) 남을 통하여 알림

痛	아플 통	4급/통
	疒	12획
	뜻; 아프다, 괴롭다, 몹시	

苦痛(고통) 몸이나 마음의 괴로움과 아픔
哀痛(애통) 몹시 슬퍼함

益	더할 익	4.2급/이
	皿	10획
	㊂;損(덜 손)㊌;利(이로울 이)	

損益(손익) 손해와 이익
有益(유익) 이롭거나 이익이 있음

天나라 軍陣으로 돌아온 '표' 大將軍이 海賊 진영의 事情과 '호' 아우의 뜻을 '수'
軍師에게 仔(子)細히 이야기하니, '수' 軍師는

"역시 '호' 頭目은 英特하고 部下를 많이 생각하는 頭目인 것 같습니다. 저런 人物이
이런 곳에서 海賊질을 하고 있으니 逆으로 생각하면 우리 天나라의 큰 복인 것 같습
니다. 하하하!"

이틀 後 海賊 軍陣에서 쪽배 한 척이 白色 旗를 펄럭이며 월남江을 건너 天나라 軍陣
으로 들어왔다. 마치 한 마리 白鳥처럼 보였다. 그 배에는 '호' 頭目과 副頭目 몇 명
이 타고 있었다.

'호' 頭目과 一黨은 '수' 軍師와 '표' 大將軍 앞에 넙죽 엎드려 큰절을 올리며
"小將이 '수' 軍師의 뜻을 받아 모든 決定을 '수' 軍師에게 맡기기로 하였으니 모든
지휘권을 '수' 軍師에게 넘깁니다.
우리 海賊들의 잘못된 過去를 어여삐 보아 주시기를 바랄 뿐입니다."
"'호' 頭目은 여기 上席으로 올라오시오. 그리고 우리 다 함께 天王의 뜻을 받아 큰일
을 하여 後世에 이름을 남깁시다. 하하하!"
'수' 軍師는 暗黑 속에서 노예 生活로 苦生하던 人나라의 商人들을 모두 태운 배를
태워 出航시켰다.

<table>
<tr><td>鳥</td><td>새 조　　　　　　　4.2급/니아오
鳥　　　　　　　　　　　11획
새의 모양을 본뜬 상형문자</td></tr>
<tr><td colspan="2">鳥 ➡ 꼬리가 긴 새를 말함
隹 ➡ 꼬리가 짧은, 어린 새를 말함</td></tr>
</table>

<table>
<tr><td>副</td><td>버금 부　　　　　　4.2급/푸
刂(刀)　　　　　　　　11획
(유);次(버금 차)</td></tr>
<tr><td colspan="2">副賞(부상) 정식 상 이외에 덧붙여 주는 상금이나
正副(정부) 주장되는 으뜸과 그의 버금　　〈상품</td></tr>
</table>

<table>
<tr><td>暗</td><td>어두울 암　　　　　4.2급/안
日　　　　　　　　　　13획
(반);明(밝을 명)(유);黑(검을 흑)</td></tr>
<tr><td colspan="2">暗記(암기) 외워 잊지 않음
明暗(명암) 밝음과 어둠</td></tr>
</table>

<table>
<tr><td>航</td><td>건널 항　　　　　　4.2급/항
舟　　　　　　　　　　10획
뜻; 배, 옷깃</td></tr>
<tr><td colspan="2">航空(항공) 공중을 비행함
航路(항로) 선박이 지나다니는 해로</td></tr>
</table>

나머지 '호' 頭目의 部下들 中에서 총명한 副頭目을 天나라 將軍으로 任命하고 天나라
의 將軍으로서 體統을 지켜 行動할 것을 命하였다. 나머지 將卒은 陰地의 海賊 生活
에서 벗어나도록 各自의 뜻에 따라 不滿이 전혀 생기지 않게 處理하였다.

또 海賊 진영과 그 一帶를 吸收 병합하여 天나라의 領土로 삼아 守備하게 하였다.

'호' 頭目을 따라 天나라로 가기를 원하는 軍士는 모두 데려가기로 하였다. 아무리 海
賊질을 한 處地지만, 이별이 아쉬워 소도 잡고 羊도 잡아 밤새도록 送別 잔치를 하고
아침 일찍 天나라로 出發하였다.

天나라에 먼저 傳令을 보내 이런 모든 事情을 傳達한 다음, 壹萬 五千餘 名의 大軍을
데리고 위세도 堂堂하게 天나라에 入城하였다.

天나라의 모든 軍, 官, 民이 나와 '수' 軍師와 '표' 大將軍을 환영하였다.

이번 일로 '표' 大將軍은 上將軍으로 승진하였고, '수' 七品士도 五品士로 特進하였다.

또 이번 출정에 參加한 모든 將卒에게도 程度에 맞는 포상을 하니 天나라 모든 軍士의

<table>
<tr><td colspan="2">

吸 숨들이쉴 흡   4.2급/시
口   7획
뜻; 마시다, 끌다, 불다

吸氣(흡기) 기운을 빨아들임
吸着(흡착) 어떤 물질이 달라붙음

</td><td colspan="2">

收 거둘 수   4.2급/쇼우
攵   6획
(반);支(지탱할 지)(약);収

收拾(수습) 흐트러진 물건을 주위 거둠
接收(접수) 받아서 거둠

</td></tr>
</table>

守 지킬 수 4.2급/쇼우
宀 6획
(반);攻(칠 공)(유);保(지킬 보)

死守(사수) 죽음으로써 지킴
守備(수비) 외부의 침략이나 공격을 막아 지킴

陰 그늘 음 4.2급/인
阝(阜) 11획
(반);陽(볕 양)

陰陽(음양) 천지 만물을 만들어 내는 상반하는 성
陰德(음덕) 숨은 덕행 〈질의 두 가지 기운

羊 양 양 4.2급/양
羊 6획
뜻; 양, 상서롭다, 배회하다

羊毛(양모) 양의 털, 양털
羊皮(양피) 양의 가죽, 양가죽

送 보낼 송 4.2급/송
辶 10획
(반);迎(맞을 영)

送達(송달) 편지 서류 물품 따위를 보냄
放送(방송) 라디오·텔레비전의 전파에 실어 보냄

士氣가 하늘을 찌르는 듯하였다.
43.24

또 '호' 頭目을 水軍 將軍으로 任命하고 그의 軍士도 水軍 將軍의 手下에 두었다.
42.32　　10. 6　77.6　　72.29　　　　　　　6. 43　10. 6　77.6　　19.30

이리하여 天나라의 領土가 大國으로 커졌다.
34　　　　　93.10　　9. 7

이에 여러 臣下가 天王에게 請하기를
66.30　34. 7　　139

"이제 우리 天나라가 大國이 되었으니 天王의 호칭도 그것에 맞게 王을 황제로 바꾸
34　　　9. 7　　　　　　34. 7

었으면 합니다."

"모든 忠臣이 願한다면 황제로 부르도록 하여라."
129.66　84

한편 人나라에서는 죽었다고 悲痛해하던 兄弟 親知들이 살아 돌아오니 얼마 前 거북
6　　　　　　　　146　　　11.11 59.86　　　　　　　　18

船 침몰 事故로 우울했던 나라 全體에 다시 活氣가 돌고 家家戶戶 웃음이 넘쳤다.
89　　24.119　　　　　31.34　　30.24　　　15.15

인자한 人 大王은 오늘 같은 慶事가 모두 하늘의 뜻이고 人나라 百姓의 祝福이라고
6 9. 7　　　24　　　　　　　　　6　　19.23 74.74

하고, 百姓들은 오늘처럼 기쁜 것은 人 大王의 어진 統治가 하늘에 닿았기 때문이라
74.74　　　　　　　　　6　9. 7　　23

고 하며 서로 칭송하였다.

人 大王은 現在 감옥에 갇힌 모든 죄수의 罪를 減刑하고 함께 기뻐하였다.
6 9. 7　55.55　　　　　　　　　　　76

悲	슬플 비　　　　　　4.2급/뻬이 心　　　　　　　　　12획 (반);喜(기쁠 희)
	悲觀(비관) 사물을 슬프게만 생각하고 실망함 喜悲(희비) 기쁨과 슬픔

戶	지게 호　　　　　　4.2급/후 戶　　　　　　　　　4획 뜻; 지게, 출입구, 사람
	戶主(호주) 한 집안의 주장이 되는 사람 門戶(문호) 외부와의 교류를 위한 통로나 수단

慶	경사 경　　　　　　4.2급/칭 心　　　　　　　　　15획 뜻; 경사, 선행, 복
	慶祝(경축) 경사를 축하함 慶善(경선) 경사스럽고 좋음

治	다스릴 치　　　　　4.2급/즈 氵(水)　　　　　　　8획 (반);亂(어지러울란)(유);政(정사정)
	治世(치세) 잘 다스려진 세상 治安(치안) 국가 사회의 안녕과 질서를 보전함

減	덜 감　　　　　　　4.2급/지엔 氵(水)　　　　　　　12획 (반);加(더힐가)增(더할증)(유);縮(줄일축)
	減收(감수) 수입·수확이 줆 減少(감소) 줄어서 적어짐

刑	형벌 형　　　　　　4급/씽 (刀)　　　　　　　　6획 (유); 罰(죄 벌)
	體刑(체형) 직접 신체에 형벌을 가함 形具(형구) 형벌·고문 따위에 쓰는 도구

그뿐만 아니라 人 大王은 그동안 海賊에게서 노예 生活을 했던 船員들을 모두 王宮으로 불려 잔치를 베풀었다.

船員들이 납치된 동안 人나라 富者들은 모두 團合하여 인자한 人 大王을 도와 船員들의 家族을 잘 보살폈다. 富者들은 家長이 없어져 어려워진 形便을 힘껏 도왔다.
端的으로 말해서 人나라의 富者들은 萬民의 祝福을 받아 마땅하다.
人나라의 모든 百姓이 함께 입을 모아 富者들의 行動을 칭송하고, 이 모든 것이 人 大王의 恩德과 人나라의 祝福이라고 하며 함께 즐거워하였다.

한편, 人나라 首都 京城에 到着한 조세홍은 雄壯한 王宮을 보고 京城이 옛날의 작은 漁村이 아닌 것에 놀랐다, 京城에서 조세홍의 무리는 조세홍의 講習으로 習得한 高級 技術 탓에 제법 재미를 보았다.
하지만 時間이 지날수록 조세홍과 그의 部下들은 人나라에서 도둑질을 하기가 어렵게 되었고 기초 生活을 영위하기조차 어렵게 되었다.
원래 人나라 京城이라는 곳은 人 大王이 建設하였고, 人 大王이 禮法을 敎育하고 善政을 펼쳐 모든 백성이 禮儀 바르고, 平和롭고, 도둑도 없었다.

宮	집 궁	4.2급/꽁
	宀	10획
	뜻; 집, 담, 두르다	
宮官(궁관) 동궁에 딸렸던 관리		
宮室(궁실) 집, 가옥		

端	끝 단	4.2급/뚜안
	立	14획
	㊌;極(다할 극)末(끝 말)	
端末(단말) 끄트머리, 끝		
下端(하단) 아래쪽의 끝		

講	익힐 강	4.2급/지양
	言	17획
	뜻; 익히다, 읽다, 풀이하다	
講究(강구) 조사하여 구함 〈토론함〉		
講論(강론) 학술·도의의 뜻을 풀이하여 설명하고		

儀	거동 의	4급/이
	亻(人)	15획
	㊌;容(얼굴 용)	
儀式(의식) 일정한 격식을 갖추어 치르는 예식		
禮表(의표) 본보기		

山村이었던 예전 石洞 마을에서는 도둑이 담장을 넘어도 겨우 쌀, 보리, 大豆 같은 곡
식이나 살림 도구, 운이 좋은 날이라고 하여도 쌀이나 布木 程度였다. 그래서 도둑들
은 큰 자루를 지참하고 다녔다.

하지만 이곳 人나라 京城에서는 담 높은 부잣집 담장을 넘어 도둑질만 잘하면 金, 銀,
寶貨는 물론이고 옥, 녹용, 貴한 裝身具나 귀금속도 나왔다.

그런데 조세홍 一黨이 설치고 다니는 바람에 事情이 많이 달라졌다.

人나라의 모든 百姓은 人 大王의 禮節 敎育에 힘입어 모두 禮儀 바랐다.

特히 富者들이 他人의 모범이 되어 내핍 生活이 몸에 밸 정도로 儉素하게 生活하며

근면 誠實하여, 적은 돈이라도 모이면 貯蓄하고, 어려운 사람이 있으면 富者들이 솔선

수범으로 앞장서서 도왔다.

따라서 他國과 달리 人나라에서는 모든 百姓이 富者들을 尊敬하고 富者들의 生活 態
度를 배우려고 하였다. 빈곤한 사람들이 오히려 富者들을 칭송하고 따르니 富者들도
더욱 모범이 되는 行動을 하였다.

豆	콩 두 豆 뜻; 콩, 용량 단위	4.2급/또우 7획
豆乳(두유) 콩으로 만든 우유 같은 액체	
豆油(두유) 콩기름	

布	베.펼 포 巾 ㉃;宣(베풀 선)	4.2급/뿌 5획
布告(포고) 일반에게 널리 알림 〈널리 알림	
公布(공포) 법령·예산·조약 따위를 일반 국민에게	

寶	보배 보 宀 ㉃;珍(보배 진)㉥;宝	4.2급/빠오 20획
寶物(보물) 보배로운 물건, 보재(寶財), 보화(寶貨)	
國寶(국보) 나라의 보배	

貨	재화 화 貝 ㉃;財(재물 재)	4.2급/즈 8획
貨物(화물) 운반할 수 있는 유형의 재화나 물품	
財貨(재화) 사람의 욕망을 만족시키는 물질	

儉	검소할 검 亻(人) ㉥;倹	4급/지엔 15획
儉約(검약) 검소하게 절약함	
儉朴(검박) 검소하고 질박함	

蓄	모을 축 ++ ㉃;貯(쌓을 서)績(쌓을 적)	4.2급/쉬 14획
蓄財(축재) 재물을 모아 쌓음 〈둠	
備蓄(비축) 만약의 경우를 대비하여 미리 저축해	

세기의 절도범인 조세홍과 그의 아우들이라 해도 行動이 自由롭지 못하게 되었다.
　　　　　　　　　　　　　　　　　　　　　　　　43.27　　25.42

더구나 人나라의 末端 官員뿐만 아니라 모든 百姓이 信用과 規律을 鐵則으로 여기고
　　　　6　　　　79.150.109.81　　　　　　　19.23　　25.41　　96.96　　87.96

모든 일에 努力하고 勤儉節約이 生活化되어, 他人의 財貨가 땅에 떨어져 있어도 自身
　　　　　24　　　141.151.75.93　　8.30.88　　　91.6　　102.151　　　　　　　　　　25.34

의 것이 아니면 손을 대지 않았고 남의 財物도 自身의 財産인 양 서로가 擔當인 듯
　　　　　　　　　　　　　　　　　　102.22　25.34　　102.88　　　　　　74

살피며 살았다.

가령 어느 누가 富者집의 담장을 넘으려고 하면 주위에 있는 사람들이 하나같이 自身
　　　　　　　86.62　　　　　　　　　　　　　　　　　　　　　　　　　25.34

의 일인 양 點檢을 하듯 是非를 건다.
　　　　　　141　　　　　102

"그곳에 무슨 일이 있소?"

"그곳에서 무엇을 하시오?"

"당신은 어디에 사는 사람이요?"

요즘 流行하는 俗談 中에 '京城에서는 눈만 감아도 코 베어 간다.' 는 말의 眞實은 조
　　　69.43　　　121.91 12　　40.40　　　　　　　　　　　　　　　　118.74

세홍과 그의 못된 部下들이 너무나 설치고 다녀서 생긴 말이다.
　　　　　　　　44.30

오죽하면 서울 경(京)에 손 수(扌=手)는 노략질 략(掠)이라는 글자가 생겼겠는가.

이렇게 남의 집이라도 自身의 집처럼 神經을 쓰니 어디 도둑질인들 하겠는가.
　　　　　　　　　　　　25.34　　　　38.117

努	힘쓸 노	4.2급/누
	力	7획
	뜻; 힘쓰다, 내리긋는 획(영자팔법)	
努肉(노육) 굳은살		
努力(노력) 애를 쓰고 힘을 들임		

擔	멜, 맡을 담	4.2급/단
	扌(手)	16획
	얃;担	
擔保(담보) 맡아서 보증함		
擔任(담임) 어떤 학급을 책임지고 맡아봄		

檢	조사할 검	4.2급/지엔
	木	17획
	유;査(조사할 사)	
檢定(검정) 가치·품격·자격 등을 검사·결정함		
檢問(검문) 검사하기 위하여 따져 물음		

是	옳을 시	4.2급/쓰
	日	9획
	반;非(아닐 비)	
是認(시인) 어떤 내용이나 사실이 옳다고 인정함		
是正(시정) 잘못된 것을 바로잡음		

그래서 조세홍의 아우 中 一部는 人나라 百姓들에게 배우고 깨달아서 마음을 고쳐먹

고 市場의 짐꾼이나 工事場의 雜夫로 나갔고, 他 地方으로 떠난 아우도 있었다.

조세홍은 貯蓄은 생각도 못 하고 하루하루를 연명하기가 고달프고 힘들었으니, 못난

自身을 생각하고 용서한 地나라가 그립고 萬石洞의 地球第一食堂 社長님과 地王이 보

고 싶어 향수병이 다 생겼다. 아무 일이 없는데도 空然히 頭痛에, 齒痛에 하루도 몸이

便하지 못하였다.

한편, 김태춘은 이름 모를 작은 백사장을 떠나 아무도 모르는 곳을 찾아 地나라와는

反對便이 되는 西쪽으로 方向을 잡고 무작정 걸어갔다.

얼마나 갔을까, 넓은 草原을 지나는데 戰時도 아닌 것 같은데 어림잡아 測定도 못할

程度로 많은 軍士가 北에서 南으로 또는 南에서 北으로 右往左往 바삐 움직였다.

早急할 이유가 없는 김태춘은 하염없이 軍士들의 動向을 보는 일로 消日하며 時間을

보냈다.

그 軍士들은 天나라 軍士로 '수' 軍師의 作戰에 따라 早急히 움직였던 것이었다.

김태춘은 그러고도 며칠을 더 西쪽으로 나아가 어느 산골의 작은 農村에 들어가게 되

었다. 한눈에 보아도 아주 平和롭고 조용한 山村이었다.

齒	이 치	4.2급/츠
	齒	15획
	㉑;歯	
齒科(치과) 이를 고치는 병원		
齒列(치열) 잇바디		

測	잴 측	4.2급/처
	氵(水)	12획
	㊠;量(헤아릴 량)	
測量(측량) 기계를 써서 깊이·높이·길이·넓이·거리		
測雨(측우) 강수량을 잼　　〈등을 재어 헤아림		

往	갈, 향할 왕	4.2급/왕
	彳	8획
	㊤;來(올 래)	
往年(왕년) 지나간 해, 옛날		
往復(왕복) 갔다가 돌아옴		

早	이를 조	4.2급/자오
	日	6획
	뜻; 새벽, 이르다, 서두르다	
早期(조기) 이른 시기		
早食(조식) 아침밥을 일찍 먹음 또는 그 밥		

山에는 羊들이 放牧하고 田園에는 오곡이 무르익는 그런 農村이었다.
9   148   38   61   24.25

김태춘 생각에는 이 程度로 먼 곳까지 왔으니 알아보는 사람이 없을 것 같았다.
121.35

김태춘은 過去를 모두 잊기로 마음먹고, 마을 村長님을 訪問하였다.
87.87   25.11   142.29

"小人은 東쪽 地方에서 왔습니다. 가진 것이라고는 몸 하나뿐인데 村長님께서 小人에
13. 6   7   36.18   25.11   13. 6

게 아무 일이라도 시키고, 먹고 자는 것만 解決하게 하여 주십시오."
127.71

義生義死를 입버릇처럼 말하던 時代의 건달 김태춘이지만, 이 작은 마을에서는 크고
8.154.67   22.37

작은 雜일뿐만 아니라 마을 淸掃도 하고 겨우겨우 生計를 이어 가며 起居하였다.
128   52   8.53

김태춘이 地나라 地王의 恩惠로 대장간 일을 배웠지만, 天性이 건달인데 허드레 農事
36   36. 7   126.126   34.70   24.24

일은 처음부터 그와 맞지 않았다.

그렇다고 이 외진 곳에서 주먹질을 하다가는 그나마 밥 한 그릇도 못 얻어먹을 形便
41.27

이라 정말로 죽을 地境이었다.
36.85

김태춘에게는 잠시라도 짬이 나면 東쪽 하늘을 精神없이 바라보는 버릇이 생겼고, 心身
7   123.38   18.34

牧	칠 목	4.2급/무우
	牛	8획
	뜻; 치다, 기르다, 다스리다	
牧民(목민) 임금이나 원이 백성을 다스리는 일		
牧場(목장) 가축을 기르는 넓은 구역의 땅		

田	밭 전	4.2급/티엔
	田	5획
	뜻; 밭, 생업, 밭 갈다	
田作(전작) 밭농사, 밭에서 나는 곡식		
山田(산전) 산에 있는 밭, 산밭		

義	옳을 의	4.2급/이
	羊	13획
	뜻; 옳다, 평평하다, 법도	
義擧(의거) 정의를 위하여 일으키는 큰일		
義人(의인) 의로운 사람		

掃	쓸 소	4.2급/사오
	扌(手)	11획
	뜻; 쓸다, 버리다, 제거하다	
掃萬(소만) 만사를 다 제쳐 놓음		
掃地(소지) 땅을 쓸어 깨끗이 함		

起	일어날 기	4.2급/치
	走	10획
	ⓐ;伏(엎드릴 복),寢(잠잘 침)	
起立(기립) 일어 섬		
起動(기동) 몸을 일으켜 움직임		

居	살 거	4급/쥐
	尸	8획
	ⓤ;住(살 주)	
居住(거주) 일정한 곳에 자리를 잡고 머물러 삶		
居室(거실) 가족이 일상 모여 생활하는 양식의 방		

이 強健하기로 自他가 公認하는 김태춘도 本人도 모르게 두 눈에 눈물이 주르륵 흐를
　35.93　　　　　25.91　47.110　　　　　　　46. 6

때가 한두 번이 아니었다.

鐵社長도 보고 싶고 萬石洞의 넓은 市場 거리도 거닐고 싶고, 김태춘의 健壯하던 몸
87.48.11　　　　　　　9. 43.25　　　25.24　　　　　　　　　　　93.145

은 하루가 다르게 수척하게 變하였다.
　　　　　　　　　　　　　88

일자다음자(轉注文字) 공부
　　　　146.46.22.26

‘수’ 軍師가 월남江의 海賊을 討伐하고 난 後, 國際 情勢는 天나라, 人나라, 地나라의
　　6. 81　　　17　　18.98　129.129　　26　7　66.132　34　　6　　36

三國이 確然하게 區分되었다.
9. 7　140.31　　40.54

天나라에서는 ‘수’ 軍師가 急速히 進級하여 三品士가 되었으며 天나라의 國防次官에
34　　　　　　6. 81　35.35　118.51　　9. 37.43　　　34　7.114.105.109

해당하는 職責을 받아 三國의 政勢를 記錄하고 管理하는 要職을 맡았다.
　　　　129.75　　　9. 7　92.132　31　　42　72.129

特히 地나라를 철저히 監視하고 많은 첩자를 보냈다.
37　36　　　　135.77

첩자들 中에
　　12

北(북)은 地나라에서는 달아날 ‘배’로 이름을 바꿔 活動하였고,
　　36　　　　　　　　　　　　　　　30.27

復(다시 부)는 地나라에서는 회복할 ‘복’으로 이름을 바꿔 活動하였고,
　　　36　　　　　　　　　　　　　　　30.27

法 없이도 살 것 같은 착한 則(법칙 칙)도 事實은 天나라의 간첩이며,
39　　　　　　　　　　24.74　34

際	사이 제 4.2급/지
	阝(阜) 14획
	뜻; 사이, 가장자리, 만나다
際會(제회) 좋은 때를 당하여 만남	
際限(제한) 가장자리로 끝이 되는 부분	

錄	기록할 록 4.2급/뤼
	金 16획
	유;記(기록할 기)
目錄(목록) 책 내용을 순서대로 적은 조목	
錄音(녹음) 레코드 등 기계에 기계로 기록해 넣음	

管	대롱, 집 관 4급/꽌
	竹 14획
	뜻; 피리, 내롱, 맡아 나스림
管見(관견) 자기 소견을 겸손하게 이르는 말〈라짐	
氣管(기관) 폐로 이어지는 두 갈래의 기관지로 갈	

復	다시 부/회복할 복 4.2급/푸
	彳 12획
	뜻; 놀아오다, 뒤집다, 갚다
復舊(복구) 손실 이전의 상태로 회복함	
復習(복습) 배운 것을 다시 익히어 공부함	

人나라에서는 곧 '측'으로 暗行을 하였다.

切(끊을 절)도 地나라에서 모두 '체'로 활약하였고,

趣(달릴 취)는 재촉할 '촉'으로 活動하였는데 步行이 남달라 간첩들의 연락을 擔當하였다.

그中에는 '說' 과 '樂' 같은 天, 地, 人 三國의 國籍을 모두 取得한 간첩도 있었다.

天나라에서는 本名인 말씀 '說' 자로, 地나라에서는 기쁠 '열' 이나 벗을 '탈' 로, 人나라에서는 달랠 '세' 자로 勞動者처럼 行勢하며 活動한 간첩도 있고,

天나라에서는 本名인 즐길 '樂' 으로 자랐지만, 地나라에서는 노래 '악' 으로 活動하였고, 人나라에서는 좋아할 '요' 로 活動하며, 三國을 모두 다니며 演藝과 技藝로 自由自在로 高級 官員들과 접촉하는 007 같은 간첩도 있었다.

한편, '수' 三品士는 많은 사람에게 간첩 敎育을 시켰으니 다음과 같다.

度 법도 '도'는 헤아릴 '탁'	省 살필 '성'은 덜 '생'	行 다닐 '행'은 항렬 '항'
畵 그림 '화'는 그을 '획'	識 알 '식'은 기록할 '지'	惡 악할 '악'은 미워할 '오'
宅 집 '택'은 댁 '댁'	講 익힐 '강'은 화해할 '구'	麗 고울 '려'는 붙을 '리'
殺 죽일 '살'은 감할 '쇄'	狀 형상 '상'은 문서 '장'	施 베풀 '시'는 옮길 '이'
液 진 '액'은 담글 '석'	尊 높을 '존'은 술통 '준'	波 물결 '파'는 방죽 '피'
破 깨뜨릴 '파'는 무너질 '비'	降 내릴 '강'은 항복할 '항'	更 고칠 '경'은 다시 '갱'
否 아닐 '부'는 막힐 '비'	屬 붙을 '속'은 부탁할 '촉'	遺 남길 '유'는 따를 '수'

步	걸음 보	4.2급/뿌우
	止	7획
	뜻; 걷다, 걸리다, 찾다	

戶籍(호적) 한가구의 수와 그 식구를 기록한 장부
黨籍(당적) 당원으로서 등록된 적

籍	문서 적	4급/지
	竹	20획
	㊌;典(법 전)	

戶籍(호적) 한가구의 수와 그 식구를 기록한 장부
黨籍(당적) 당원으로서 등록된 적

한편, 地나라에서는 急變하는 國際 情勢에 對處하기 爲하여 地王이 直接 어전 會議를

主管하였다. 文武百官은 물론이요 商工人까지 모두 參席한 가운데 會議가 進行되었다.

"文武百官과 會議에 參席한 百姓들은 잘 들으시오.

現在 國際 政勢가 하루가 다르게 急變하는 것은 모두가 잘 알 것이요.

多幸히 우리 地나라는 石洞 골짜기 깊은 곳에 자리 잡아 아직은 安康하게 지내고 있

지만, 아무 대책 없이 이대로 있을 수는 없소.

急變하는 政勢에 對하여 모두가 다 같이 論議해 보시오."

한때 千石洞 洞主였고 地나라 建國에 一等 功臣인 '土' 재상이 한 발 앞으로 나서며

"大王이시여!

人나라는 거북船 침몰 事件 以後로 침통하게 지내다가, 多幸히 海賊에게 끌려간 船

員들이 全部 돌아와 지금은 人나라의 분위기가 예전과 같이 되었다고 합니다. 거북船

침몰 事件에는 우리 地나라도 크나큰 責任이 있는데 多幸이라고 생각합니다.

한편, 우리 地나라의 新興 마을인 石洞橋 部落이 港口 都市가 되며 商業으로 經濟가

크게 發展하는 것은 우리 地나라에게 좋은 일이나, 石洞橋 部落이 낭비와 사치가 甚해

지며 遊興街도 생겨, 크고 작은 事件이 빈번히 일어날 뿐 아니라 石洞 部落과 石洞橋

<table>
<tr><td>康</td><td>편안할 강
广
㊀;健(굳셀 건)</td><td>4.2급/강
11획</td><td>港</td><td>항구 항
氵(水)
뜻; 항구, 뱃길, 통하다</td><td>4.2급/강
12획</td></tr>
<tr><td colspan="3">强健(강건) 기상이나 뜻이 꼿꼿하고 건강한
健康(건강) 정신적·육체적으로 탈이 없고 튼튼함</td><td colspan="3">港都(항도) '항구 도시'의 준말
入港(입항) 배가 항구에 들어옴</td></tr>
<tr><td>濟</td><td>건널 제
氵(水)
㊀;済</td><td>4.2급/지
17획</td><td>遊</td><td>놀 유
辶
뜻; 놀다, 틈, 방탕하다</td><td>4급/요우
13획</td></tr>
<tr><td colspan="3">濟世(제세) 세상을 구제함
濟衆(제중) 모든 사람을 구제함</td><td colspan="3">遊民(유민) 직업이 없이 놀며 지내는 사람
外遊(외유) 공부나 유람을 목적으로 외국에 여행함</td></tr>
</table>

部落의 貧富 差異가 커지고 있어 大王님의 善處를 바랍니다.”
44.80   86.86   128   9. 7   90.132

“누구 또 다른 意見을 말해 보시오.”
                 59.71

百石洞 洞主였고 建國의 一等 功臣인 ‘朴’ 上將軍이 앞으로 나서며
19.49.25 25.36   73. 7   14.33 66.66   73   18.77.6

“小將 ‘朴’ 上將軍이 아뢰옵니다.
 13.77   73   18.77.6

天나라는 이번 월남江 海賊을 討伐하여 國家의 領土를 월남江 以南까지 확장한 것은
34   17 18.98 129.129   7.15 93.10   17 70.10

물론이고, 軍隊의 士氣 역시 殺伐할 程度라고 합니다.
          6.132   43.24   129 121.35

天나라가 막강한 水軍까지 保有하게 되었으니, 國際 情勢가 天, 地, 人, 三國으로 確然
34   10. 6   120.8   7.155.66.132 34 36 6 9. 7   140.31

히 나누어진 이때 天王이 마음을 잘못 먹으면 漢水를 通해 人나라는 물론이요, 石洞
              34. 7   38.10   43   6   49.25

運河를 利用한다면 우리 地나라도 安全을 保障하기 어려운 狀態입니다.
49.92 41.41   36   27.31 120.119   134.134

博愛하신 大王님께서 賢明하고 明快하신 決斷을 내려주시길 바랍니다.”
 64   9. 7   137.48   48   71.31

“또 다른 意見이 있으면 말해 보시오.”
          59.71

石洞鐵工所 鐵 社長이 앞으로 나서며
49.25.87.20.24 87 48.11

“우리 地나라와 人나라는 商業과 무역을 하며 다른 地方의 情報를 商人들에게 의지하
      36   6   66.43   36.18 66.76 66. 6

여 收集하고 있습니다.
  148.40

물론 우리 商人들의 情報 收集 能力이 특수 教育을 받은 軍人들보다 더 神速하고 正
         66. 6   66.76 48.40 69.24   8. 8   6. 6   38.35   29

確한 것 또한 事實입니다.
140   24.74

<table>
<tr><td rowspan="3">差</td><td>다를 차</td><td>4급/차</td></tr>
<tr><td>工</td><td>10획</td></tr>
<tr><td colspan="2">㊫;異(다를 이)</td></tr>
<tr><td colspan="3">差減(차감) 차이만큼 감해 줌</td></tr>
<tr><td colspan="3">差別(차별) 차등이 있게 구별함</td></tr>
</table>

<table>
<tr><td rowspan="3">殺</td><td>죽일 살/감할 쇄</td><td>4.2급/샤</td></tr>
<tr><td>殳</td><td>11획</td></tr>
<tr><td colspan="2">㊚;生(날 생)</td></tr>
<tr><td colspan="3">殺氣(살기) 죽이려고 하는 기색, 살벌한 기운</td></tr>
<tr><td colspan="3">暗殺(암살) 몰래 사람을 죽임</td></tr>
</table>

<table>
<tr><td rowspan="3">博</td><td>넓을 박</td><td>4.2급/뽀어</td></tr>
<tr><td>十</td><td>12획</td></tr>
<tr><td colspan="2">뜻; 넓다, 넓히다, 평평하다</td></tr>
<tr><td colspan="3">博聞(박문) 사물을 널리 들어 많이 앎〈많은 사람</td></tr>
<tr><td colspan="3">博士(박사) 어떤 일에 능통하거나 널리 아는 것이</td></tr>
</table>

<table>
<tr><td rowspan="3">快</td><td>쾌할 쾌</td><td>4.2급/콰이</td></tr>
<tr><td>忄(心)</td><td>7획</td></tr>
<tr><td colspan="2">뜻; 상쾌하다, 기뻐하다, 빠르다</td></tr>
<tr><td colspan="3">快感(쾌감) 상쾌하고 즐거운 느낌</td></tr>
<tr><td colspan="3">快適(쾌적) 심신이 적합하여 기분이 썩 좋음</td></tr>
</table>

그런데 우리 商人의 情報에 의하면 지금 天나라에서는 '水' 三品士라는 사람이 國防

次官의 職責을 맡은 다음에는 隱密하게 軍人들에게 간첩 敎育을 修練시킨다고 합니

다. 또 現在 人나라는 물론이고 우리 地나라에도 無數히 많은 첩자를 침투시켰다는

飛報도 있습니다.

우리 商工人들도 각 商團의 工房에서 더욱 神境 써서 情報 收集에 힘쓰겠습니다만,

地나라의 經濟, 社會의 不安을 未然에 막아 民心의 혼란이 없게 하기 爲하여 賢明하

신 大王님께서 좋은 決斷을 내려 주시길 바랍니다."

이외에도 急變하는 情勢에 對하여 많은 이야기가 나왔지만, '土' 재상과 '朴' 上將軍

과 '鐵' 社長의 意見이 가장 큰 比重을 차지하였다.

"그러면 오늘의 會議 案件으로 以上 세 가지를 論議하기로 합시다.

'土' 재상은 石洞橋 部落의 經濟 現況과 石洞 部落의 經濟에 對하여 상세히 말해 보

시오."

"네, 먼저 石洞 部落의 萬石洞, 千石洞, 百石洞은 地 大王님의 善政을 直接 받은 곳이

隱	숨을 은	4급/인
	阝(阜)	17획
	반;現(나타날 현) 유;密(빽빽할 밀)	
隱退(은퇴) 직임에서 물러남		
隱事(은사) 비밀로 하여 감추어야 할 일		

密	빽빽할 밀	4.2급/미
	宀	11획
	유;隱(숨을 은)	
密談(밀담) 남몰래 비밀히 이야기함		
密約(밀약) 비밀히 약속함		

修	닦을 수	4.2급/싸우
	亻(人)	10획
	뜻; 닦다, 다스리다, 고치다	
修業(수업) 기술이나 학업을 익히고 닦음		
修行(수행) 행실 · 학문 따위를 닦음		

飛	날 비	4.2급/페이
	飛	9획
	뜻; 날다, 빠르다, 높다	
飛上(비상) 날아오름		
雄飛(웅비) 기세 좋고 씩씩하게 활동함		

房	방 방	4.2급/팡
	戶	8획
	뜻; 방, 집, 제방	
房子(방자) 조선 시대, 지방 관아의 남자 하인		
冷房(냉방) 찬 방, 냉실		

며, 모든 官舍가 있는 政府나 其他 施設이 옛날과 크게 달라지지 않았습니다.

따라서 世上의 變化를 實感하지 못하고 있습니다.

石洞橋 部落은 大王께서도 石洞 運河 開通式 때 보셨듯이 運河 開通 前인데도 景氣가 매우 활발했습니다.

또 運河를 通하여 우리 地나라 배뿐만 아니라 人나라는 물론이고 멀리 西域에서도 큰 배들이 들어옵니다. 그 결과 西域의 좋은 物件들이 넘쳐 날 뿐 아니라 西域의 사치품 까지 들어와서, 갑자기 富者가 된 사람들이 分數에 넘치는 호화롭고 사치스런 生活을 하여 주위의 빈축을 사고 있습니다.

富者들 가운데는 分數에 맞지 않게 대궐 같은 집에 護衛 武將까지 帶同하는 등 虛風 을 떠는 사람도 있다고 합니다.

石洞橋 部落의 市場이 萬石洞 市場과는 비교되지 않게 커진 것은 좋으나, 여러 나라 사람들이 함께 어우러져 대낮에도 美風良俗을 害치는 行動이 自行되고 있습니다.

또 먼 他國에서 온 뱃사람들을 相對하는 遊興街가 크게 번창하여 地나라 百姓들까지 도 遊興街 出入이 甚해져 現在 治安을 擔當한 軍이 相當한 어려움에 부닥쳤으니 根本 的으로 사치와 낭비 그리고 風習을 제대로 잡아야 할 것 같습니다."

" '土' 재상은 들으시오.

<table>
<tr><td rowspan="3">舍</td><td>집 사</td><td>4.2급/써</td></tr>
<tr><td>舌</td><td>8획</td></tr>
<tr><td colspan="2">㊈;宅(집 택)</td></tr>
<tr><td colspan="3">舍監(사감) 기숙사에서 기숙생의 생활을 감독하는</td></tr>
<tr><td colspan="3">舍宅(사택) 직원을 위해 지은 살림집 　〈사람</td></tr>
</table>

<table>
<tr><td rowspan="3">府</td><td>마을 부</td><td>4.2급/푸</td></tr>
<tr><td>广</td><td>8획</td></tr>
<tr><td colspan="2">뜻; 곳집, 고을, 죽은 아비</td></tr>
<tr><td colspan="3">軍府(군부) 군의 일을 맡은 기관의 총칭</td></tr>
<tr><td colspan="3">學府(학부) 학문의 중심이 되는 곳</td></tr>
</table>

<table>
<tr><td rowspan="3">域</td><td>지경 역</td><td>4급/위</td></tr>
<tr><td>土</td><td>11획</td></tr>
<tr><td colspan="2">㊈;區(구분할 구)</td></tr>
<tr><td colspan="3">區域(구역) 갈라놓은 지역</td></tr>
<tr><td colspan="3">聖域(성역) 신성한 지역이나 구역</td></tr>
</table>

<table>
<tr><td rowspan="3">衛</td><td>지킬 위</td><td>4.2급/웨이</td></tr>
<tr><td>行</td><td>16획</td></tr>
<tr><td colspan="2">뜻; 지키다, 막다</td></tr>
<tr><td colspan="3">衛星(위성) 행성의 주위를 운행하는 별</td></tr>
<tr><td colspan="3">自衛(자위) 자기 힘으로 자기를 방위함</td></tr>
</table>

첫째, 배 크기로 定한, 運河를 通過하는 모든 배의 通關稅를 앞으로는 船積品의 種類
와 船積 物量에 따라 差等하여 稅金을 책정하고, 사치품에는 特別稅를 추가하시오.
그리고 市場의 物品 去來 價格의 稅金을 正確히 하시오.

둘째, 百姓들의 服裝은 계급에 따라 色相 數와 옷감을 定하고, 사치한 비단이나 장신
구 등을 制限하고, 호화찬란한 色相의 服裝을 禁하시오.

셋째, 地나라에서 사인교 가마는 모두 없애고, 三品 以上 벼슬아치의 婦人에게만 이인
교를 許容하고, 그 以下 벼슬아치의 婦人은 모두 말을 타거나 徒步로 다니게 하
고, 가마의 色相도 有色을 禁하시오.

또 一品 以上 벼슬아치에게는 말잡이 馬夫와 호령꾼 一 人을 許容하고, 三品까
지의 벼슬아치에게는 말잡이 馬夫만 許容하고, 나머지 官員과 百姓들은 徒步로
다니게 하시오.

넷째, 官員뿐만 아니라 모든 百姓을 대상으로 창고를 除外한 집의 칸 수를 制限하는
法을 定하여 純眞한 百姓들 間에 위화감이 생기지 않게 하시오.

<table>
<tr><td colspan="2">

稅

구실 세   4.2급/쑤이
禾   12획
뜻; 구실, 보내다, 두다

稅務(세무) 조세의 부과 · 징수에 관한 사무
課稅(과세) 세금을 매김

</td><td colspan="2">

積

밭 전   4급/지
禾   16획
뜻; 모으다, 쌓다, 저축

積雪(적설) 쌓인 눈
蓄積(축적) 많이 모으는 일

</td></tr>
</table>

限 한정 한 4.2급/시엔 阝(阜) 9획 뜻; 한계, 심하다 限界(한계) 사물의 정하여 놓은 범위 限定(한정) 제한하여 정함	**婦** 며느리 부 4.2급/푸 女 11획 반;夫(지아비 부) 主婦(주부) 집안의 살림살이를 꾸려 가는 안주인 婦德(부덕) 부녀가 지켜야 할 덕행
徒 무리 도 4급/투우 彳 10획 뜻; 무리, 일꾼, 보병 徒步(도보) 타지 않고 걸어감 學徒(학도) 학생, 학문을 닦는 사람	**純** 순응할 순 4.2급/춘 糸 10획 유;潔(깨끗할 결) 純金(순금) 다른 금속이 섞이지 않은 황금 淸純(청순) 깨끗하고 순수함

다섯째, 石洞橋 部落 곳곳에 추가로 초소를 設置하고, 초소 設置로 缺員이 생기면 極難하
　　　　49.25.94 44.80　　　　　　　　　　　　92.82　　　　　92.82　81　　114

더라도 石洞 마을 警備兵으로 速히 對處하고, 法을 위반하는 者는 自國人과 他國
　　　　49.25　　135.97.52　　35　　60.132　39　　　　　　62　25.7.6　91.7

人을 막론하고 엄히 다스리는 것을 여러 곳에 방을 붙여 알리고, 實施하시오.
6　　　　　　　　　　　　　　　　　　　　　　　　　　　　　74.126

여섯째, 富者들이 人나라 富者처럼 모범 生活을 하고 모든 國民에게 칭송을 받게 유
　　　　86.62　　6　　86.62　　　　　8.30　　　　　　7.7

도하고, 그에 相應하는 賞罰을 주도록 法을 定하여 公布하고 管理하시오.
　　　　　79.136　96　　　　39　42　47.151　155.42

일곱째, 敎育은 百年大計라 하였소. 敎育에 精誠을 기울이시오. 敎育은 칼의 兩面과
　　　　8.8　19.15.9.53　　　8.8　123.123　　　　8.8　　　123.32

같아서 失敗하면 背恩忘德한 者들이 나오는 結果가 되니 特히 操心하시오."
　　　　74.106　　126　71　62　　　　48.48　　　37　76.18

"네."

"朴 上將軍은 天, 地, 人 세 나라의 軍勢를 報告하시오.
73　18.77.6　34　36　6　　　　6.132　76.73

"네. 天나라가 북망山 山賊을 討伐하기 以前에는 軍卒이 大略 三萬餘 名에 不過했지
　34　　　9　9.98　129.129　　70.18　　6.72　9.133　9.9.122　18　21.87

만, 북망山의 兵力 二萬餘 名이 추가되었고 그 以後로도 各 地方을 병합하여 그 數가
　　9　52.24 15.9.122 18　　　　　70.26　37 36.18　　　　　19

무려 十萬餘 名이 되며, 이번 월남江 海賊을 討伐하고 合친 水軍의 軍卒도 一萬 名쯤
　15.9.122 18　　　　　　17 18.98　129.129　59　10.6　6.72　14.9　18

되는 것 같습니다.

<table>
<tr><td>缺</td><td>이지러질 결　　　　4.2급/취에
缶　　　　　　　　　10획
(반);出(날 출) (유);損(덜 손)</td></tr>
<tr><td colspan="2">缺席(결석) 출석해야 할 경우에 출석하지 않음
缺員(결원) 정원(定員)에서 사람이 빠져 모자람</td></tr>
</table>

<table>
<tr><td>極</td><td>지극할/다할 극　　　4.2급/지
木　　　　　　　　　13획
(유);窮(다할궁)端(끝단)至(이를지)</td></tr>
<tr><td colspan="2">極力(극력) 있는 힘을 다함
南極(남극) 지축 및 천구축의 남쪽 끝</td></tr>
</table>

<table>
<tr><td>罰</td><td>벌 벌　　　　　　　4.2급/파
罒　　　　　　　　　14획
(유);刑(형벌 형)</td></tr>
<tr><td colspan="2">罰金(벌금) 범죄의 처벌로서 부과하는 돈〈은 규칙
罰則(벌칙) 법을 어긴 행위에 대한 처벌을 정해 놓</td></tr>
</table>

<table>
<tr><td>背</td><td>등 배　　　　　　　4.2급/베이
月(肉)　　　　　　　9획
(유);後(뒤 후)</td></tr>
<tr><td colspan="2">背反(배반) 믿음과 의리를 저버리고 돌아섬
背信(배신) 신의를 저버림</td></tr>
</table>

<table>
<tr><td>忘</td><td>잊을 망　　　　　　3급/왕
心　　　　　　　　　7획
뜻; 잊다, 없애 버리다</td></tr>
<tr><td colspan="2">忘失(망실) 잊어버림
難忘(난망) 잊기 어려움</td></tr>
</table>

'호' 頭目을 비롯한 월남江 海賊은 武藝도 出充하며, 南方의 未開 民族이라 매우 亂暴
하고, 生活 方式도 매우 低俗하다고 합니다.

또 天나라 軍士들은 많은 領土 戰爭을 通하여 實戰 經驗이 豊富합니다.

反面에 人나라는 治安을 擔當하는 警察 兵力이 二千餘 名이고 漢水 河口를 비롯한 國
境 警備 兵力이 二千餘 名으로, 兵力이 都合 四千餘 名뿐이며, 人 大王의 盛德만을 믿
고 있습니다.

우리 地나라 兵力은 千石洞에서 養兵한 無敵 正規軍이 五千 名이며 治安擔當 兵力이
二千 名이고 石洞 運河 管理 및 國境守備隊가 二千 名이고 現在 訓練所에서 敎育 中
인 兵力이 二千 名으로, 都合 一萬 一千 名이 全部입니다."

"음."

"鐵 社長은 天나라 情報에 對하여 아는 것을 더 말해 보시오."

"네. 저희 商人들은 利權과 關係되는 情報 收集에는 아주 正確하고 神速하지만, 軍門
에 對해서는 限界가 있습니다."

"天나라 天王의 人品은 天上에서부터 잘 알고 있다.

天王은 武藝도 남다르지만, 누구에게도 지기 싫어하는 性品이며, 욕심 또한 대단하다.

만약, 天王이 위험한 생각을 한다면 困難한 일이다.

<table>
<tr><td rowspan="3">亂</td><td>어지러울 란</td><td>4급/롼안</td></tr>
<tr><td>乙</td><td>13획</td></tr>
<tr><td colspan="2">반;治(다스릴 치) 약;乱</td></tr>
<tr><td colspan="3">亂國(난국) 질서가 몹시 문란한 나라</td></tr>
<tr><td colspan="3">亂筆(난필) 되는대로 막 어지럽게 쓴 글씨</td></tr>
</table>

<table>
<tr><td rowspan="3">低</td><td>낮을 저</td><td>4.2급/띠</td></tr>
<tr><td>亻(人)</td><td>7획</td></tr>
<tr><td colspan="2">뜻; 낮다, 숙이다, 구부리다</td></tr>
<tr><td colspan="3">低級(저급) 품질 따위의 정도가 낮거나 천박함</td></tr>
<tr><td colspan="3">低下(저하) 낮아짐</td></tr>
</table>

<table>
<tr><td rowspan="3">盛</td><td>성할, 담을 성</td><td>4.2급/썽</td></tr>
<tr><td>皿</td><td>10획</td></tr>
<tr><td colspan="2">유;豊(풍성할 성)</td></tr>
<tr><td colspan="3">盛行(성행) 매우 성하게 유행함</td></tr>
<tr><td colspan="3">昌盛(창성) 성하여 잘되어 감</td></tr>
</table>

<table>
<tr><td rowspan="3">困</td><td>곤할 곤</td><td>4급/쿤</td></tr>
<tr><td>口</td><td>7획</td></tr>
<tr><td colspan="2">유;難(어려울 난)</td></tr>
<tr><td colspan="3">困惑(곤혹) 곤란한 일을 당해 어찌할 바를 모름</td></tr>
<tr><td colspan="3">疲困(피곤) 몸이 지쳐 고달픔</td></tr>
</table>

그런데 出世에 눈이 먼 害蟲보다 못한 臣下까지 있다고 하니 걱정이 되는구나.

우리나라가 建國한 지 얼마 되지 않아 미처 國力을 增强해 놓지 못한 것이 큰 화근이

되겠구나. 지금부터라도 철통 같은 對備를 하여야겠다.

첫째, 兵力을 最大한 보충하고 現在 教育 中인 兵力도 訓練이 끝나는 즉시 모두 石洞

運河 管理 兵力으로 투입하여 國防을 健實히 하여라.

둘째, 石洞橋 管理 官廳은 地나라에 出入하는 모든 사람에게 出入 申告를 하게 하고 身

分이 確認된 사람에게만 通行 票式을 교부하여 의심 가는 사람의 接近을 막아라.

셋째, 石洞 部落 入口 좁은 곳에 목책으로 築城하고 通行 表式을 소지한 사람만 出入

하게 하라.

넷째, 石洞橋 部落에 눈치 빠른 軍卒을 私服으로 變服시켜 害蟲보다 못한 間者들을

團束하게 하라. 特히 操心할 것은 住民이나 外國人에게 不安感을 주지 않도록

軍卒들에게 注意를 주어라."

"네, 大王님의 분부대로 수행하겠습니다."

蟲	벌레 충 4.2급/충 虫 18획 (약);虫
蟲齒(충치) 벌레 먹은 이	
成蟲(성충) 생식 능력이 있는 다 자란 곤충	

增	더할 증 4.2급/청 土 15획 (반);減(덜 감) (유);加(더할 가)
增加(증가) 수량이 더 늘어 많아짐	
增減(증감) 늘림과 줄임	

廳	관청 청 4급/팅 广 25획 (약);厅
廳舍(청사) 관청의 건물	
廳上(청상) 대청마루 위	

申	납, 펼 신 4.2급/썬 田 5획 (유);告(알릴 고)
申報(신보) 새로 나온 신문이나 잡지	
申請(신청) 신고하여 청구함	

票	쪽지 표 4.2급/피아오 示 11획 뜻; 쪽지, 불똥 튀다, 빠르다
票決(표결) 투표로써 결정함	
記票(기표) 투표용지에 기입함	

築	쌓을 축 4.2급/쭈 竹 16획 뜻; 쌓다, 다지다
改築(개축) 다시 고쳐서 짓거나 쌓음	
築造(축조) 다지고 쌓아서 만듦	

"다음으로 鐵 社長은 잘 들으시오.

商團의 情報 收集 能力에 限界가 있다는 것은 짐도 痛感하오.

하지만 情報는 國家 安全에 꼭 必要한, 없어서는 안 될 重要한 任務요.

더욱 神經 써서 努力하고 작은 의심이라도 가는 것이 있으면 바로 '朴' 上將軍과 相

議하여 큰 화를 未然에 防止하는 데 走力하시오."

"네, 분부대로 하겠습니다."

"또 이런 큰일은 우리 地나라만 努力한다고 막을 수 있는 것이 아니요.

이번 會議 내용 가운데 人나라에 傳할 것은 傳하고, 人나라와 共助하도록 努力하시오.

이번 事案은 比重이 막중하니 土 재상이 直接 人 大王을 만나 會談하고 좋은 結果를

얻어 오시오."

"네, 命令대로 곧 人나라로 出發하겠습니다."

人나라에 到着한 '土' 재상은 거북船 침몰 事件으로 人 大王과는 舊面이었다.

"人 大王님! 地나라 '土' 재상이 問安드립니다.

월남江 海賊에 잡혔던 人나라 百姓들의 安全 歸還을 眞心으로 경하드립니다.

우리 地 大王님께서 보낸 축하 安否도 함께 올립니다."

"고맙소. 그런데 어떻게 이곳까지 오셨소?"

<table>
<tr><td rowspan="3">走</td><td>달릴 주</td><td>4.2급/주</td><td rowspan="3">歸</td><td>돌아갈 귀</td><td>4급/꾸이</td></tr>
<tr><td>走</td><td>7획</td><td>止</td><td>18획</td></tr>
<tr><td>뜻; 달리다, 가다, 나가다</td><td></td><td>유;回(돌 회) 약;帰</td><td></td></tr>
<tr><td></td><td colspan="2">走者(주자) 달리는 사람</td><td></td><td colspan="2">歸鄕(귀향) 고향으로 돌아감</td></tr>
<tr><td></td><td colspan="2">敗走(패주) 전쟁에 져서 달아남</td><td></td><td colspan="2">復歸(복귀) 본디의 자리·상태로 돌아감</td></tr>
</table>

<table>
<tr><td rowspan="3">還</td><td>돌아올 환</td><td>3.2급/환</td><td rowspan="3">否</td><td>아닐 부/막힐 비</td><td>4급/포우</td></tr>
<tr><td>辶</td><td>17획</td><td>口</td><td>7획</td></tr>
<tr><td>유의;返(돌이킬 반)</td><td></td><td>반;可(옳을 가)</td><td></td></tr>
<tr><td></td><td colspan="2">還給(환급) 도로 돌려줌</td><td></td><td colspan="2">否決(부결) 회의에 제출된 의안을 성립시키지 않기</td></tr>
<tr><td></td><td colspan="2">返還(반환) 도로 돌려줌</td><td></td><td colspan="2">否定(부정) 그렇지 않다고 단정함　　로 결정함</td></tr>
</table>

土 재상은 어전 會議에서 논의되었던 如此如此한 事情을 이야기하였다.
10   59.130   24.66

"事實, 地나라에서 어전 會議를 한 結果 요즘 天나라의 行步가 매우 의심스럽고 危險
24.74 36   59.130   48.48   34   43.151

하다고 結論을 내렸습니다.
      48.124

人 大王님도 아시겠지만, 이번 월남江 海賊들이 모두 天나라에 歸屬되었다고 합니다.
6 9.7   17 18.98   34   165

이 海賊들은 南方의 未開 民族이라 性格이 매우 亂暴하다 합니다.
   18.98   10.18 140.40 7.43   70.77   163.141

이런 海賊이 혹시 戰功이라도 세우고 싶어 不美한 생각을 한다면 必是 漢水를 利用하
     18.98   35.66   21.53   72.152 38.10 41.41

여 들어올 것이고, 그러면 人나라는 물론이요, 우리 地나라까지도 危險에 빠질 뿐 아
                        6   36   166.166

니라 平和로운 人나라와 地나라에 크나큰 不幸을 招來한다는 것이 우리 地 大王님의
   27.60   6   36   21.47 139.32   36 9.7

結論입니다.
48.124

地나라와 人나라가 定式으로 調印하여 동맹국이 되면 天나라의 未開한 海賊이 감히
36   6   42.36   83   34   140.40 18.98

黑心 따위의 凶計를 세울 수 있겠습니까?
82.18   82.53

또 天나라에는 '수' 라고 하는 臣下가 있어 地나라는 물론이요 人나라에도 間者를 파견
  34   66.30   36   6   22.62

如	같을 여　　　　　4.2급/루 女　　　　　　　6획 뜻; 같다, 마땅히, 만일
	如來(여래) '석가모니여래' 의 준말
	如實(여실) 사실과 같음

此	이 차　　　　　3.2급/츠 止　　　　　　　6획 반;彼(저 피)
	此後(차후) 이다음
	彼此(피차) 이것과 저것 모두 다

危	위태할 위　　　　4급/웨이 卩　　　　　　　6획 반;安(편안 안) 유;急(급할 급)
	危急(위급) 몹시 위태롭고 급함
	危難(위난) 매우 위급하고 어려운 경우

險	험할 험　　　　　4급/시엔 阝(阜)　　　　　16획 유;危(위태할 위) 약;険
	險惡(험악) 생김새나 분위기 따위가 험악하게 보임
	險談(험담) 항상 남을 헐뜯어서 하는 말

屬	붙을 속/부탁 촉　　4급/쑤 尸　　　　　　　21획 약;属
	金屬(금속) 쇠붙이
	屬國(속국) 다른 나라의 지배를 받고 있는 나라

印	도장 인　　　　　4.2급/인 卩　　　　　　　6획 뜻; 도장, 벼슬, 다지다
	印面(인면) 글자를 새긴 도장의 면
	刻印(각인) 도장을 새김

하였다는 情報를 收集한 狀態입니다.

우리 地 大王님은 그런 욕심 많은 臣下가 天王 밑에 있다는 것이 무척 不安한 일이라

고 人 大王님께 傳하라 하였습니다."

"'土' 재상의 말을 들어보니 事案이 深刻한 것이 事實인 것 같소.

'土' 재상은 客舍로 가서 쉬시오."

人나라의 人 大王은 天上의 上帝님에게서 任務를 받았다. 人 大王은 天上에서 地上으

로 귀양살이를 온 '大' 上將軍(天王)과 '土' 大將軍(地王)의 逃走나 두 將軍 사이에 不

和가 생기는 것을 防止하라는 命을 받고 地上으로 내려왔다.

어떻게 하다보니 人나라를 세웠지만, 언젠가는 天上國으로 歸鄕할 생각인지라 禮節

敎育에만 盡力을 다했을 뿐 國土 防衛에는 소홀하였다.

그런데 歲月이 흘러 狀況이 이렇게 되었으니, 이번 일을 계기로 人나라도 國防力을

키워 外侵에 對抗할 수 있게 하는 것이 人나라 百姓뿐만 아니라 地上의 모든 百姓을

保護하는 것이라는 생각이 들었다.

'土' 재상을 客舍로 보내고 人나라에서도 어전 會議가 始作되었다.

"地나라 '土' 재상의 이야기를 들어 보니 狀況이 深刻한 것이 分明한 것 같소.

帝	임금 제	4급/띠
	巾	9획
	㈜;王(임금 왕)	

帝國(제국) 황제가 통치하는 국가
帝王(제왕) 황제와 국왕

逃	달아날 도	4급/타오
	辶	10획
	㈜;亡(달아날 망)避(피할 피)	

逃亡(도망) 피하여 달아남
逃避(도피) 도망하여 몸을 피함

盡	다할 진	4급/진
	皿	14획
	㈜;尽	

盡心(진심) 마음에 고유한 본연의 덕성을 다하여
盡命(진명) 목숨을 바침, 목숨을 다함 〈드러냄

抗	막을 항	4급/쾅
	扌(手)	7획
	㈜;拒(막을 거)	

抗告(항고) 법원의 결정에 불복하여 상급 법원에
抗命(항명) 명령을 어김 〈상소하는 일

여러 臣下 中에 國際 情勢에 對하여 아는 사람은 말해 보시오."

여기저기서 말이 나왔으나 '土' 재상의 말과 特別히 다른 意見이 없었다.

"그럼, 우리 人나라가 할 수 있는 提案을 내어보시오."

이때 한 臣下가 앞으로 나오며

"大王이시여!

우리 人나라는 人 大王님께서 創建한 나라고, 人 大王님은 天上의 上帝님으로부터 罪

人인 大, 土 두 將軍의 動靜을 살피라는 분부를 받고 下降하셨데 敢히 天나라의 天王

이 至嚴하신 上帝님의 威勢를 無視하지는 못할 것입니다.

하지만 上帝님만 믿고 太平하게 있다가 天나라의 不忠한 臣下들의 甘言利說에 天王이

움직인다면 그 화를 막기가 어려울 것입니다.

또 地나라와 우리 人나라는 國家가 생기기 以前부터 親密하게 지내온 사이인데, 우리

人나라가 비록 强盛한 軍隊는 없지만 漢水 入口라도 지켜야만 天, 地, 人 三國 사이의

靜	고요할 정	4급/정
	青	16획
	반;動(움직일 동) 약;静	
安靜(안정) 마음과 정신이 편안하고 고요함		
靜境(정경) 조용하고 맑은 곳		

降	내릴 강/항복할 항	4급/쟝
	阝(阜)	9획
	유;下(아래 하)	
降雨(강우) 비가 내림 또는 내린 비		
降雪(강설) 눈이 내림 또는 그 눈		

至	이를 지	4.2급/즈
		6획
	유;極(다할 극)	
至當(지당) 마땅한		
至極(지극) 더할 수 없이 극진한		

嚴	엄할 엄	4급/이엔
	口	20획
	약;厳	
嚴格(엄격) 말, 태도 따위가 매우 엄하고 철거한		
嚴冬雪寒(엄동설한) 눈은 내리고 매우 추운		

威	위엄 위	4급/웨이
	女	9획
	뜻; 위엄, 으르다, 험하다	
威容(위용) 위엄 있는 모습이나 모양		
威信(위신) 위엄과 신망		

큰 戰亂을 막을 수 있다고 하겠습니다.
　35.163

漢水는 人나라와 地나라로 들어가는 길목이지만 또한 天惠의 防壁이라고 할 수 있습
38.10　　6　　　　36　　　　　　　　　　　　　　　　36.126　114

니다.

漢水로 들어오는 海軍만 막으면 큰 難關은 없을 것입니다.
38.10　　　　　18.6　　　　　114.69

우리 人나라가 짧은 時間 안에 天나라의 海軍인 월남江 海賊을 막을 정도로 軍事力을
　　　6　　　　22.22　　　34　　　18.6　　17 18.98　　　　　6. 24.24

增强하는 것은 時間的으로 與件이 안 됩니다.
164.35　　　　22.22.74　　　83

하지만 希望이 없지는 않습니다.
　　　　71

우리 人나라 南쪽 바다 건너에 많은 섬으로 된 島國이라는 未開한 나라가 있습니다.
　　6　　　10　　　　　　　　　　　　　103.7　　　140.40

日前에 島國의 使臣이 우리나라의 禮節과 先進 文物을 배워 百姓들을 未開함에서 脫
9.18　103.7　50.66　　　　　41.75　8.118 22.22　　19.23　140.40

出시키기기 爲하여 使節團으로 온 적이 있습니다.
30　　　　116　　50.75.75

이때 人 大王님께서 "우리나라가 建國한 지 얼마 안 되어 아직 나라가 安定되지 않았
　　　　6 9. 7　　　　　　　73.7　　　　　　　　　27.42

으니 此後에 安定이 되면 연락하겠다."라며 돌려보낸 적이 있습니다."
　　166.26　27.42

"오! 기억하고 있노라.

우리 人나라를 스승의 나라로 섬기겠다고 했지?"
　　6

"네.

그 島國이라는 나라는 섬으로 된 작은 나라지만, 물에는 아주 强하다고 합니다.
103.7　　　　　　　　　　　　　　　　　　　　　　35

壁	벽 벽　　　　　4.2급/삐		與	줄 여　　　　　4급/위
	土　　　　　　　16획			臼　　　　　　　14획
	뜻; 벽, 울타리, 벼랑			(반):野(들 야)(유):給(줄 급)(약):与
壁報(벽보) 종이에 쓰고 벽에 붙여 여러 사람에게			與黨(여당) 정당 정치에서 현재 정권을 담당하고		
石壁(석벽) 돌로 쌓은 벽이나 담　〈알리는 글			與否(여부) 그러함과 그렇지 않음　〈있는 정당		

希	바랄 희　　　　4.2급/시		脫	벗을 탈　　　　4급/투오
	巾　　　　　　　7획			月(肉)　　　　　11획
	(유):望(바릴 망)願(원할 원)			(반);着(붙을 착)
希有(희유) 드물게 있음			脫皮(탈피) 낡은 사고방식에서 벗어나 진보함		
希求(희구) 바라고 구함			脫退(탈퇴) 관계를 끊고 물러남		

월남江 海賊이 壹萬이 넘는 軍士라고는 하지만, 海賊들은 性格만 暴惡할 뿐이지 兵法
도 모르는 오합지졸(烏合之卒)에 不過합니다.

島國은 未開하고 작아도 先進 技術을 배우려고 努力합니다. 所聞으로는 모든 水軍에
게 그들 나름의 正規 軍事 訓練을 가르쳐 水戰만큼은 相當히 强하다고 합니다.

이런 島國에서 支援軍 三千 名만 와도, 우리는 守城을 하는 것이라 攻城軍의 1/4 兵
力으로도 能히 막을 수 있습니다.

또 우리 人나라의 모든 百姓은 大王님의 教育에 힘입어 愛國心이 强한지라 當場이라
도 鄕土防衛隊을 모집하면 志願하겠다는 사람이 壹萬 名은 充分히 될 것입니다.

島國의 정예 水軍 三千 名과 함께 水陸 兩面으로 軍士를 投入하면 누구도 漢水에 발
을 들여 놓지 못할 것입니다.

또 漢水 앞 中地島에는 거북船을 만들 때 使用했던 宿所들이 아직도 남아 있습니다.
조금만 손보면 島國軍의 寢食에 不足함이 없어 島國도 반가워할 것입니다.

島國의 大軍 陣營이 中地島에 주둔하여도 우리 人나라 百姓들과의 접촉을 防止할 수
있으니 百姓들의 生業에도 支障이 없습니다.

또 中地島는 軍事的으로 매우 重要한 요충지입니다.

援	도울 원	4급/위엔
	扌(手)	12획
	유;護(보호할 호)	
援助(원조) 도와줌		
救援(구원) 도와 건져 줌		

投	던질 투	4급/토우
	扌(手)	7획
	뜻; 던지다, 주다, 머무르다	
投射(투사) 기회를 틈타 이익을 취함 〈일		
失投(실투) 야구·농구 따위에서 공을 잘못 던지는		

寢	잠잘 침	4급/시
		7획
	반;起(일어날 기) 약;寝	
寢室(침실) 잠을 자도록 마련된 방		
寢具(침구) 잠자는 데 쓰는 물건		

營	경영할 영	4급/잉
	火	17획
	약;営	
野營(야영) 영외에 진영을 침		
運營(운영) 조직·기구 따위를 운용하여 경영함		

中地島를 거치지 않고는 漢水를 通過할 수 없고 우리 人나라에도 들어올 수 없으므로
12.36.103   38.10   43.87   6

地理的, 戰略的으로도 매우 重要한 地點입니다.
36.42.74 35.133.74   28.72   36.141

우리 人나라가 하루빨리 鄕土防衛隊를 모집하여 軍事 訓練을 시키고 漢水 入口에 방
    6   136.10.114.160.132   6.24 40.87   38.10 20.20

어 陣地를 築城하면, 短時日 內에 防備를 할 수 있어 걱정을 안 해도 될 것입니다."
   138.36 164.40   41.22.9 17 114.97

"그럼, 이 事實을 客舍에서 기다리는 '土' 재상에게 傳하고, 地나라와 人나라가 동맹
        24.74 94.160   10   73   36   6

국임을 調印하고, 漢水는 걱정하지 말라고 하여라. 또 速히 島國으로 使臣을 보내어
       83.166   38.10   35 103.7   50.66

軍士 三千 名과 함께 禮節과 先進 文物을 敎育 받을 사람을 보내라고 하여라."
6.43 9.19 18   41.75 8.118 22.22 8.8

'土' 재상이 人나라 臣下에게서 어전 會議에서 있었던 일을 듣고 매우 반가워하며, 地
 10   6   66.30   59.130   36

나라로 돌아가 喜消息을 地 大王에게 報告하였다.
          38.124   36 9.7   76.73

島國이라는 나라는 비록 작지만, 數많은 섬으로 이루어진 나라였다.
103.7   19

各 섬마다 작은 部落을 中心으로 邑長이 다스리는 小 部族國家이었으나, 얼마 前에
37   44.80   12.18   31.11   13 44.80.7.15   18

'왜' 라는 邑長이 모든 섬을 합병하여 島國을 建國하였다.
         31.11   103.7 73.7

그런데 아직 禮節과 法度가 없어 男子들은 重要한 急所만 毛皮로 가리고 장검을 어깨
           41.75   39.35   24.28   28.72 35.24

에 메고 다니는 形態였다.
            41.134

'왜' 邑長은 數많은 部族들과의 戰鬪에서 百戰百勝하였는데, 그것은 島國의 王이 많
     31.11 19   44.80   35   19.35.19.41   103.7   7

은 戰鬪에서 適材適所에 맞는 兵法을 스스로 開發하여 使用하고, 모든 軍卒은 兵法 活
   35.171   136.102.136.24   52.39   40.30   50.41   6.72   52.39 30

<table>
<tr><td>喜</td><td>기쁠 희　　　　4급/시
口　　　　　　　12획
(반);怒(성낼 노) (유);歡(기쁠 환)</td></tr>
</table>

喜悲(희비) 기쁨과 슬픔
喜色(희색) 기뻐하는 얼굴빛

毛　털 모　　　　4.2급/마오
毛　　　　　　　4획
(유);髮(터럭 발)

毛織(모직) 털실로 짠 피륙
脫毛(탈모) 털이 빠짐

皮　가죽 피　　　　3.2급/피
皮　　　　　　　5획
뜻; 가죽, 껍질

皮肉(피육) 가죽과 살　　〈썩 마름
皮骨相接(피골상접) 살가죽과 뼈가 맞붙을 정도로

鬪　싸움 투　　　　4급/또우
鬥　　　　　　　20획
(유);戰(싸울 전) 爭(다툴 쟁)

鬪牛(투우) 투우사와 소가 싸움
鬪爭(투쟁) 상대편을 이기려고 싸움

用에 能通하여, 軍卒들이 兵法대로 戰鬪를 하였다.
41   69.43   6.72   52.39   35.171

모든 섬을 統合하여 이제 겨우 國家의 形態만 갖춰 놓은 狀態인데, 人나라에서 軍士
         123.59   7.15   41.134   134.134   6   6.43

를 要請하며 敎育生도 받아 준다고 하니 島國 王은 天人이 나타난 것처럼 반가웠다.
    72.139   8. 8. 8   103.7 7   34.6

島國 王은 水軍 三千 名을 내어주며 혹시라도 스승의 나라에 작은 損害라도 입힐까
103.7 7   10.6 3. 19 18   78

하여 食糧을 비롯한 모든 消費 用品을 充分히 準備하여 즉시 出發하게 하였다.
    28.89   38.103 41.37 93.54 115.97   30.30

敎育을 받을 사람 中에는 島國의 王子 三 兄弟가 포함되었고, 많은 사람이 人나라로
8. 8   12   103.7 9.28 3 11.11   6

留學을 갔다.
12

또 島國 王은 感謝의 表示로 島國의 特產品을 準備하여, 天上國에서 下降하신 人 大
  103.7 7   67 56.98 103.7 37.88.37 115.97   34.18. 7   30.168   6 9

王에게 進上하기까지 하였다.
7   118.18

섬나라 희귀 植物과 희귀 動物을 포함한 많은 珍貴한 物品으로 進上品을 마련하고 最
         20.22   27.22   57   22.37   118.18.37   82

大限 禮義를 갖추니 人 大王의 마음이 흐뭇하였다.
9.161.41.154   6 9. 7

人王은 그러한 島國을 爲하여 感謝의 表示로 禮節은 물론이고 詩와 歌謠 講義를 直接
6 7   103.7 116 67.172 56.98 41.75   27 150.154 29.141

授業하기도 하였다.
43

損	덜 손	4급/손
	⺘(手)	13획
	(반):益(더할 익) (유):缺(이지러질 결)	
破損(파손) 깨어져 못 쓰게 됨		
損益(손익) 손해와 이익		

留	머무를 류	4.2급/리우
	田	10획
	(유):停(머무를 정)	
留意(유의) 잊지 않고 마음에 새겨 둠		
留置(유치) 남의 물건을 맡아 둠		

謝	위태할 위	4.2급/씨에
	言	17획
	뜻; 사례하다, 사죄하다, 물러나다	
謝過(사과) 잘못에 대해 용서를 빎		
謝意(사의) 감사하는 뜻		

珍	보배 진	4급/쩐
	玉	9획
	(유):寶(보배 보)	
珍味(진미) 음식의 썩 좋은 맛		
珍寶(진보) 진귀한 보배		

詩	시 시	4.2급/쓰
	言	13획
	뜻; 시, 악보, 노래하다	
詩歌(시가) 시와 노래		
詩題(시제) 시의 제목		

謠	노래 요	4.2급/야오
	言	17획
	(유):歌(노래 가)	
童謠(동요) 어린이의 정서를 표현한 정형시〈총칭		
民謠(민요) 민중의 생활 감정을 반영시킨 노래의		

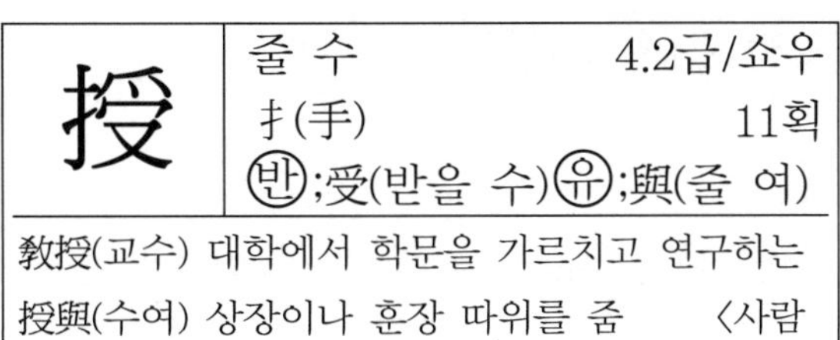

제6장에서는 첫음절 장음(:)을 표시하였습니다.

'한자급수시험'에서 첫음절 장음 문제가 많이 출제되며, 수험생들도 첫음절 장음 찾

기에서 失手를 많이 합니다.

'한자급수시험'을 준비하지 않더라도 정확한 발음을 내는 연습을 하여야 합니다.

지금까지 나오지 않은 4.2급 한자.

檀(215)   銅(212)   斗(206)   寺(208)

聲(203)   星(206)   承(192)   液(224)

玉(174)   製(202)   銃(204)   退(179)

包(196)   砲(204)

소양江 上:流에는 가을이면 붉은 단풍으로 옷을 입기로 有:名한 赤衣山이 있었다.

그 赤衣山 아래 赤衣邑 近:處 작은 漁村에 下氏 姓을 가진 漁夫가 살았다.

그는 나이 사십이 넘도록 子息을 보지 못하였다. 婦人이 子息을 점지받기 爲:하여 赤

衣山 정상에 있는 촛대 바위에서 百日기도를 드리던 中, 百 日이 끝나갈 무렵 꿈을 꾸

는데 하늘에서 龍이 온몸을 비틀고 용트림을 하며 벼락을 때리니 땅에 있던 두꺼비가

커다란 호박만 한 돌로 그 벼락을 막으며 湖水 속으로 숨어버렸다.

벼락을 맞은 돌은 異:狀한 광채를 내며 虛空을 날아 婦人의 치마폭에 떨어졌다.

異:常한 꿈을 꾸고 百日기도를 마친 婦人은 마을로 내려갔다.

그 後: 얼마 지나지 않아 婦人에게 태기가 있었으니 모든 部落 住:民은 赤衣山 산신

령이 점지하였다며 축하하였다.

남편 下氏는 원래 몸이 虛弱하여 항상 약을 달고 살았는데, 婦人이 태기가 있는지 三

個月 만에 世:上을 下:直하였다.

이에 홀몸이 아닌 下氏 婦人은 世:上을 살아갈 方便이 없어 임신한 몸이지만, 이웃 마

을인 赤衣邑에 사는 土氏와 再:婚하였다.

玉	구슬 옥	4.2급/위
	玉	5획
	㉕;石(돌 석)	
寶玉(보옥) 보석		
珠玉(주옥) 여럿 가운데 가장 아름답고 귀한 것		

氏	각시 씨	4급/쓰
	氏	4획
	뜻; 각시, 씨	
姓氏(성씨) '성'의 경칭 〈이르는 말		
叔氏(숙씨) 남의 셋째 형이나 셋째 아우를 높여		

龍	용 룡	4급/롱
	龍	16획
	㉕;竜	
龍頭蛇尾(용두사미) 처음은 왕성하나 끝이 흐지		
龍馬(용마) 썩 훌륭한 말 〈부지됨의 비유		

婚	혼인할 혼	4급/훈
	女	11획
	뜻; 혼인하다, 아내의 친정	
婚期(혼기) 혼인하기에 적당한 나이		
婚事(혼사) 혼인에 관한 일		

土氏는 마음이 비단결 같았지만, 그 역시 몸이 不實하였다.
10.174   21.74

婦人은 태기가 있은지 八 個月하고 15日 만에 아들을 順:產하였다.
161.6   14 32.6   9   74 88

婦人이 肉體的, 精神的으로 너무 많은 苦痛을 받아서 팔삭둥이를 得男하였던 것이다.
161.6   123.34.74 123.38.74   36.146   130.24

팔삭둥이 또한 몸이 健:康하지 못하여 인근 韓:藥房에서 좋다는 약을 너무 많이 먹어
                93 157   9 50.159

머리만 큼지막하였다. 누가 보아도 奇異하게 생겼으니 마을 住:民은 이 아이를 팔삭
                          28   22 7

둥이라고 불렀다.

의붓아버지인 土氏도 팔삭둥이가 10歲가 되기 前에 世:上을 下:直 하고 말았으니,
              10.174   70   18 27 18   30 29

팔삭둥이를 두 아버지의 姓:氏인 下氏와 土氏을 調合하여 玉이라고 불렀다.
                      23 174   30.174 10.174 83.59   174

마을 住:民 中에 心性이 좋은 사람은 '玉童子'라고 불렀지만, 大:多數 住:民은 그냥
     22 7 12 18.70   174.39.28   9 64.19 22 7

팔삭둥이 또는 '옥돌이'라고 불렀다.

玉童子는 成長하면서 어미의 짐을 조금이나마 들어주기 爲:하여 마을 書堂에서 雜심
174.39.28 40.11   116   38.40   128

부름을 하는 書堂 童子로 들어갔다.
            38.40 39.28

머리가 有:別나게 큰 玉童子는 마당 淸掃를 하면서도 글방에서 흘러나오는 글귀를 學
       25 37   174.39.28   52.154   12

童들보다 잘 외우며, 書堂 階段 아래 地面에서 練:習하였지만 筆體도 學童들보다 좋
39   38.40   36.32   87 41   99.34 12.39

았다.

學童 中에 마을 里:長의 맏아들인 '秀' 學童이 特히 어린 '玉'을 많이 챙겼다.
12.39 12   31 11   12.39 37   174

<table>
<tr><td>奇</td><td>기이할 기   4급/치
大   8획
뜻; 기이하다, 뛰어나다, 거짓</td></tr>
</table>

奇	기이할 기　　　4급/치 大　　　8획 뜻; 기이하다, 뛰어나다, 거짓
	奇物(기물) 진귀한 물건 奇人(기인) 성질·언행이 기이한 사람

階	섬돌 계　　　4급/찌에 阝(阜)　　　12획 ㊠;段(계단 단)層(층 층)
	階層(계층) 사회를 형성하는 여러 층 階級(계급) 지위·관직 등의 등급

段	층계 단　　　4급/딴 殳　　　9획 ㊠;階(섬돌 계)
	分段(분단) 몇 단계로 나눔 手段(수단) 일을 처리해 나가는 솜씨와 꾀

秀	빼어날 수　　　4급/씨우 禾　　　7획 ㊠;優(넉넉할 우)
	優秀(우수) 여럿 가운데 뛰어나고 빼어남 特秀(특수) 특별히 다름

어린 玉童子는 박복하여 玉童子가 10歲를 넘기자 어머니도 두 남편의 뒤를 따라갔다.
174.39.28   174.39.28   70

天下 孤兒가 된 玉童子는 書堂에서 寄居하며 살게 되었다.
34.30 112.39   174.39.28 38.40   154

玉童子는 먹을 것도 비참하였고 잠자리도 不便하였지만, '秀' 學童이 때때로 먹을 것
174.39.28   21.27   175 12.38

과 입을 것을 챙겨 주었다.

玉童子는 '秀' 學童을 親兄처럼 따랐고, '秀' 學童 역시 玉童子를 書堂 머슴이 아닌
174.39.28 175 12.38 59.11   175 12.38   174.39.28 38.40

親兄弟로 대하였다.
59.11.11

어깨너머로 배운 工夫지만 玉童子가 너무 英特하여, 書堂 先生이 工夫 時間만큼은 玉
20.15   174.39.28   64.37   38.40 8. 8 20.15 22.22   174

童子도 階段이 아닌 글방에서 함께 배울 수 있도록 양해하자 玉童子 實力이 日就月將
39.28 175.175   174.39.28 74.24 9 6.77

하였다.

玉童子가 書堂에 들어온 지 拾 年쯤 되어 玉童子 나이가 二:拾 歲가 되었을 때 天下
174.39.28 38.40   15   174.39.28   15 176 70   34.30

가 三分되고 書堂에서 가장 親했던 '秀' 學童이 天나라로 갔다.
9.54   38.40   59   175 12.38 34

玉童子는 '秀' 義兄이 世:上으로 나간 後: 더욱 熱心히 일하고 工夫하며 바쁜 나날을
174.39.28 175 154.11 27 18   26   87.18   20.15

보냈다.

'秀' 義兄과 離別한 지 五: 年이 지났다. 玉童子 나이가 二:拾五: 歲가 되었다.
175 154.11 37   9 15   174.39.28   15 76.9 70

近:來 몇 年 前부터 玉의 마음은 저 넓은 世:上에 있었다.
40 32 15 18   174   27 18

얼른 많이 배워 '秀' 義兄이 있는 天나라로 가서 雄志를 펴보고 싶어 밤잠을 설친 날
175 154.11   34   71.114

寄	부칠 기　　　　　　　　4급/지 宀　　　　　　　　　　11획 (유);與(줄 여)
寄生(기생) 스스로 생활하지 않고 남을 의지하여 寄宿(기숙) 남의 집에서 먹고 자고 함　〈생활함	

就	이룰 취　　　　　　　4급/지우 尤　　　　　　　　　　12획 (유);進(나아갈 진)
就任(취임) 맡은 자리에 처음으로 나아감 成就(성취) 목적한 바를 이룸	

拾	주울 습/열 십　　　　3.2급/쓰 扌(手)　　　　　　　　9획 뜻; 줍다, 거두다, 열
拾得(습득) 주워서 얻음 拾萬(십만) 만(萬)의 열 배가 되는 수효	

離	떠날 리　　　　　　　　4급/리 隹　　　　　　　　　　19획 (반);合(합할 합) (유);散(흩을 산)
分離(분리) 서로 나뉘어 떨어짐 離職(이직) 직업을 잃거나 직장을 떠남	

이 하루 이틀이 아니었다.

하루는 스승님이 玉童子를 불러놓고
174.39.28

"'玉'은 들어라! '秀'는 네 나이에 書堂을 떠나 世:上으로 나갔다.
174   175   38.40   27 18

'玉'의 學文이 이미 '秀'의 才能을 뛰어넘은 것을 내가 익히 알고 있으나 '秀'는 學
174   12.22   175   62.69   175   12

文 以:外로 다른 才能이 있다. '秀'가 가진 傑出한 社交性과 외모가 모자라는 學文을
22 70 15   62.69   175   30   48.58.70   12.22

보충할 수가 있어 世:上으로 보냈던 것이다.
            27 18

'玉'은 學文은 特出하지만, 외모나 社交性은 '秀'에 미치지 못한다. 너의 學文은 이미
174   12.22   37.30   48.58.70   175   12.22

스승인 나를 넘어서고 있다.

내 意中은 이렇다. 太白山 깊은 곳 內:太白에 있는, 머리가 길고 희다 하여 俗世人들
   59.12   39. 8. 9   17 39.8   121.27.6

이 白髮道:士라고 부르는 분에게 소개장을 써 줄 테니 그곳에 가서 더 많은 工夫를
   8 19 43   20.15

한 다음에 이 書堂을 맡는 것이 어떠하겠느냐?"
          38.40

事:實 스승님은 玉童子가 世:上에 나가는 것을 걱정하고 念:慮하였다.
24 74   174.39.28 27 18   97

어려서부터 있는 苦生, 없는 苦生을 다하여 學文은 어느 境地까지 도달하였지만, 지금
            36.8   36.8   12.22   85.36

같은 亂:世에는 '玉'이 待:接을 받기 어려울 것 같아 太白山 白髮道:士의 弟:子로 두
   163 27   174   73 141   39.8.9 8.177.19 43   11 28

었다가 學文을 더 익혀, 世:上에 이름을 顯:名하지 말고 작은 部落의 書堂이지만 이
     12.22   27 18   18   44.80   38.40

書堂을 맡아 조용히 살아갔으면 하는 것이 스승님의 생각이었다.
38.40

傑	뛰어날 걸	4급/지에
	イ(人)	12획
	뜻; 뛰어나다, 크다, 빼어나다	
傑作(걸작) 썩 훌륭한 작품		
傑出(걸출) 남보다 훨씬 뛰어남		

髮	터럭 발	4급/파아
	髟	15획
	㊒;毛(털 모)	
毛髮(모발) 사람의 머리털		
理髮(이발) 머리털을 깎아 다듬음		

慮	생각할 려	4급/뤼
	心	15획
	㊒;考(생각할 고)念(생각 념)	
憂慮(우려) 근심과 걱정		
考慮(고려) 생각하고 헤아려 봄		

顯	나타날 현	4급/시엔
	頁	23획
	㊒;現(나타날 현)㊎;顕	
顯考(현고) 돌아간 조상의 첫머리에 쓰는 말		
顯貴(현귀) 지위가 드러나게 높고 귀함		

玉童子가 썩 반기지 않는 눈치라, 스승님이 추천서를 써주며
174.39.28

"내가 할 수 있는 것은 여기까지니 나머지는 네가 알아서 處:身하여라.
132 34

나는 달포 가량 그동안 만나지 못했던 親舊들이나 만나며 世:上 遊覽이나 해야겠다."
59.99   27 18 157

하고 그날 저녁에 훌쩍 떠나 버렸다.

玉童子도 스승님의 뜻을 헤아렸지만, 男兒가 二:拾 歲를 넘기면 天下에 뜻을 두고 雄
174.39.28   24.39   15 132 70   34.30   71

志를 펴라고 배웠는데 이 좁은 部落의 書堂이 눈에 들어오지 않았다.
114   44.80   38.40

다음 날 아침 玉童子는 스승님이 안 계신 書堂이지만, 書堂 마당에서 글방 쪽으로 큰
           174.39.28   38.40   38.40

절을 한 번 올리고 天나라로 向:하였다.
           34   50

하지만 스승님은 어제저녁 客地로 出他한 것이 아니라, 혹시나 '玉'의 마음에 傷處를
                    94.36   30.91   174   57

줄까 봐 그랬던 것이고 事:實은 書堂에서 '玉'의 큰절을 받으며 울고 있었다.
                   24 74   38.40   174

어찌 스승의 雄志를 弟:子가 헤아릴 수 있겠는가?
          71.114   11 28

마찬가지로 어찌 父母의 仁愛한 뜻을 子息이 헤아릴 수 있겠는가?
              15.15   64   28.124

그래서 君師父一體라 하였다. 나라의 임금도 父母나 스승과 마찬가지다.
      81.15.14.34   15.15

玉童子가 天나라 宮城 앞에 다다르니 健:壯한 軍卒들이 番을 쓰는데 '玉'이 옆에 가
174.39.28   34   150.40   93 145   6.72   45   174

도 神經을 쓰지 않았다.
   38.117

<table>
<tr><td rowspan="3">覽</td><td>볼 람</td><td>4급/란</td></tr>
<tr><td>見</td><td>21획</td></tr>
<tr><td colspan="2">㊝;觀(볼 관)察(살필 찰)</td></tr>
<tr><td colspan="3">觀覽(관람) 연극·영화·경기·미술품 따위를 구경함</td></tr>
<tr><td colspan="3">回覽(회람) 글 따위를 여럿이 차례로 돌려 봄</td></tr>
</table>

<table>
<tr><td rowspan="3">傷</td><td>다칠 상</td><td>4급/상</td></tr>
<tr><td>亻(人)</td><td>13획</td></tr>
<tr><td colspan="2">㊝;害(해할 해)</td></tr>
<tr><td colspan="3">傷害(상해) 상처를 내어 해를 입힘</td></tr>
<tr><td colspan="3">損傷(손상) 깨지거나 상함</td></tr>
</table>

<table>
<tr><td rowspan="3">仁</td><td>어질 인</td><td>4급/런</td></tr>
<tr><td>亻(人)</td><td>4획</td></tr>
<tr><td colspan="2">뜻; 어질다, 자애, 동정</td></tr>
<tr><td colspan="3">仁者(인자) 마음이 어진 사람</td></tr>
<tr><td colspan="3">仁德(인덕) 어진 덕</td></tr>
</table>

<table>
<tr><td rowspan="3">君</td><td>임금 군</td><td>4급/쥔</td></tr>
<tr><td>口</td><td>7획</td></tr>
<tr><td colspan="2">㊫;臣(신하 신)㊝;主(주인 주)</td></tr>
<tr><td colspan="3">君子(군자) 학식과 덕행이 높은 사람</td></tr>
<tr><td colspan="3">聖君(성군) 덕이 아주 뛰어난 어진 임금</td></tr>
</table>

軍卒들 눈에는 玉童子가 머리만 큼지막한 兒童으로 보였나 보다.

"여보시오! 초병.

소양江 上:流 赤衣邑에서 온 '秀'라는 사람을 面:會할 수 있소?"

초병이 仔(子)細히 보니 나이가 24~5歲쯤 되어 보이는 成人이 아닌가.

"그 어른을 왜 찾소?"

"그 사람이 故鄕 同門 형님인데 좀 만나게 해 주시오."

순간 초병의 態:度가 달라지며 玉童子를 초병 막사에 모셔 優待하며

"아까는 내가 失禮를 했소. 잠시만 기다리시오." 하고는 어디론가 달려갔다.

잠시 後: 초병이 왔는데, 뒤편으로 금빛 두건을 쓴 사람이 왔다. 그는 '秀'가 아닌가?

형님은 형님인데 過:去의 형님이 아니다.

"아이고! 형님. 나 '玉'이요, '玉'. 형님의 姿態를 보니 出世하셨소."

"'玉' 아우 왜 이제야 오는가? 이 亂:世에"

두 義:兄弟가 五:年 만에 만나 긴 밤을 새우며 歡談을 즐겼다.

다음날 '秀'는 登廳하고 '玉'은 시골 村:夫가 서울 觀光하듯이 天나라 宮城을 觀覽하

며 하루를 보냈다.

저녁에 退:廳한 '秀' 七品士가 말하기를

<table>
<tr><td>優</td><td>넉넉할 우   4급/요우
亻(人)   17획
㊠;秀(빼어날 수)良(좋을 량)</td><td>姿</td><td>맵시 자   4급/즈
女   9획
㊠;態(모양 태)</td></tr>
<tr><td colspan="2">優秀(우수) 여럿 가운데 뛰어나고 빼어남
優等(우등) 훌륭하게 빼어난 등급</td><td colspan="2">姿勢(자세) 몸을 움직이거나 가누는 모양
雄姿(웅자) 웅장한 모습</td></tr>
<tr><td>歡</td><td>기뻐할 환   4급/환
欠   22획
㊠;樂(즐길 락)喜(기쁠 희)㊠:歡</td><td>退</td><td>물러날 퇴   4.2급/튀이
辶   10획
㊫;進(나아갈 진)</td></tr>
<tr><td colspan="2">歡樂(환락) 기쁘고 즐거움
歡呼(환호) 기뻐서 큰 소리로 고함을 지름</td><td colspan="2">退去(퇴거) 거주를 옮김
後退(후퇴) 뒤로 물러남</td></tr>
</table>

"내일 아침 朝堂에서 아우를 天王에게 천거하기로 하였으니 한번 잘 해보세."

아침 朝堂 會:議에서 '秀' 七品士는 天王이 '玉'을 推擇하길 바라면서

"여기 '玉' 아우는 저와 함께 同門受學한 사이며, 學問이나 才能은 小:人보다 拾 步,

二:拾 步 앞서 가는 人才라 天王께 천거합니다."

天王은 '秀' 七品士의 同門이라고 하여 대단한 人物로 알고 要職을 委任하려고 期待

가 컸는데, 千字文이나 겨우 마쳤을 것 같은 머리만 큰 異:狀하고 요상하게 생긴 人物

이 아닌가?

天王이 시큰둥한 마음에 '玉'을 물러나게 하고 會:議를 한다. 現:在 大:部分의 臣下가

'秀' 七品士를 警:戒하고 시기하는 處:地인데, 한술 더 떠 同門受學한 후배까지 合致

는 것을 어느 臣下가 좋아하겠는가?

이때 한 臣下가 한 발 앞으로 나서며

"天王 전하! '玉'의 能力을 잘 모르고 現:在 空席으로 있는 職級도 없으니 어디 閑職

에 보냈다가 機會를 봐서 適材適所에 쓰심이 어떠하실는지요."

天王은 안 그래도 玉童子가 마음에 들지 않았는데, 그 말에 기다렸다는 듯이

"그럼 일단 '玉'을 마구간의 馬:房長으로 보내라."

玉'은 天王의 名馬를 보살피는 馬:房에서 일하게 되었다.

<table>
<tr><td>

推

옮길, 밀 추   4급/퉤어
扌(手)   11획
뜻; 옮기다, 천거하다, 받들다

隹(꽁지 없는 새 추)를 손(扌)으로 옮긴다
推進(추진) 진척되도록 밀고 나아감

</td><td>

擇

가릴 택   4급/저
扌(手)   16획
㊀:選(가릴 선)採(캘 채)㉹:択

擇日(택일) 어떤 일을 치를 때 좋은 날짜를 고름
選擇(선택) 여럿 가운데서 필요한 것을 골라 뽑음

</td></tr>
<tr><td>

委

맡길 위   4급/웨이
女   8획
뜻; 맡기다, 버리다, 따르다

委員(위원) 특정한 사항의 처리를 위임받은 사람
委去(위거) 버리거나 버리고 감

</td><td>

閑

한가할 한   4급/시엔
門   12획
뜻; 한가하다, 막다, 닫다

閑暇(한가) 바쁘지 않아 겨를이 있음
閑散(한산) 한가하고 쓸쓸하다

</td></tr>
</table>

玉童子는 아무리 생각해도 天王이 사람도 判別할 줄 모르는 보통 사람인 것 같았다.
174.39.28   34. 7   37

玉童子는 이제야 스승님의 訓:話가 뼛속까지 새겨지며 후회가 밀려왔다.
174.39.28   140 23

玉童子는 그날부터 一週日間 天王의 名馬를 굶겼다.
174.39.28   14.91. 9. 22 34. 7   18.36

一週日을 굶은 天王의 名馬는 皮骨이 相接한 망아지 꼴이 되었다.
14.91. 9   34. 7   18.36   171   79.141

그런 다음 玉童子는 便:紙 한 장을 써놓고 어디론가 사라졌다.
            174.39.28   27 20

[天王 보시오!]
34. 7

여기 天王의 名馬가 비록 一週日을 굶어 비루먹은 망아지 꼴이 되었지만, 그래도 分
        34. 7   18.36   14.91. 9   54

明한 事實은 名馬는 굶어도 名馬요.
48   24.74 18.36   18.36

내가 비록 아직 天下를 號:令할만한 大:器가 아니지만, 分明한 것은 天王이 本人과 이
               34.30 63 84   9 119   54.48   34. 7   46.6

렇게 헤어진 것을 크게 후회할 날이 꼭 올 것이요.

그럼 다시 만날 因緣이 있기를.   玉]
              93   174

玉童子가 호기 있게 天나라를 나왔지만, 그렇다고 赤衣邑의 書堂으로 갈 수도 없었다.
174.39.28   34   69.34.31 38.40

玉童子는 할 수 없이 疲困한 몰골로 內:太白 깊은 골짜기의 白髮道:士를 찾아 나섰다.
174.39.28   163   17 39.8   8.177.19 43

玉童子는 世:上에 대한 욕심을 버리고 白髮道:士를 師父님으로 모시고 오직 學問에만
174.39.28 27 18   8.177.19 43   81.15   12.29

判	판단할 판	4급/판
	⺉(刀)	7획
	뜻; 판가름, 나누다, 구별하다	
判斷(판단) 사물의 진위, 선악 등을 생각하여 정함		
判決(판결) 시비나 선악을 판단하여 결정함		

骨	뼈 골	4급/구우
	骨	10획
	반;肉(고기 육)	
骨格(골격) 어떤 사물이나 일의 기본이 되는 틀		
骨彫(골조) 건물의 주요 구조체가 되는 뼈대		

緣	인연 연	4급/위엔
	糸	15획
	유;由(밀미암을 유)	
緣分(연분) 하늘에서 베푼 인연 〈관계		
緣故(연고) 혈통·정분 또는 법률상으로 맺어진		

疲	피곤할 피	4급/피
	疒	10획
	뜻; 지치다, 노쇠하다, 앓다	
疲勞(피로) 지침, 고단함		
疲民(피민) 피폐한 백성		

일로매진하였다.

赤衣邑의 스승님도 훌륭하였지만, 이곳 白髮道:士 師父님의 學問은 書堂에서 배우던
69.34.31   8.177.19 43 81.15   12.29   38.40

學問과는 또 다른 것이었다.
12.29

모든 世:上을 通察할 수 있는, 뭐라고 形容할 수 없는 그런 學問이었다.
      27 18   43.80   41.105   12.29

어느덧 겨울이 세 번이 지나고 다시 봄이 찾아왔다.

玉童子는 그간 白髮道:士님에게서 배운 神技로운 妙:法을 모두 整:理하여 한 卷의 冊
174.39.28   8.177.19 43   38.41 39   42

을 역었다.

後:世 사람들은 이 책을 '玉'이 冊을 역었다고 하여 玉篇이라 불렀다.(믿거나 말거나)
26 27   174 182   174

春三月 어느 봄날, 白髮道:士 師父님께서 玉을 불러서 말하기를
17.9. 6   8.177.19 43 81.15   174

"내가 너에게 가르쳐 줄 수 있는 것은 모두 傳受하였다.
                                73.145

이제 '玉' 너는 世:上 어디를 가도 才能을 認定받게 되었다.
     174   27 18   62.69 110.42

부디 人命을 해치는데 才能을 使:用하지 말아라."
     6. 29   62.69   50 41

"네."

妙	묘할 묘 4급/미아오 女 7획 뜻; 묘하다, 젊다, 멀다
	妙技(묘기) 절묘한 기술과 재주
	妙法(묘법) 기묘한 방법

整	가지런할 정 4급/정 攵 16획 뜻; 정돈되다, 우수리 없는 모양
	整備(정비) 정돈하여 갖춤
	整然(정연) 가지런하고 정리되어 있음

卷	책 권 4급/취엔 己 8획 뜻; 책, 말다, 굽다
	卷頭(권두) 책의 첫머리.
	卷子(권자) 두루마리로 된 책

冊	책 편 4급/처 冂 5획 ㊒;書(글 서)
	書冊(서책) 책
	別冊(별책) 따로 나누어 엮어 만든 책

篇	책 편 4급/피엔 竹 15획 뜻; 책
	篇法(편법) 시문을 짓는 방법
	全篇(전편) 한 편의 시문(詩文)이나 서적의 전체

"그럼……."

한순간 白髮道:士 師父님이 거짓말처럼 구름같이 사라졌다.

'玉'은 깨달음이 있어 이번에 世:上으로 나가면 누구에게도 身世를 지지 않고 자신의

힘으로 처음부터 一 步, 一 步씩 나아가기로 決心하고 地나라로 向:하였다.

玉의 외모는 지금이나 옛날이나 별반 다를 것이 없지만, 눈빛이라든지 外:部로 풍기

는 威嚴이라 할까, 경륜이라 할까. 小:木과 老:松의 듬직함의 비교라할까?

左:右間 天나라에 갔을 때와는 完然한 差異가 났다.

地國에 到:着하여 石洞 運:河를 건너니 石洞橋 部落은 規模가 큰 都市와 같았다.

石洞橋 옆 二:層 建:物은 커다란 官廳과 같은 氣分이 들었다.

玉童子가 그곳에 들어가니 地國에 처음 오는 사람 全員은 自發的으로 入國 申告를 하

여야 한다며, 이것을 위반하면 國境을 월경한 罪:目으로 큰 處:罰을 받는다고 하였다.

申告書에는 地나라에 온 目的과 用:務를 仔細히 記錄하게 되어 있었다.

또 한 쪽 壁面에는 아주 큼지막하게 人材를 모집하는 公告도 붙어 있다.

[모집 公告]

1. 事:務에 從事할 사람 ⟶ '士' 재상을 찾아가시오.

松	소나무 송	4급/송
	木	8획
	뜻; 소나무, 장수	
松林(송림) 소나무 숲		
松花(송화) 소나무의 꽃 또는 그 꽃가루		

模	법 모	4급/모
	木	15획
	㉴;範(법 범)	
模造(모조) 모방하여 만듦		
模刻(모각) 조각 작품을 그대로 본떠 새김		

層	층 층	4급/청
	尸	15획
	㉴;階(섬돌 계)	
層階(층계) 층층이 높이 올라가게 만들어 놓은 설		
單層(단층) 단 하나의 층 〈비, 계단		

從	좇을 종	4급/총
	彳	11획
	㉫;主(주인 수)㉪;從	
從屬(종속) 주가 되는 것에 딸려 붙음		
從前(종전) 이전, 지금보다 이전		

2. 軍務에 從事할 사람 ⟶ '朴' 上:將軍을 찾아가시오.
   6.115   183.24   73 18 77.6

3. 技術 部門에 從事할 사람 ⟶ '鐵' 社長을 찾아가시오.
   41.41 44.10 183.24   87 48.11

4. 商業에 從事할 사람 ⟶ 地球第:一食堂을 찾아가시오.
   66.43 183.24   36.65.44 14.28.40

＊모든 사람은 事:務處에서 通行證을 發給받아야 목책을 通過할 수 있음 ＊
     24 115.132   43.43   30.103   43.87

'玉'은 지금 같은 亂:世에 軍務에서 自身의 才能을 보여 天나라의 '秀' 형님과 쌍벽
 174   163 27   6.115   25.34 62.69   34   175

을 이루리라 決心하였다.
        71.18

이때쯤 '秀' 義:兄은 월남江 河口의 海:賊을 討伐하고 이미 三品士가 되어 있었다.
     175 154 11   17 92.20   19 98 129.129   9. 37.43

'朴' 上:將軍과의 面:接 後: '玉'은 萬:石洞 入口의 좁은 계곡에 設置된 목책에서 초
 73 18 77.6   32 41 26   174   9 49.25 20.20   92.82

병 勤:務부터 始:作하게 되었다.
  141 115   61 61

軍隊에서 第:一 卒兵이 하는 그런 職級이었다.
 6.132   44 14 72.52   29.51

그렇지만 '玉' 軍卒이 누구인가?
       174   6.72

'玉' 軍卒은 勤:務 時間 以:外에도 南山, 北山을 비롯하여 地나라의 모든 地形이나,
 174 6.72   141 115 22.22 70 15   10. 9 10. 9   36   36.41

季:節의 變:化와 地國 周圍에서 자라는 나무들의 特性까지도 심지어 풀 한 포기까지
 75   88 88 36.7   37.70

도 全部 確認하는 등 치밀하게 後:日을 期約하였다.
 31.44 140.110   26 9 42.93

證	증거 증	4급/정
	言	19획
	약;証	
證據(증거) 증명할 수 있는 근거 〈부정하는 일		
反證(반증) 어떤 사실이나 주장에 대해 증거를 들어		

季	끝, 계절 계	4급/지
	子	8획
	뜻; 끝, 막내, 계절, 젊다	
季刊(계간) 춘하추동으로 나누어 1년에 네 번 발		
冬季(동계) 겨울철 〈간함		

周	두루 주	4급/조우
	口	8획
	뜻; 고루 미치다, 둘레	
周親(주친) 더할 수 없이 친한 사이		
周行(주행) 여러 곳을 두루 돌아다님		

圍	둘레 위	4급/웨이
	口	12획
	약;囲	
包圍(포위) 주위를 둘러 에워쌈		
範圍(범위) 한정된 구역의 언저리		

또 '玉'이 비록 警:戒兵이지만, '士' 재상이 勤:務하는 官廳에도 수시로 出入하였다.
174　135 135.52　10　141 115　109.164　30.20

'玉'은 必要한 것은 무엇이든지 모두 參考하여 記錄하였다.
174　72.72　75.69　31.155

'玉' 軍卒이 地나라에 入國한 지 얼마 되지 않았지만, 石洞 部落의 原住民보다도, 어
174　6.72　36　20.7　49.25 44.80　4. 22.7

떤 面:에서는 驚歎할 程度로 아는 것이 많았다.
32　121.35

하루는 '玉' 軍卒이 목책 勤:務를 하는데 저 멀리서 樣態가 異:狀하게 보이는, 農夫
174　6.72　141 115　134 128 134　24.15

服裝 차림을 한 사람이 다가오고 있었다.
34.134

'玉' 軍卒이 누구인가. 太白山 白髮道:士에게서 神通力도 習得한 '玉'이 아닌가.
174　6.72　39.8. 9　8.177.19 43　38.43.24　41.130　174

다가오는 農軍 차림의 사람을 有:心히 觀察하던 '玉' 軍卒이 그 사람을 檢:問하였다.
24.6　25 18　80.80　174　6.72　152 29

"여보시오! 거기 가는 農軍은 이리 오시오."
24.6

술에 취한 듯 뒤뚱뒤뚱하며 가던 그 農軍은
24.6

"나 말이요? 딸꾹."

"그렇소. 이리로 오시오!"

그러자 舌戰을 하던 그 農軍이 뒤도 안 보고 逃亡쳤다.
35　24.6　167.67

'玉' 軍卒이 누구인가! 太白山에서 修練한 날랜 몸으로 어렵지 않게 그 農軍을 잡았다.
174　6.72　39.8. 9　159.87　24.6

"너, 이 녀석! 어느 나라 間:者냐?"
22　26

<table>
<tr><td>驚</td><td>놀랄 경　　4급/징
馬　　23획
뜻; 놀라다, 빠르다, 떠들다</td><td>歎</td><td>탄식할 탄　　4급/탄
欠　　15획
뜻; 읊다, 탄식하다, 신음하다</td></tr>
<tr><td colspan="2">驚異(경이) 놀라서 이상히 여김
大驚(대경) 크게 놀람</td><td colspan="2">歎聲(탄성) 탄식하는 소리　　〈바람
歎願(탄원) 사정을 자세히 말하고 도와주기를 몹시</td></tr>
<tr><td>樣</td><td>모양 양　　4급/양
木　　15획
㊨;態(모양 데) ㊐;樣</td><td>舌</td><td>혀 설　　4급/써
舌　　6획
㊨;口(입 구)</td></tr>
<tr><td colspan="2">模樣(모양) 겉으로 나타나는 생김새나 모습
樣相(양상) 생김새, 모습, 모양</td><td colspan="2">舌端(설단) 혀끝
筆舌(필설) 붓과 혀라는 뜻으로, 글과 말의 일컬음</td></tr>
</table>

그제야 異:象한 낌새를 알아챈 동료 초병들이 따라와 合勢하였다.

酒客인 듯한 農軍 차림의 사람을 목책 守門將에게 데려가, 몸을 수색하니 酒器로 위

장한 곳에서 비수와 살 길이가 짧은 暗:殺用 화살 등이 나왔다.

심문한 結果 그 사람은 農軍으로 變:裝한 天나라의 間:者였다.

'朴'上:將軍이 '玉'軍卒을 불러 어떻게 잡았는지 確認을 하는데, 實로 '玉'軍卒의

명석한 判斷에 혀를 내 두를 地境이었다.

'玉'軍卒이 대답하기를

"멀리서 다가오는 農軍의 옷차림이 너무 端整하여 分明히 農事를 짓는 사람이 아니

고, 때가 初여름이고 한낮의 더운 날씨에도 옷을 잘 여민 것은 옷 속에 무엇인가를 감

추었다는 것을 意味하며,

武器를 감추었다면 비수(匕; 비수 비)가 아니면 護:身用이나 暗:殺用 화살(矢; 화살

시) 程度가 分明하겠고, 罪:를 짓거나 心的으로 不安한 사람은 檢:問이 두려워 本人도

모르게 고개를 옆으로(ㄱ) 돌려 標示가 나며, 甚하면 걸음걸이도 뒤뚱뒤뚱하게 걷게

(疋; 짝 필, 발 소 = 足과도 같은 뜻) 됩니다.

이것을 調合하면 의심 의(疑)가 됩니다."

象	코끼리 상	4급/쌍
	豕	12획
	뜻; 코끼리, 상아, 모양	
象形(상형) 시늉, 형상 〈말함		
表象(표상) 지각 표상 · 기억 표상 등을 총괄하여		

酒	술 주	4급/지우
	酉	10획
	뜻; 술, 잔치	
酒家(주가) 술집		
酒店(주점) 술집		

標	표할 표	4급/피아오
	木	15획
	뜻; 표, 적다, 기둥	
標本(표본) 본보기가 되는 물건		
標準(표준) 사물의 정도를 정하는 목표		

疑	의심할 의	4급/이
	疋	14획
	뜻; 의심하다, 정해지다, 본뜨다	
疑心(의심) 믿지 못해 이상히 여기는 마음이나 생		
容疑(용의) 범죄의 혐의 〈각		

이 일로 ‘玉’ 軍卒은 훈장을 授與 받고, 地나라 建:軍 이래 가장 큰 功績이라 모든 軍
174 6.72 172.169 36 73 6 66.161 6

卒의 模範이 되라는 뜻에서 목책 守門將이 되었다.
72 183 148.10.77

목책 守門將으로 있던 上:官도 덩달아 進:級하여 더 높은 職責으로 옮겼다.
148.10.77 18 109 118 51 129.75

‘玉’ 이라는 軍卒이 間:者를 잡고 목책 守門將이 되었다는 所:聞이 퍼지면서, 間:者들
174 6.72 22 62 148.10.77 24 43 22 62

은 地나라의 石洞 部落까지 犯:接하기를 꺼렸다.
36 49.25 44.80 141

한편, 天나라는 월남江 以:南까지 討伐을 마쳐 領域이 上:帝님의 天上國에 못지않을
34 17 70 10 129.129 93.160 18 167 34.18. 7

程度로 廣:大하였으며, 이제 남은 地域은 地國과 人國만 남은 狀態였다.
121.35 73 9 36.160 36. 7 6. 7 134.134

三 國 사이의 힘의 均等이 깨지게 되었고, 地國은 隱然中에 天나라의 彈:壓을 느꼈다.
9 7 66 36. 7 159.31.12 34 44

天나라의 七品士였던 ‘秀’ 는 월남江 ‘호’ 海:賊 平定에 이바지한 功勞를 認定 받아
34 15.37.43 175 17 18 98 27.42 66.75 110.42

急速히 進:級하여 어느덧 三品士가 되었다.
35.35 118 51 9. 37.43

‘秀’ 三品士는 文官이지만, 能力을 認定 받아 武:官이 맡는 國防次官에 就:任하였고
175 9. 37.43 22.109 69.24 110.42 133 9 7.114.105.109 176 72

國際 情勢를 擔當하는 責任者가 되었다.
7.175 66.132 152.74 75.72.62

따라서 ‘秀’ 三品士는 地나라와 人나라에 많은 間:者를 보냈다.
175 9. 37.43 36 6 22 62

人나라는 軍事力이 弱해도 天上의 上:帝님도 있고 하여 敢:히 함부로 하지 못하지만,
6 6. 24.24 65 34.18 18 167 133

地나라는 다음 相對로 생각하여 많은 첩자를 보냈다.
36 79.60

範	법 범	4급/판
	竹	15획
	㉤:規(법규 규)模(법 모)典(법 전)	
示範(시범) 모범을 보임		
範圍(범위) 한정된 구역의 언저리		

犯	범할 범	4급/판
	犭(犬)	5획
	㉤:侵(침노할 침)	
犯行(범행) 범죄 행위를 함		
侵犯(침범) 남의 권리·영토 따위를 침노하여 범함		

均	고를 균	4급/쥔
	土	7획
	㉤:等(같을 등)	
均一(균일) 차이가 없음		
平均(평균) 많고 적음이 없이 균일하게 한 것		

彈	탄알 탄	4급/판
	弓	15획
	㉣:弾	
彈皮(탄피) 탄알이나 포탄의 껍데기		
彈藥(탄약) 탄환과 화약의 총칭		

‘玉’ 守門將은 天나라의 異:狀 行動에 對:하여 그동안 혼자 調査하였던 資料로 미리
看破하고 있었다.

‘玉’ 守門將이 이런 모든 資料를 參考하여 ‘朴’ 上:將軍과 數:차례 面:談하였고,

‘朴’ 上:將軍도 혼자 고민하기에는 너무 어려운 問:題라 ‘土’ 재상과 여러 차례 討:議한 狀態였다.

‘土’ 재상도 問:題의 深刻性을 理:解하고 地王과 相議 한 結果, 地王은 ‘玉’ 守門將에 對:하여 큰 好:感을 갖게 되었다.

地나라도 天나라의 事:情에 對:하여 有:意 注:視하고 있었다.

地王 역시 天王의 資質을 익히 알고 있었기에 繼:續해서 天나라의 動:態를 파악하고 힘의 均等이 깨지는 것을 念:慮하던 中이었다.

地나라는 情報員을 보내지 않고, 모든 情報 收集을 商人에게 依存하였다.

원래 商人들은 情報가 빠르고 情報 批:判力도 대단하다.

하지만 軍事 情報에 對:하여서는 不足함이 많았다.

地王은 이런 狀態에서 ‘玉’ 守門將과 같은 人物이 地나라에 있다는 것을 마음속으로 대단히 기뻐하였다.

어느 날 ‘朴’ 上:將軍으로부터 報:告가 들어 왔다.

資	재물 자	4급/ズ
	貝	13획
	뜻; 재물 재화, 장사하다, 돕다	
資金(자금) 사업을 경영하는 데에 쓰는 돈		
資材(자재) 무엇을 만드는 근본이 되는 재료		

看	볼 간	4급/간
	目	9획
	뜻; 보다, 방문하다, 지키다	
看過(간과) 대충 보아 넘김		
看護(간호) 환자나 노약자 등을 보살펴 돌봄		

依	의지할 의	4급/이
	亻(人)	8획
	유;據(근거 거)	
依支(의지) 다른 것에 몸을 기댐		
歸依(귀의) 돌아가 의지함		

批	비평할 비	4급/피
	扌(手)	7획
	유;評(비평할 평)	
批答(비답) 상소에 대한 임금의 하답 〈하는 일		
批評(비평) 사물의 선악·시비·미추를 평가하여 논		

'玉' 守門將의 建:議에 따르면 現:在 石洞 入口의 목책은 模樣새만 있을 뿐 實際로

國家 防衛에는 아무런 保:護 裝置가 되지 않으므로 더 튼튼한 石壁으로 城을 쌓아 他

國에 警:鐘을 울려야 한다는 것이었다.

地王은 즉시 '玉' 守門將을 入宮하게 하라고 명령을 내렸다.

地王과 '玉' 守門將의 첫 對:面이었다.

地王이 '玉' 을 보는 순간 외모는 정말 보잘것없었지만, 눈에서 發散하는 眼光이며 全

身에서 풍기는 人品이 威壓感을 느낄 程度였다.

地王은 마음속으로 驚歎하고 歡迎하며, 本人도 모르게

"'玉' 은 여기 上:席으로 와서 便히 앉으라."

해가 저무는 줄도 모르고 地王과 '玉' 의 面:談 時間이 이어졌다.

두 사람은 國政뿐만 아니라 軍事 關係나 國家 間의 關係 등을 논의하였고, 面:談은 다

음 날 아침에서야 끝이 났다.

地王은 軍事 關係도 重:要하지만, '玉' 이 多方面에 廣:大한 智識이 있다는 것을 알고

참된 指導者와 훌륭한 政治家에 관한 '玉' 의 視:覺을 알고 싶었다.

"'玉' 은 들어라!

本是 짐이 天上國의 大:將軍이라 軍事 業務는 自信이 있으나 한 나라를 다스리는 참

鐘	쇠북 종	4급/종
	金	20획
	뜻; 종, 기계	
鐘閣(종각) 큰 종을 달아 두는 누각		
鐘鳴(종명) 종이 울림		

散	흩어질 산	4급/쌘
	攵	12획
	㉫;集(모일 집) ㉤;離(떠날 리)	
閑散(한산) 조용하고 쓸쓸한		
散髮(산발) 머리를 풀어 헤침		

迎	맞을 영	4급/잉
	辶	8획
	㉫;送(보낼 송)	
迎接(영접) 손님을 맞아서 응접함		
親迎(친영) 친히 나아가 맞음		

覺	깨달을 각	4급/주에
	見	20획
	㉤;感(느낄 감) ㉝;覚	
覺書(각서) 의견을 상대편에 전달하기 위한 문서		
先覺(선각) 남보다 앞서서 도나 사물을 깨달음		

된 指導者와 훌륭한 政治家에 對:한 것을 알고 싶다."

"네, 小:人의 짧은 持論이지만 말씀드리겠습니다.

참된 指導者는 입이 무거워 百姓의 말 열 마디를 傾聽하고 한 마디를 말하는, 百姓의

말을 重:히 여기는 指導者가 참된 指導者며,

훌륭한 政治家는 없으면 必要하고, 있으면 있는 둥 마는 둥한 存在인 政治家가 훌륭

한 政治家입니다."

'玉'의 達辯은 地王이 어려운 國際 政勢를 판단하는 데 큰 도움이 되었다.

"앞으로 '玉'은 내 옆에서 國情을 도울 수 있겠는가?"

地王은 '玉'을 軍師로 任:命하고 地王 옆에서 國政을 돕게 하였다.

나라 살림은 '土' 재상에게 맡기고, 軍事 關係는 '朴' 上:將軍에게 맡기고, 秘:書室長

으로 '玉' 軍師를 옆에 두었으니 地王은 千 軍을 얻은 듯하였다.

'玉'이 天나라 '秀' 형님에게 依支하여 出世를 해보겠다고 서당을 떠난 것이 엊그제

持	가질 지	4급/츠
	扌(手)	9획
	뜻; 가지다, 보전하다, 지키다	
持重(지중) 몸가짐을 점잖고 무게 있게 함		
固持(고지) 굳게 지님		

傾	기울 경	4급/칭
	亻(人)	13획
	뜻; 기울다, 뒤집다, 눕다	
傾國(경국) 나라의 힘을 기울임		
右傾(우경) 우익으로 기울어짐		

聽	들을 청	4급/팅
	耳	22획
	㕱;聞(들을 문)	
聽覺(청각) 귀청이 울려 나는 감각		
聽衆(청중) 강연·설교 등을 듣는 군중		

辯	말 잘할 변	4급/삐엔
	辛	21획
	뜻; 말 잘하다, 다스리다, 밝히다	
辯論(변론) 사리를 밝혀 옳고 그름을 말함		
辯士(변사) 입담이 좋아서 말을 잘하는 사람		

秘	숨길 비	4급/삐
	禾	10획
	뜻; 숨기다, 향기롭다	
秘境(비경) 신비스러운 경지		
秘訣(비결) 숨겨 두고 혼자만 쓰는 좋은 방법		

같은데, 아직은 큰 힘이 없어도 앞으로 얼마든지 能力을 發揮할 수 있는 軍師라는 位
置에 혼자 힘으로 올랐다.

軍師란 戰:時에는 나라의 모든 軍事 業務와 政事 業務를 관장하는 戒:嚴司令官과 같
은 대단한 자리이나, 平常時에는 普:通 國王의 자문 역할이나 專擔하는 程度니 階級
으로 따져 어느 程度의 職級이라고 말하기 어려운 자리다.

'玉'은 그동안 모아온 資料를 종합하여 다음 일부터 실천하기로 하였다.

第:一 急한 것이 天나라의 行步였다.

商人들의 情報로 軍事 動:向까지 파악하기는 미흡함이 많았다.

그래서 '玉'은 萬:石洞 商人 組合에 指示하기를 現:在 商團의 護:衛 武士 中 折半 假:
量을 地나라 正:規軍으로 代:置하라고 命:하였다.

商團도 正:規軍이 護:衛하면 더욱 安全하게 商團을 꾸릴 수 있어 反對할 理:由가 없
고, 地나라는 軍士들이 實戰 經驗을 쌓을 수 있으니 좋았다.

또 商人들과 正:規軍이 合心하여 情報 收集을 하여 地나라의 安全을 保:障할 수 있으
니 마음이 더욱 든든한 것은 當然하였다.

이렇게 하여 地나라는 天나라의 軍事 動:態를 빠른 時間 안에 알 수 있게 되었다.

또 하나는 石洞橋의 出入 管理였다.

<table>
<tr><td>司</td><td>맡을 사   3.2급/스
口   5획
뜻; 벼슬, 점유, 마을, 맡다</td><td>普</td><td>넓을 보   4급/푸
日   12획
뜻; 널리, 넓다</td></tr>
<tr><td colspan="2">司會(사회) 회의 진행을 맡은 보는 사람 〈기관
司法府(사법부) 대법원 및 그 관할에 속한 모든</td><td colspan="2">普及(보급) 세상에 널리 퍼지게 함
普賢(보현) 널리 나타남</td></tr>
<tr><td>專</td><td>오로지 전   4급/좐
寸   11획
뜻; 오로지, 홀로, 마음대로</td><td>折</td><td>꺽을 절   4급/저
扌(手)   7획
㊀;屈(굽을 굴)</td></tr>
<tr><td colspan="2">專念(전념) 오로지 한 가지 일에만 마음을 씀
專業(전업) 전문으로 하는 직업이나 사업</td><td colspan="2">骨折(골절) 뼈가 부러짐
斷折(단절) 꺾음, 부러뜨림, 절단</td></tr>
</table>

石洞橋 部落은 天, 地, 人 三國 및 其他 外:國과 활발히 교류하는 國際 都市로 이미
49.25.94 44.80　　34　36　6　9. 7　　　　39.91　15　7　　　　　　　　7.155　85.25

자리가 잡혀 있어 事:實上 出入 人員을 統:制하기가 어려웠다.
　　　　　　　　24　24.18　30.20　6. 81　　123 115

出入者가 自進 申告를 하지 않으면 統:制가 不可能한 狀態였다.
30.20.62　25.118 164.73　　　　　　123 115　21.95.69　134.134

'玉' 軍師도 自進 申告를 안 했다면 '玉'이 들어왔는지 나갔는지 아무도 모를 일이다.
174　6. 81　25.118 164.73　　　　174

요즘 부쩍 天나라 間:者들의 活動이 많아 住:民들 사이에서 흉흉한 所:聞이 나돌 程
　　　　34　　22 62　30.27　　22　7　　　　　　　24　43　　　121

度로 걱정이 많았다.
35

따라서 石洞橋 出入 管理를 더욱 철저히 하기 爲:하여 官員을 增加하였다.
　　　　49.25.94　30.20 155.42　　　　　　116　　150.81　164.88

上:記 두 가지 사항은 地王의 承認을 얻어 즉시 施:行하였다.
18 31　　　　　　36. 7　110　　　　126 43

이로써 不足하지만, 天나라에 관한 急한 방책을 마련하였다.
　　21.19　　　　34　　　　35

한편, 人나라에 있다는 世:紀의 절도범인 조세홍의 行方도 수소문하였다.
　　6　　　　　27　　　　　　　　　43.18

조세홍이 아무리 梁上君子 盜先生을 職業으로 하였지만, 反:省하고 地球第:一食堂에
　　　　　18.178.28　8. 8　29.43　　　　　63　51　36.65.44 14.28.40

서 보인 誠實性과 自進해서 도둑 아우들을 데리고 他國으로 떠난 것을 보면 忠誠心이
123.74.70　25.118　　　　　　　　　91. 7　　　　　　　129.123.18

있는 것 같았다.

地나라가 큰 任:務를 맡기면 조세홍도 반가워할 것 같았고, 조세홍과 아우들이 민첩함과
36　　72 115

눈치가 있어 石洞橋 部落에서 活動할지 모르는 間:者들을 잡는 데는 適任일 것 같았다.
　　　　49.25.94 44.80　　30.27　　　　22 62　　136.72

承	이을 승	4.2급/썽
	手	8획
	㊡;繼(이을 계)	

承繼(승계) 뒤를 이어받음
承前(승전) 앞의 것을 이음

紀	벼리 기	4급/지
	糸	9획
	뜻; 벼리, 실마리, 다스리다	

紀元(기원) 연대를 계산하는 데 기초가 되는 해
檀紀(단기) '단군기원'의 준말

梁	대들보 량	3.2급/량
	木	11획
	뜻; 대들보, 다리	

梁上君子(양상군자) 도둑을 속되게 높인 말
橋梁(교량) 다리

盜	도둑 도	4급/따오
	皿	12획
	㊡;賊(훔칠 적)	

盜用(도용) 남의 것을 몰래 훔쳐 씀
盜聽(도청) 몰래 엿듣는 일

'玉' 軍師가 軍事 防備에 對:하여 地王에게 考:하기를

"王이시여! 現:在 우리 地나라의 軍事力으로 天나라와 對:敵할 수 없다는 것은 地王께서도 잘 아실 것입니다.

따라서 우리 地나라는 地形과 自然 環境의 利:點을 最:大한 利:用하여 或是라도 있을지 모르는 敵의 侵:攻에 守備 爲主로 대응하는 軍事 體制를 갖추어야 합니다.

이를 위한 核心적인 代:案으로

첫째, 石洞 運:河를 管理하고,

둘째, 石洞 계곡에 現:在의 목책을 없애고 石築으로 된 튼튼한 城壁을 쌓아야 합니다.

셋째, 北山과 南山 중턱에 秘:密리에 軍士 交通路를 만들어 戰:鬪時에는 軍士들을 神速히 敵의 後:方으로 보내어 兵力 移動이 可:能하게 하여 적은 軍士로도 大軍을 前後方에서 對:敵하여 速戰速決로 敵을 屈伏시켜야 합니다.

넷째, 南山과 北山에 각각 봉화대를 만들어 항상 有:備無患의 姿勢를 갖춰야 합니다.

이 네 가지를 갖추면 兵力을 增强하고 軍士를 訓:練하는 데 所:要되는 時間과 費:用이 몇 분의 일로 줄어듭니다. 우리 地나라로서는 이것들을 必히 갖추어야 모든 百姓이 마음 놓고 生業에 從事할 수 있습니다."

地王은 '玉' 軍師의 말을 다 듣고 나서

環	고리 환	4급/환
	玉	17획
	뜻; 환옥, 고리, 돌다	
環視(환시) 많은 사람이 주목함		
花環(화환) 생화나 조화를 모아 둥글게 만든 물건		

核	씨 핵	4급/흐어
	木	10획
	뜻; 씨, 굳다, 엄하다	
結核(결핵) 결핵균으로 국부에 맺히는 작은 결절상		
核武器(핵무기) 핵에너지를 이용한 무기〈의 망울		

屈	굽을 굴	4급/취
	尸	8획
	㉤;曲(굽을 곡)折(굽을 절)	
屈折(굴절) 휘어서 꺾임		
不屈(불굴) 어려움이 닥쳐도 굽히지 않음		

伏	엎드릴 복	4급/푸
	亻(人)	6획
	㉫;起(일어날 기)	
伏兵(복병) 적을 공격하기 위해 숨겨 둔 군사		
伏龍(복룡) 은거하며 세상에 나오지 않는 재사		

"'玉' 軍師는 案件에 對:한 細:密한 報:告書를 올리고 그에 따른 利:益도 報:告하라."

"네."

'玉' 軍師는 이미 모든 準:備를 해놓은 탓에 어렵지 않게 報:告書를 作成하여 地王에게 올렸다.

[報:告 書]

첫째, 石洞 運:河의 管理

石洞 運:河는 우리 地나라의 젖줄과 같이 重:要한 施:設이며, 軍事的으로도 대단히 重:要한 防壁입니다. 따라서 運:河를 항시 整:備하여 貿:易船들의 運:航에 조금이라도 支障이 없게 管理하여야 합니다. 이를 위하여 運:河 管理 機關을 增設하여야 합니다.

지금도 運:河 밖에는 間:或 小:規模 盜賊들이 出現합니다.

運:河 管理 機關을 增設하여 運:河뿐 아니라 運:河 밖의 地域까지 管理한다면 運:河를 通行하는 貿:易船뿐만 아니라 陸路를 利:用하는 많은 商人의 不安한 마음에도 慰安이 될 것이며, 이로 認하여 우리 地나라의 威勢도 높아질 것입니다.

또 장차 運:河 밖의 넓은, 穀食이 잘 자라는 땅도 우리 地나라가 개간할 수 있습니다.

둘째, 石洞 계곡의 城壁 新築 工事입니다.

貿	무역할 무　　　　　　　3.2급/마오 貝　　　　　　　　　　　12획 뜻; 바꾸다, 장사하다, 무역
	貿易風(무역풍) 위도 20도 부근에 부는 바람 貿亂(무란) 어지러움

易	바꿀 역/쉬울 이　　　　　4급/이 日　　　　　　　　　　　8획 ㉑;難(어려울 난)㉘;安(편안 안)
	易學(역학) 주역을 연구하는 학문　　　〈장사함 交易(교역) 나라와 나라끼리 물품을 서로 교환하며

慰	위로할 위　　　　　　　　4급/웨이 心　　　　　　　　　　　15획 뜻; 위로하다, 성내다
	慰勞(위로) 수고를 치하하여 마음을 즐겁게 해줌 慰問(위문) 아픈 사람 등을 찾아가 위로함

穀	곡식 곡　　　　　　　　　4급/구 禾　　　　　　　　　　　15획 뜻; 곡식, 양식, 착하다
	穀倉(곡창) 곡식을 저장하여 두는 창고 米穀(미곡) 쌀 등의 곡식

現:在 設置된 목책은 家庭집 담장 程度의 境界를 나타내는 것에 不過합니다.

지금은 天나라의 大:攻勢를 對:備하여야 할 때이고 石洞 계곡은 우리나라의 都邑이

있는 곳인데, 목책은 모든 面:에서 充分하지 않으니 石城으로 改:築하여야 합니다.

첫 번째 理:由는, 戰:鬪的 次元의 防壁은 防壁 위에서 攻:擊과 방어가 順:調롭게 이루

어져야 하는데 목책은 堅固하지도 않으며 火:攻에는 아무런 效:果가 없고, 攻:擊 時에

는 오히려 妨害가 됩니다.

목책을 세울 當時에는 外:侵의 危險性이 적었으나 지금은 한 치 앞도 區別이 안 되는

긴급한 狀況입니다.

多幸히 계곡 入口가 몹시 좁으니 石城으로 된 堅固한 城壁을 兩쪽 계곡까지 延長하여

쌓는다고 하여도 빠른 時日 內:에 城을 쌓을 수 있습니다.

두 번째 理:由는, 이제 우리나라도 어느 나라와 견주어도 不足함이 없는 帝:國이 되었

습니다.

堅固하게 城壁을 쌓고 城門도 雄壯하게 만들어 우리 地나라의 威嚴을 살리면 百姓의

士:氣를 북돋울 수 있고, 國家的으로는 큰 間:接 利:益이 생깁니다.

세 번째는, 南山과 北山의 軍士 交通路입니다.

우리 地나라의 軍事力은 數:的으로 보면 天나라의 5분의 1이 채 안 됩니다. 當場 많

擊	칠 격	4급/지
	手	17획
	㉠;攻(칠 공)打(칠 타)	
擊退(격퇴) 적을 쳐서 물리침		
擊破(격파) 쳐서 부숨		

堅	굳을 견	4급/지엔
	土	11획
	㉠;固(굳을 고)	
堅實(견실) 튼튼하고 건실한		
強堅(강견) 세고 단단한		

妨	방해 방	4급/팡
	女	7획
	㉠;攻(칠 공)	
無妨(무방) 문제가 되거나 해롭지 않다		
妨害(방해) 남의 일에 헤살을 놓아 못 하게 함		

延	늘일 연	4급/이엔
	廴	7획
	뜻; 끌다, 이끌다, 늘어놓다	
延命(연명) 목숨을 겨우 이어 살아감		
延着(연착) 정한 시간보다 늦게 도착함		

은 軍士를 모집하고 訓:練시킬 수는 없습니다. 하지만 우리 軍士들은 모두 정예군이
　　6. 43　　　　　　　　　40 87　　　　　　　　　　　　　　　　　　　　6. 43

라서 活動 範:圍가 대단히 廣:大합니다.
　　30.27 187 184　　　　　　　73　9

南山과 北山의 중턱 능선에 軍士 移動 通路를 만들면 城壁에서 싸울 수도 있지만,
10. 9　　10. 9　　　　　　　　6. 43 138.27 43.49　　　40.169

交通路를 利:用하여 짧은 時間 동안에 敵의 後:方을 교란시킬 수도 있고, 敵을 包:圍
58.43.49　　41 41　　　　22.22　　　　135　26 18　　　　　　　　　135　　　184

하여 攻:擊하면 效:果가 一當百이며 速戰速決로 敵을 屈伏시킬 수 있습니다.
　　132 95　　　93 48　　14.74.19　　35.35.35.71　135　193.193

地形을 最:大한 利:用하여 數:的으로 不利함을 극복하고 軍事 費:用으로 負:擔되는
36.41　　82　9　　41 41　　19 74　　21.41　　　　6. 24 103 41　　152

損:失을 줄일 수 있습니다.
172

네 번째는, 南山과 北山 정상의 봉화대 設置입니다.
　　　　　10. 9　　10. 9　　　　　　92.82

우리 地나라는 平和를 사랑하는 國家입니다.
　　36　　　27.60　　　　7.15

戰:爭을 未:然에 對:備하여 나라를 安全하게 지켜야 하는 방어적인 立場입니다.
35 97　　140 31　　60 97　　　27.31　　　　　　　　　29.24

봉화는 草木이나 可:燃性 物質을 태우고 거기서 생긴 煙氣로 연락하는 革新的인 通信
　　27.10　　95　70 22.107　　　　　　107.24　　42.74　43.25

手段으로 우리나라에게는 敵의 動:向을 빠른 時間 안에 연락하는 最:適의 方法이지만,
19.175　　　　　　　135　27 50　　22.22　　　　82 136　18.39

相對 便이 봉화를 보면 자신들의 作戰이 事:前에 發覺되었다는 것을 알게 되는 效:果
79.60 27　　　　　　　　　61.35　24 18　30.71　　　　　　　93 48

도 있어 敵의 만행을 事:前에 봉쇄할 수도 있습니다.
　　135　　　24 18

또 아침저녁으로 一定한 時間에 南山, 北山과 城壁 위에서 같은 數:의 봉화를 올리면
　　　　14.42　22.22　10. 9 10. 9　40.169　　　19

<table>
<tr><td>包</td><td>쌀 포   4.2급/빠오
勹   5획
뜻; 싸다, 꾸러미, 겸하다</td><td>負</td><td>짐질 부   4급/푸
貝   9획
(반);勝(이길 승)</td></tr>
<tr><td colspan="2">包容(포용) 도량이 넓어서 남의 잘못을 싸 덮어 줌
小包(소포) '소포 우편ㆍ소포 우편물' 의 준말</td><td colspan="2">負傷(부상) 몸에 상처를 입음
勝負(승부) 이김과 짐</td></tr>
<tr><td>燃</td><td>사를 영   4급/란
灬(火)   16획
뜻; 사르다, 불을 붙이다</td><td>革</td><td>가죽/바꿀 혁   4급/그어
革   9획
(유);改(고칠개)變(변할변)皮(가죽피)</td></tr>
<tr><td colspan="2">不燃(불연) 타지 않음
再燃(재연) 잠잠하여진 일이 다시 떠들고 일어남</td><td colspan="2">革命(혁명) 급격한 변혁, 어떤 상태가 급격하게 발
改革(개혁) 새롭게 뜯어고침 〈전 변동하는 일</td></tr>
</table>

모든 百姓이 봉화의 個:數를 세며 하루를 무탈하게 지낼 수 있다는 慰安을 얻고, 만약
   19.23   32 19   94.27

異:象 徵候가 있을 때는 神速히 對:處할 수 있습니다.
28 86   38.35   60 132

多幸히 北山 정상에서는 天나라 먼 곳까지 觀測할 수 있고,
64.43   10.9   34   80.153

南山 정상에서는 人나라 京城은 물론이며 멀리 바다 海:邊까지 觀察이 可:能합니다.
10.9   6   40.40   18 135   80.80   95 69

따라서 漢:水를 利:用하는 모든 貨:物船의 安全을 위하여 南山 정상에서 올리는 봉화
     38 10   41 41   151 22.89 27.31   10.9

와 깃발을 混:用한 信:號 方法을 敎:育하면 모든 統:制가 可:能합니다.
      41   25 63 18.39 8 8   132 115   95 69

지난번에도 말씀드렸듯이 우리 地나라가 天나라를 對:備해야 하지만 당장 兵力 數:를
                    36   34   60 97   52.24 19

늘릴 時間도 없고 많은 軍士를 養:兵할 理:由도 없습니다.
   22.22   6.43   98 52   42 42

上:記와 같이 네 가지만 完璧하게 反:映하면 千軍萬馬를 얻는 것보다 더 든든할 것이
18 31   194.169   63   19. 6. 9.36

며, 準:備하는 데 所:要되는 時間도 길지 않고 經費 또한 큰 費:用이 들지 않으므로
   115 97   24 72   22.22   117.103   103 41

우리 地나라가 마땅히 해야 합니다.
   36

[玉 軍師 올림.]
174 6.81

地王이 '土' 제상, '朴' 上:將軍과 함께 '玉' 軍師의 報:告書를 論議한 結果 '土' 제
36.7   10   73 18 73.6   174 6.81 76 73.38 124.130 48.48 10

상과 '朴' 上:將軍 모두 '玉' 軍師의 철두철미한 眼目에 感:歎하며 '玉' 軍師를 尊敬
   73 18 73.6   174 6.81   140.32 67 185   174 6.81 24.95

하게 되었다.

徵	부를 징	3.2급/정
	彳	15획
	㉯;徵 뜻: 부르다, 증거	
徵收(징수) 공공단체 등에서 물품을 거두어 드림		
特徵(특징) 특별히 두드러진 점		

候	철 후	4급/호우
	亻(人)	10획
	뜻; 묻다, 살피다, 계절	
候鳥(후조) 철새 〈어 일컫는 말		
氣候(기후) 1년의 이십사절기와 칠십이후를 통틀		

混	섞을 혼	4급/훈
	氵(水)	11획
	뜻; 섞다, 흐리다, 합하다	
混食(혼식) 음식을 이것저것 섞어서 먹음		
混雜(혼잡) 한데 뒤섞여 어수선함		

映	비칠 영	4급/잉
	日	9획
	뜻; 비추다, 비치다, 덮다	
映射(영사) 광선이 반사함		
放映(방영) 텔레비전으로 방송하는 일		

地王은 이 네 가지를 모두 施:行하기로 決定하고, '土' 재상과 '朴' 上:將軍에게 '玉'
36.7   126 43   48.42   10   73 18 77.6   174

軍師가 제안한 이번 工事에 조금이라도 作業 지장이 생기지 않도록 最:大한 도움을
6.81   20.24   61.43   82 9

주라고 宣言하였다.
      52

한편, 人나라에서는 하루하루의 糧食을 걱정하며 죽을 苦生을 하던 조세홍이 오늘도
      6   28   36.8

漢:水 江邊에 나와 地나라 쪽 하늘을 하염없이 바라보며 時間을 보내고 있었다.
38 10 17.135   36   22.22

이때 同生 한 명이 急히 조세홍을 찾아와
    28.8   35

"형님! 地나라 官員이 우리 宿所를 訪:問했습니다."
      36   109.81   82.24 142 29

조세홍이 地나라에서 했던 自身의 行動에 對:하여 怨:望하고 있었는데, 地나라 官員
      36   25.34 43.27 60   71   36   109.81

이 訪:問했다는 말을 듣자 갑자기 肅然해졌다.
  142 29   31

地나라에서 온 官員이
36   109.81

"조세홍, 이곳 人나라에서의 生活이 어떠하오?"
        6   6.30

"여보시오, 官員님! 보시는 것처럼 小:人과 同生들은 죽지 못해 살고 있소.
        9.81   13 6 28.8

여기 있는 同生들도 이제는 모두 精神을 차려 지금은 漢:水 江邊에서 勞動을 하거나
        28.8   123.38   38 10 17.135   75.27

市場通에서 雜심부름을 하며 그날그날을 보내고 있습니다.
25.24.43   128

또 다른 同生들도 모두 마음을 고쳐먹고 살 곳을 찾아 大:部分 이곳을 떠났습니다.
        28.8   9 44.54

糧	양식 량	4급/량
	米	18획
	뜻; 양식, 구실, 급여	
糧米(양미) 양식으로 쓰는 쌀		
軍糧(군량) 군대의 양식		

宣	베풀 선	4급/쉬엔
	宀	9획
	㉴;布(펼 포)	
宣告(선고) 공표하여 널리 알림		
宣明(선명) 분명히 밝혀 선언함		

怨	원망할 원	4급/위엔
	心	9획
	㉫;恩(은혜 은)㉴;恨(한할 한)	
怨恨(원한) 원통하고 억울한 일을 당하여 마음속		
宿怨(숙원) 오래 묵은 원한 〈깊이 맺힌 마음		

肅	엄숙할 숙	4급/수
	聿	12획
	㉣;肃	
嚴肅(엄숙) 분위기가 장엄하고 정숙한		
靜肅(정숙) 고요하고 엄숙함		

어떻게들 살고 있는지……."

"事:實은 '玉' 軍師님께서 조세홍과 그의 아우들이 대오각성하고 反:省하였다면 地나
라에서 다시 한 번 更:生할 機會를 준다고 하여 이렇게 내가 온 것이오."

"말씀은 고마우나 우리 兄弟들이 過:去에 萬:石洞 市:場通에서 社會의 寄生蟲 같은
存在로 살아온 것을 잘 아는데, 容恕해 준다고 하여도 벼룩도 낯이 있는데 어떻게 또
다시 地나라로 돌아가겠습니까?

官員님은 우리의 마음을 地 大王님과 '土' 재상님과 '玉' 軍師님께 잘 말씀해 주십시
오.

우리가 지금 苦生하는 것도 우리 罪:에 대한 因果應報로 생각하고 뉘우치는 마음으로
反:省하며 살고 있습니다."

"조세홍도 알겠지만, 事:實 三國이 매우 不安한 時局이요.

조세홍에게 다시 한 번 忠誠할 機會를 주는 것이니 過:去에 대하여 眞心으로 속죄한
다면 '玉' 軍師의 命:을 받아야 할 것이요."

世:紀의 盜賊인 조세홍은 兩:眼에서 鷄卵과 같은 눈물을 주르르 흘리며 地나라쪽을
바라보고 큰절을 올렸다.

"大:王님께서 小:人에게 다시 한 번 更:生의 機會를 주시니 우리 兄弟는 목숨을 다해

更	다시 갱/고칠 경	4급/껑
	日	7획
	뜻; 다시, 고치다. 바꾸다	
初更(초경) 하룻밤을 다섯 등분한 맨 첫째 부분		
更新(갱신) 다시 새로워짐		

恕	용서할 서	3.2급/쓔
	心	10획
	뜻; 용서, 어질다, 동정하다	
恕免(서면) 죄를 용서하고 면함		
恕思(서상) 남을 동정함		

鷄	닭 계	4급/지
	鳥	21획
	뜻; 닭	
鷄肋(계륵) 닭의 갈비라는 뜻으로, 가치는 없으나		
鷄眼(계안) 티눈〈버리기가 아까운 것을 일컫는 말		

卵	알 란	4급/롸안
	冂	7획
	뜻; 알, 기르다, 크다	
卵生(난생) 알을 낳아 새끼를 까는 일		
卵黃(난황) 노른자위		

대결전

忠誠을 맹세하겠습니다. 흑흑흑!"
129.123

조세홍은 즉시 作業을 나간 兄弟들을 모으고, 他 地方으로 간 同生들에게도 人便을
　　　　　　　　61.43　　　　　11.11　　　　　　　　91　36.18　　　　　　　28.8　　　　　6. 27

보내어 즉시 地나라로 돌아오라고 傳達하며 組織을 整:備하였다.
　　　　　　36　　　　　　　　　73.136　　65　182 97

地나라로 돌아온 조세홍과 同生들은 地 大王과 地球第:一食堂 社長을 비롯한 萬:石市
36　　　　　　　　　　　　28.8　　36 9. 7　36.65.44 14.28.40 48.11　　　　　9 49.25

場의 商人들에게 일일이 謝:罪하고 容恕를 求한 다음, '玉' 軍師와 對:面하였다.
24　　66. 6　　　　　　　172 76　　105.199　126　　　174　6. 81　60 32

한편, 저 멀리 서쪽 어느 산골 마을에서

김태춘은 近:來에 와서 虛弱할 대로 虛弱해진 몸 탓에 일도 제대로 못 하고, 精神 또
　　　　40 32　　　　129.65　　　　129.65　　　　　　　　　　123.38

한 正:常人 같지 않았다.
　29 102.6

時도 때도 없이 통곡하지 않나, 아무 理:由없이 激憤하여 고래고래 悲:鳴을 지르지 않
22　　　　　　　　　　　　　　　　42 42　　42　　　　　　　149

나, 深夜에 혼자 山속을 헤매지 않나, 空然히 지나가는 강아지와 싸우지 않나.
　120.35　　　　9　　　　　　　31.31

村:長도 이런 行動을 하는 김태춘이 異:象하게 보여 요즘은 일도 시키지 못하는 實情
25 11　　　43.27　　　　　　　128 186　　　　　　　　　　　　74.66

이었다.

마을 有:夫女들은 김태춘의 異:狀한 行動에 겁을 먹고 晝間에도 외진 곳은 함부로 다
　　25 16.15　　　　　　128 134　 43.27　　　　35.22

니지 못하였고, 夜:間에는 아예 대문 出入을 삼가는 實情이었다.
　　　　35 22　　　　　　　　30.20　　　　74.66

마을 村:老들이 村:長을 찾아와 根本도 모르는 김태춘을 强:制 추방하라고 하였다.
25 21　　25 11　　　58.46　　　　　　　　35 115

織	짤 직	4급/즈
	糸	18획
	유;組(짤 조)	
織機(직기) 피륙을 짜는 기계		
織造(직조) 기계로 피륙 등을 짜는 일		

激	격할 격	4급/지
	氵(水)	16획
	뜻; 물이 세게 흐르다, 부딪치다	
激怒(격노) 격렬하게 노함 〈림		
激揚(격양) 감정이나 기운이 격발(激發)하여 들날		

憤	분할 분	4급/펀
	忄(心)	15획
	뜻; 분하다, 괴롭다, 원망하다	
憤痛(분통) 몹시 분개하여 마음이 쓰리고 아픔		
憤敗(분패) 이길 수 있는 시합을 분하게 짐		

鳴	울 명	4급/밍
	鳥	14획
	뜻; 울다, 울리다, 부르다	
鳴動(명동) 크게 울려서 진동함〈럼 느껴지는 상태		
耳鳴(이명) 어떤 종류의 소리가 계속 울리는 것처		

心身이 虛弱하고 生活도 窮乏(핍)한 김태춘은 몇 날 며칠을 食飮을 全閉하다가 어느

날 山村 마을에서 行方不明이 되었다.

사람이 사라졌는데도 산골 마을에는 걱정하는 사람은 하나도 없고 오히려 김태춘이

行方不明된 것을 人情머리 없게도 반가워하였다.

그런 일이 일어나고 많은 날이 지나간 어느 날 아침 이른 새벽.

요즘 石洞鐵工所 '鐵' 社長은 '玉' 軍師를 도와 城壁 建:設과 山속의 交通路 設置 作

業 등으로 몸이 열 개라도 모자라는 形局이었다.

鐵工所에서도 最:新 作業 工具를 開發하고 製:作하며, 破:損된 工具를 保守하는 등으

로 눈코 뜰 사이 없이 連續적으로 深夜 作業을 하였다.

最:新 工具를 製:作하여서 作業에 難關이 豫想되었던 交通路의 工事 期間을 크게 短

縮하였다.

이날도 '鐵' 社長이 이른 새벽에 鐵工所를 나서는데 鐵工所 正:門에 누더기 衣服을

입은 거지 한 명이 精神을 잃고 넘어져 있었다.

'鐵' 社長이 急히 가서 生死를 살펴보는데, 이 者가 누구인가!

거북船 침몰 事:件 때 죽었다던 김태춘이 거지가 되어 門 앞에 누워있지 않은가.

窮	다할 궁 穴 ㈜;極(다할 극)貧(가난할 빈)	4급/치웅 15획
無窮(무궁) 끝없음, 한이 없음		
窮極(궁극) 어떤 과정의 막바지		

閉	닫을 폐 門 ㈌;開(열 개)	4급/뼤 11획
閉業(폐업) 문을 닫고 영업을 쉼		
開閉(개폐) 열고 닫음		

製	지을 제 衣 ㈜;作(지을 작)造(지을 조)	4.2급/즈 14획
製造(제조) 공장에서 대규모로 물건을 만듦		
製本(제본) 인쇄물 매고 표지를 씌워 책으로 만듦		

縮	오그라들 축 糸 ㈜;減(덜 감)	4급/수오 17획
縮圖(축도) 원형보다 작게 줄여서 그림		
收縮(수축) 근육 따위가 오그라듦		

누가 볼 틈도 없이 速히 집안으로 데려가 看護하니 김태춘이 겨우겨우 精神을 차렸다.

鐵 社長을 보자 김태춘은 말을 못 하고 펑펑 大:聲痛哭을 하였다.

얼마나 울었을까? 한참을 울고 난 後:에 김태춘은 그간의 事:情을 鐵 社長에게 이야

기하며 自身의 잘못을 빌었다.

"이제는 죽어도 地나라에서 죽고, 살아도 地나라에서 살게 해 주십시오. 흑흑흑!"

불쌍한 김태춘의 이야기를 모두 들은 鐵 社長은

"'金' 工場長의 處:地는 理:解하지만, '金' 工場長이 저지른 事:件이 너무 커서 나 혼

자 決定할 수 없으니 外:出을 삼가고 기다려라.

또 앞으로는 더욱 勸:勉하게 살아야 할 것이야.

地 大王님과 相議하여 좋은 結果를 얻어 보겠네."

"네. 鐵 社長님, 앞으로는 客氣를 버리고 勸:勉하게 살겠습니다.

죽은 목숨에게 다시 한 번 更:生의 機會를 주십시오. 흑흑흑!"

鐵 社長은 地 大王에게 김태춘의 出現과 그간의 形便을 仔細히 말하고 善:處를 구하

였다.

이때 옆에 있던 '玉' 軍師가 나서며

"地 大王님, 本人도 김태춘의 지난 過:誤를 所:聞으로 들어 看破하고 있습니다.

聲	소리 성	4.2급/썽
	耳	17획
	유;音(소리 음) 약;声	
聲樂(성악) 기악에 대하여, 사람의 목소리로 하는 ⟨음악		
音聲(음성) 목소리, 말소리		

哭	울 곡	3.2급/쿠
	口	10획
	뜻; 울다, 노래하다	
哭竹(곡죽) 오나라 때 효자를 비유한 말		
哭歎(곡탄) 목 놓아 슬피 움		

勸	권할 권	4급/취엔
	力	20획
	유;奬(권면힐 징) 약;勧	
勸誘(권유) 권해서 하도록 함		
勸奬(권장) 권하여 장려함		

勉	힘쓸 면	4급/미엔
	力	9획
	뜻; 힘쓰다, 권하다, 강요하다	
勉學(면학) 학문에 힘씀		
勤勉(근면) 부지런하게 힘씀		

하지만 客氣 탓이었지 김태춘이 故:意的으로 事:件을 만들지는 않은 것으로 압니다.

지금 같은 亂:世에는 김태춘과 같이 의협심이 많은 사람도 必要합니다.

罪:를 크게 뉘우치고 있으니 北山 봉화대를 한번 맡겼으면 합니다.”

하며 鐵 社長이 便을 든다. 鐵 社長은 한 발 더 나서며

“제가 鐵工所에서 김태춘에게 일을 시켜봐서 잘 압니다. 김태춘은 本是 責任感이 매

우 强합니다. 또 本人의 失手를 뉘우치며 地나라를 爲:하여 干城이 되겠다고 맹세하

였습니다.

봉화대 勤:務라면 百姓들의 視:線을 避:할 수 있고, 김태춘도 反:省하였으니 앞으로

地나라에 忠誠을 다 하여 必要한 干城이 될 것입니다.”

“그럼 두 분이 알아서 김태춘을 잘 處:理하시오.”

한편, 地나라는 城壁과 其他 土木 工事 完工을 目前에 두고 있었다.

특히 좁은 계곡에 設置된 城은 城壁이 짧지만, 城위에는 銃砲를 發射하도록 사대를

設置하여 많은 攻:擊手들이 效:果的으로 攻:擊하도록 設計하니, 그 모습이 雄壯하였다.

또 南山과 北山의 交通路는 軍事的으로 매우 重:要한 施:設物이라 남의 눈에 띄지 않

게 은폐가 잘되도록 作業하였다.

이런 때에 김태춘과 조세홍이 다시 나타나 地나라에 忠誠을 맹세하니 ‘玉’ 軍師에게는

<table>
<tr><td colspan="2">

干

</td><td>

방패 간   4급/간
干   3획
(반)戈(창 과)支(지지 지)滿(찰 만)

</td><td>

銃

</td><td>

총 총   4.2급/총
金   14획
뜻; 총, 도끼자루

</td></tr>
</table>

干城(간성) 나라를 지키는 믿음직한 군대나 인물 | 銃傷(총상) 총에 맞아 생긴 상처
干求(간구) 바라고 구함 | 銃彈(총탄) 총알

砲 — 대포 포   4.2급/파오   石   10획   뜻; 대포
射 — 쏠 사   4급/써   寸   10획   뜻; 궁술, 쏘다, 맞히다

砲擊(포격) 대포에 의한 공격 | 射殺(사살) 활·총포로 쏘아 죽임 〈함
砲門(포문) 대포의 탄알이 나가는 구멍 | 速射(속사) 총이나 포 따위를 계속하여 빨리 발사

큰 힘이 되었다.

"김태춘과 조세홍은 들어라!

두 사람이 다시 地나라에 忠誠을 맹세했으니, 목숨이 다하도록 愛:國하여 훗날 後:孫

에게 榮光스런 祖上의 이름을 남길 機會를 주겠다."

"네, 忠誠을 맹세합니다."

김태춘은 "軍士를 내어 줄 테니 城壁 위의 봉화대와 複寫하듯 똑같은 모양의 봉화대

를 北山에 設置하여, 晝夜를 不問하고 天나라 動:態를 徹頭徹尾하게 잘 監視하여라."

"네."

조세홍은 "軍卒을 내어 줄 테니 너의 同生들과 함께 南山에도 複寫하듯 똑같은 봉화

대를 設置하여, 人나라는 물론이고 漢:水를 通行하는 배와 저 멀리 海:邊까지 잘 觀察

하며, 등대 역할도 하여 모든 배의 安全 運:航을 引導하라.

그것뿐만이 아니다.

조세홍과 너의 同生들은 눈치와 行動이 민첩하다. 지금 石洞橋 部落에 他國의 間:者

들이 많이 活動한다니 그들을 잡아내는 秘:密 任:務도 수행하여라."

"네."

"너와 네 同生들을 믿고 임무를 맡기는 것이다. 만약, 또다시 住:民들과 不美스러운 일

複	겹칠 복	4급/푸
	ネ(衣)	14획
	㊛;單(홑 단)	
複式(복식) 이중 또는 그 이상으로 된 방식		
重複(중복) 거듭함. 겹침		

寫	베낄 사	5급/써에
	宀	15획
	㊟;写	
寫眞(사진) 카메라로 물체의 형상을 찍는 일		
寫本(사본) 원본을 옮기어 베낌		

徹	통할 철	3.2급/처
	彳	15획
	㊂;貫(꿸 관) 뜻; 동하나, 뚫나	
觀徹(관철) 어려움을 뚫고 목적을 이룸		
透徹(투철) 사리에 밝고 명확함		

尾	꼬리 미	3.2급/웨이
	尸	7획
	㊂;末(끝 말)㊛;首(머리 수)	
尾行(미행) 뒤를 몰래 밟음		
末尾(말미) 말, 문장의 맨 끝		

이 생긴다면 地나라가 너희를 容恕하지 않을 것임을 명심하여라."
36   105.199

"분부하신 것을 명심하여 行動하겠습니다."
43.27

먼저 玉′軍師의 監督 아래 石洞 入口 城門 위에 다섯 봉의 봉화대가 멋있게 設置되
174   6.81   135.143   49.25 20.20 40.10   92.82

었다.

그리고 김태춘과 조세홍에게 南山과 北山 정상에도 城門 위 봉화대와 똑같은 봉화대
10.9   10.9   40.10

를 設置하도록 指示가 내려졌다.
92.82   141.98

北山 정상에서 보면 낮에는 望:遠鏡과 같은 道:具 없이도 먼 곳까지 잘 보였고,
10.9   71 40   19 102

밤에는 天나라 작은 마을의 불빛이 밤하늘의 星雲이나 斗星처럼 멋있게 보였다.
36   104   206

또 官員들이 地 大王의 令을 받아 마을 곳곳에 크게 게시물을 붙여 봉화대의 設置 目
109.81   36 9.7   84   92.82 32

的과 봉화의 運:營을 모든 百姓이 알도록 하였다.
74   49 135   19.23

[地나라 모든 百姓은 보아라.]
36   19.23

近:來에 時局이 어수선하여 百姓들의 마음이 混:亂하게 된 것을 잘 알고 있다.
40 32   22.109   19.23   197 163

나라의 威容과 百年大計를 爲:하여 城壁을 높고 튼튼하게 만들었고, 南山과 北山 정
168.105   19.15. 9.53   116   40.169   10.9   10.9

상에 봉화대를 設置하여 百姓들의 不安한 마음을 安定시키려 한다.
92.82   19.23   21.27   27.42

봉화는 매일 아침, 저녁으로 二:回에 걸쳐 올라갈 것이다.
15   131

鏡	거울 경	4급/징
	金	19획
	뜻; 거울, 비추다, 밝히다	
鏡戒(경계) 거울삼아 경계함　〈눈에 쓰는 기구		
眼鏡(안경) 시력을 조정하거나 햇빛 등을 막으려고		

星	별 성	4.2급/싱
	日	9획
	뜻; 별, 세월, 점	
星雨(성우) 유성우, 별똥별		
星座(성좌) 별자리		

斗	말 두	4.2급/또우
	斗	4획
	뜻; 용량 단위 말, 별 이름	
斗穀(두곡) 말 단위의 곡식		
北斗(북두) '북두칠성'의 준말		

206

모든 百姓은 봉화의 數:를 헤아려 보고 便安한 마음으로 生業에 從事하여라.
19.23   19   27.27   8. 43   183.24

1봉화 -- 모든 狀況이 定:常이다
            134.142   42 102

        모든 百姓은 安心하고 生業에 從事하라.
            19.23   27.18   8. 43   183.24

2봉화 -- 모든 狀況이 定:常이지만 細:密한 觀察이 必要하다.
            134.142   42 102   137 159   80.80   72.72

        모든 百姓은 安心하고 生業에 從事하고,
            19.23   27.18   8. 43   183.24

        百姓들은 外:地로 나갈 때나, 들어올 때나 周圍 境界에 게으르지 마라.
        19.23   15 36   184.184 85.37

3봉화 -- 敵軍의 動:態에 異:狀이 發見되었다.
            135.6   27 134   128 134   30.71

        百姓 中에 年少者나 老:弱者는 千石洞이나 百石洞으로 待:避하고,
        19.23 12   15.25.62   21 65.62   19.49.25   19.49.25   95 137

        모든 百姓은 가까운 民防衛隊에 居處를 申告하고, 生業에 從事하라.
            19.23   7.114.160.132   154.132   164.73   8. 43   183.24

4봉화 -- 敵의 移動이 深刻하다.
            135   138.27   120.120

        모든 百姓은 戰:鬪 服裝을 하고 地域 民防衛部隊로 歸:隊하라.
            19.23   35 171 34.134   36.160 7.114.160.44.132   165 132

        兒女子는 非:常食糧 등을 持參하고 다음 指示를 기다려라.
        39.15.28   102.102.28.198   190.75   141.98

5봉화 -- 戰:鬪가 임박하였다.
            35 171

        全國에 非:常戒嚴令을 發布한다.
        31. 7   102.102.135.168.84   30.151

上:記 目的으로 봉화대를 運:營할 것이니 地나라 百姓들은 安心하고 맡은 生業에 充
18 31   32.74   49 170   36   19.23   27.18   8. 43   93

實히 從事하여라.
74   183.24

當分間은 每:月 초하루와 보름에 걸쳐 月 二: 回의 民防衛 訓:練이 實施될 計:劃이니
74.54.22   29 6   6   15   131   7.114.160 40 87   74.126   53 52

百姓들은 訓:練에 積極 同參하여라.
19.23   40 87   161.162 28.75

[地 大王]
36 9. 7

모든 百姓이 이 壁報를 보고 기뻐서 拍手치고 歡呼하며, 地 大王과 '玉' 軍師를 믿고

安心하고 生業에 從事할 수 있게 되었다고 좋아하였다.

'玉' 軍師는 城壁을 비롯한 모든 土木 工事를 無事히 마무리하고 雄壯하고 華麗한 城

門 위에 걸 현판을 地 大王에게 부탁하였다.

"大王이시여! 工事를 마무리하였습니다. 城門도 威嚴 있게 잘 지었습니다.

모든 百姓이 그 門을 지나면서 보는, 크게 敎:訓이 될 현판을 달아 주십시오."

"오! 좋은 생각이요. 그 門의 이름을 '孝:和大門'이라 命:名하겠소.

모든 百姓이 그 門을 지날 때마다 祖上과 父母에게 孝:를 行하는 마음을 갖게 하고,

모든 家庭이 화목하기를 바란다는 뜻이요.

또 家庭과 國家의 번영을 기원하고 福을 받을 수 있게 萬:石洞 陽地 바른 곳에 사당

을 짓고 사당 이름을 '厚福寺'라고 하시오.

城門 위에 [孝和大門]이라고 쓴 현판을 額子에 넣어 올리니 모든 百姓이 地 大王의 큰

拍	칠 박	4급/파이
	扌(手)	8획
	뜻; 치다, 어루만지다, 박자	
拍車(박차) 어떤 일의 촉진을 위하여 더하는 힘		
拍子(박자) 곡조의 진행하는 시간을 헤아리는 단위		

華	빛날 화	4급/화
	++(艸)	12획
	뜻; 빛나다, 희다, 번영하다	
華服(화복) 물을 들인 천으로 만든 옷		
華蟲(화충) 꿩의 딴 이름		

厚	두터울 후	4급/호우
	厂	9획
	㊲;重(무거울 중)	
厚德(후덕) 두터운 덕행		
厚生(후생) 삶을 넉넉하고 윤택하게 하는 일		

寺	절 사/내시 시	4.2급/스
	寸	6획
	뜻; 절, 내시, 관청	
寺門(사문) 절의 문		
山寺(산사) 산속에 있는 절		

額	이마 액	4급/으어
	頁	18획
	뜻; 이마, 일정한 액수, 현판	
額面(액면) 말이나 글로 표현된 그대로의 모습		
額字(액자) 현판(懸板)에 쓴 큰 글자		

뜻을 가슴 깊이 새겼다.

또 '玉' 軍師가 간청하기를

"우리나라도 이제는 어느 나라에 뒤떨어지지 않을 만큼 强健한 나라가 되었습니다.

天王도 天帝라 自稱하는데 우리 地 大王님도 나라의 威嚴을 갖추기 爲:하여 皇帝라

함이 어떠하겠습니까?"

모든 臣下가 그렇게 하기를 合唱으로 告:하니

地 大王도 여러 臣下의 意見을 받아들여 皇帝라 칭하기로 하였다.

'玉' 軍師는 한편으로 '朴' 上:將軍과 相議하여 軍士 中에 特히 날랜 軍士를 뽑아 特

別機動部隊를 組織하였다.

그 部隊員은 戰:鬪兵과는 다른 部隊 構成을 하였다.

敵의 攻:擊이 있을 時에 南山과 北山에 設置된 交通路를 利:用하여 神速하게 敵의 前

後:方을 휘젓고 다니는 部隊였다.

戰:鬪 兵器나 무거운 軍裝이 必要 없고 오직 簡單한 服裝으로 산악 訓:練과 구보 訓:

練을 主로 하는 특수한 部隊였다.

그 部隊를 略字 部隊라고 이름 지었고, 그 部隊 構成員은

<table>
<tr><td rowspan="3">稱</td><td>일컬을 칭</td><td>4급/청</td></tr>
<tr><td>禾</td><td>14획</td></tr>
<tr><td colspan="2">㊩:讚(기릴 찬)呼(부를 호)㊀:稱</td></tr>
<tr><td colspan="3">稱號(칭호) 어떠한 뜻으로 일컫는 이름</td></tr>
<tr><td colspan="3">總稱(총칭) 전부를 총괄하여 일컬음</td></tr>
</table>

<table>
<tr><td rowspan="3">皇</td><td>임금 황</td><td>3.2급/황</td></tr>
<tr><td>白</td><td>9획</td></tr>
<tr><td colspan="2">뜻; 군주, 크다, 바르다</td></tr>
<tr><td colspan="3">皇太子(황태자) 황제의 장손</td></tr>
<tr><td colspan="3">皇國(황국) 황제가 다스리는 나라</td></tr>
</table>

<table>
<tr><td rowspan="3">構</td><td>얽을 구</td><td>4급/꼬우</td></tr>
<tr><td>木</td><td>14획</td></tr>
<tr><td colspan="2">㊝;解(풀 해)</td></tr>
<tr><td colspan="3">構想(구상) 일을 하기에 앞서 생각을 가다듬음</td></tr>
<tr><td colspan="3">構造(구조) 여러 재료로 하나의 것으로 짜서 이룸</td></tr>
</table>

價(값 가)--〉価　　假(거짓 가)--〉仮　　覺(깨달을 각)--〉覚　　擧(들 거)--〉挙
據(근거 거)--〉拠　　儉(검소할 검)--〉倹　　輕(가벼울 경)--〉軽　　經(날 경)--〉経
關(관계할 관)--〉関　　觀(볼 관)--〉観　　廣(넓을 광)--〉広　　鑛(쇳돌 광)--〉鉱
舊(옛 구)--〉旧　　區(구역 구)--〉区　　國(나라 국)--〉国　　權(권세 권)--〉権
勸(권할 권)--〉勧　　歸(돌아갈 귀)--〉帰　　氣(기운 기)--〉気　　單(홋 단)--〉単
團(둥글 단)--〉団　　斷(끊을 단)--〉断　　擔(멜 담)--〉担　　當(마땅할 당)--〉当
黨(무리 당)--〉党　　對(대할 대)--〉対　　德(큰 덕)--〉徳　　圖(그림 도)--〉図
讀(읽을 독)--〉読　　獨(홀로 독)--〉独　　燈(등 등)--〉灯　　樂(즐길 락)--〉楽
亂(어지러울 란)--〉乱　　來(올 래)--〉来　　兩(두 량)--〉両　　歷(지낼 력)--〉歴
練(익힐 련)--〉練　　禮(예도 례)--〉礼　　勞(일할 로)--〉労　　龍(룡 룡)--〉竜
萬(일만 만)--〉万　　滿(찰 만)--〉満　　賣(팔 매)--〉売　　發(필 발)--〉発
邊(가 변)--〉辺　　變(변할 변)--〉変　　寶(보배 보)--〉宝　　佛(부처 불)--〉仏
絲(실 사)--〉糸　　寫(베낄 사)--〉写　　辭(말씀 사)--〉辞　　參(참여할 참)--〉参
狀((형상 상)--〉状　　聲(소리 성)--〉声　　續(이을 속)--〉続　　屬(붙일 속)--〉属
數(셈 수)--〉数　　收(거둘 수)--〉収　　肅(엄숙할 숙)--〉粛　　實(열매 실)--〉実
兒(아이 아)--〉児　　惡(악할 악)--〉悪　　壓(누를 압)--〉圧　　樣(모양 양)--〉様
嚴(엄할 엄)--〉厳　　與(더불어 여)--〉与　　榮(영화 영)--〉栄　　營(경영할 영)--〉営
豫(미리 예)--〉予　　藝-(재주 예)--〉芸　　圓(둥글 원)--〉円　　圍(둘레 위)--〉囲
爲(할 위)--〉為　　隱(숨을 은)--〉隠　　應(응할 응)--〉応　　醫(의원 의)--〉医
殘(남을 잔)--〉残　　雜(섞을 잡)--〉雑　　壯(씩씩할 장)--〉壮　　奬(권면할 장)--〉奨
將(장수 장)--〉将　　裝(꾸밀 장)--〉装　　爭(다툴 쟁)--〉争　　轉(구를 전)--〉転
錢(돈 전)--〉銭　　戰(싸움 전)--〉戦　　傳(전할 전)--〉伝　　點(점 점)--〉点
靜(고요할 정)--〉静　　濟(건널 제)--〉済　　條(가지 조)--〉条　　從(따를 종)--〉従
晝(낮 주)--〉昼　　證(증거 증)--〉証　　盡(다할 진)--〉尽　　讚(기릴 찬)--〉讃
處(곳 처)--〉処　　鐵(쇠 철)--〉鉄　　廳(관청 청)--〉庁　　體(몸 체)--〉体
總(다 총)--〉総　　蟲(벌레 충)--〉虫　　齒(이 치)--〉歯　　寢(잠잘 침)--〉寝
稱(일컬을 칭)--〉称　　彈(탄알 탄)--〉弾　　擇(가릴 택)--〉択　　學(배울 학)--〉学
虛(빌 허)--〉虛　　險(험할 험)--〉険　　顯(나타날 현)--〉顕　　螢(반딧불 형)--〉蛍
號(이름 호)--〉号　　畵(그림 화)--〉画　　歡(기쁠 환)--〉歓　　會(모일 회)--〉会

약자 공부　　　　[以上 116個의 略字 (8級~4級 略字)]
　　　　　　　　　　77.18　　　132　　133.26　　51　　51 133.26

그中 특히 민첩한 軍士는 봉화대에 特別 配:屬 시켰다,
　12　　　　　　　　6. 43　　　　　　37.37 125 166

北山 봉화 大將에 김태춘을 任:命하고, 그의 部下로
10.9　　　　　9.77　　　　　72 29　　　　　44.30

価, 旧, 団, 当, 覚, 図, 万, 宝, 仏, 糸 以上 10名을 任:命하고
　　　　　　　　　　　　　　　　70 18　　18　　72 29

南山 봉화 大將에 조세홍을 任:命하고, 그의 部下로 조세홍의 옛 同生 10名과
10.9　　　　　　9.77　　　　　　　72 29　　　　　　　44.30　　　　　　　　28.8　　18

囲, 応, 医, 点, 体, 虫, 号, 学, 会, 弾 以:上 10名을 合해 20名을 任:命하였다.
　　　　　　　　　　　　　　　　70 18　　18　59　　18　72 29

조세홍에게는 봉화 任:務 以:外로 特別 任:務를 맡겼기 때문이다.
　　　　　　　　72 115 70 15　　37.37 72 115

한편, 天나라의 '秀' 三品士는, 人나라와 地나라에 密派한 많은 細:作(간첩)들이 보내
　　　34　　　175　9.37.43　　6　　　36　　159.125　　　137 61

온 情報에 따르면, 날이 가면 갈수록 모든 動:向이 天나라에 이롭지 못하다는 것을 알
　　66.76　　　　　　　　　　　　　　　27 50　　34

리는 情報들만 報:告받았다.
　　66.76　　76 73

人나라가 漢:水 入口에 방어 陣地를 設置하였다는 情報가 들어왔고, 왜나라에서 정예
6　　　38 10 20.20　　　138.36　　92.82　　　66.76

勇兵인 數:千 名의 水軍이 漢:水 中間에 位置한 中地島에 陣營을 설치하여 漢:水 入
45.52　19 19 18　10.6　38 10 12.22　82.82　12.36.103 138.170　　　　　38 10 20

口를 源泉 봉쇄했다는 情報도 들어왔고, 人나라와 왜나라가 師弟의 關係를 맺은 情報
20　　　　　　　　66.76　　　　　　6　　　　　81.11 69.122　　　66.76

도 들어왔다.

더욱 深刻한 것은, 天나라가 다음 目標를 地나라로 정하였는데, 地나라 入口에 位置한
　　120.120　　　34　　　32.186 36　　　　　36　　20.20　82.82

南山과 北山에서 매일 아침, 저녁으로 煙氣가 피어오른다는 情報가 들어왔고, 그 煙氣
10.9　　10.9　　　　　　　　　　107.24　　　　　　66.76　　　　　　　107.24

가 敵의 攻:擊을 未:然에 방어하기 爲:한 봉화 煙氣이며 地나라의 모든 百姓이 그 봉
135　　132 195　140 31　　　　116　　　107.24　36　　　　　19.23

화에 對:한 訓:練을 實施한다는 情報도 들어왔다.
　　60　　　40 87　74.126　　66.76

石洞 계곡 入口에 設置되있던 기존의 목책을 허물고 堅固한 城壁을 設置했다는 情報
49.25　　　20.20 92.82　　　　　　　　195.97　40.169　92.82　　　66.76

도 들어왔고, 民防衛部隊를 創:設하여 訓:練을 實戰처럼 한다는 情報도 들어왔다.
　　　7.114.160.44.132 134 92　40 87　74.35　　　66.76

또 石洞 運:河를 깊고 넓게 준설하여 배들의 運:航이 順:調로올 뿐만 아니라, 天然의
　49.25 49 92　　　　　　　　　　49 147　74 83　　　　　　34.31

防壁으로 活用하게 했다는 情報도 들어왔다.
114.169　30.41　　　66.76

地나라 순찰병이 運:河 옆의 광활한 들판을 定期적으로 순찰하여, 地나라가 國家의
36　　　　　49 92　　　　　　42.42　　　　　　36　　　7.15

位相을 많은 貿:易船에게 보이고, 運:河의 出入港이 安全하다는 것도 보이며, 順:次的
82.79　　194 194.89　　　49 92　30.20.157　27.31　　　　74 105.74

源	근원 원 氵(水) ㊀;根(뿌리 근)	4급/위엔 13획
	根源(근원) 물이 흘러내리기 시작하는 곳	
	發源(발원) 물줄기가 처음 생김	

泉	샘 천 水 뜻; 샘, 돈	4급/취엔 9획
	甘泉(감천) 물맛이 좋은 샘	
	冷泉(냉천) 온천보다 온도가 낮은 광천	

으로 넓은 들판도 地나라 領土임을 標示하는 것 같다는 情報도 들어왔다.

심지어 地나라 富:者들이 地王의 憲:章이 發表된 以:後로 사치와 낭비를 삼가고 銅錢

한 닢도 아끼며 不遇한 이웃을 도와서 百姓들 間에 團合이 잘 된다는 報:告 같지 않

은 報:告도 들어왔다.

'秀' 三品士가 國防次官의 立場에서 '표' 上:將軍과 '호' 大:將軍을 데리고 會:議를

進:行하였는데,

"우리 天나라가 地上 大:部分의 땅을 平定하고 이젠 地나라와 人나라 程度가 남았소.

이러한 때에 人나라와 地나라가 우리 天나라를 방어하기 爲:하여 手段과 方法을 가리

지 않고 대책을 講:究하는 것 같소.

'호' 大:將軍은 들어 보시오.

人나라 漢:水에 있는 中地島에 왜나라 水軍 數:千 名이 陣營을 設置했다는데 왜나라

水軍에 對:하여 아는 것이 있소?"

순간 '호' 大:將軍의 낯빛이 變:하며

"예전에 월남江에서 海:賊질을 할 때 몇 번 '왜' 의 水軍과 對:敵한 적이 있습니다.

'왜' 의 水軍은 우리 海:賊보다도 더 形便없고 無識한 服裝을 입지만,

그들은 行色과는 달리 兵法에는 매우 能通하며, 對:敵하기 어려운 相對입니다.

憲	법 헌 心 ⑪:法(법 법)	4급/시엔 16획
憲法(헌법) 근본이 되는 법규		
護憲(호헌) 헌법을 보호하며 지킴		

銅	구리 동 金 뜻; 구리, 돈	4.2급/퉁 14획
銅鏡(동경) 구리로 만든 거울		
靑銅(청동) 구리와 주석의 합금		

錢	돈 전 金 ⑪:錢	4급/치엔 15획
錢主(전주) 사업에 돈을 댄 사람		
金錢(금전) 돈, 화폐		

遇	만날 우 辶 뜻; 만나다, 맞다, 어리석다	4급/오우 13획
偶合(우합) 우연히 맞음		
奇遇(기우) 기이한 인연으로 만남		

그들이 타는 배는 우리의 板屋船과는 모양이 다릅니다.

우리 板屋船은 배의 바닥이 平平하여 많은 人員이 승선할 수 있어 白兵戰에 매우 이

롭고, 그들의 배는 칼날과 같이 뾰쪽하여 急回轉을 못해도 매우 빠릅니다.

漢:水처럼 물살이 빠르고 潮水의 干滿까지 있는 물에서는 우리가 매우 不利합니다.

예전에 海:賊질을 할 때도 넓은 바다에서는 對:敵할만한 相對였지만, 물살이 빠른 월

남江에서는 우리가 連敗한 經驗이 있습니다.

그들을 漢:水에서 바다로 유인할 수만 있으면 一擊에 擊破할 自信이 있지만, 만약 그

들이 漢:水에서 방어만 한다면 우리 板屋船으로는 도저히 相對하기가 어렵습니다.

어휴! 그놈의 왜나라 배만 봐도 밥맛이 달아납니다."

'호' 大:將軍은 '왜'의 水軍에 얼마나 혼이 났는지 지레 겁을 먹었다.

"그렇다면 地나라를 攻:擊하는데 水陸兩攻은 힘들겠군요.

'호' 大:將軍이 거느리는 壹萬 名의 水軍은 지금부터는 陸上戰을 對:備하여 訓:練을

徹底히 하시오. '호' 大:將軍의 壹萬 軍도 陸上軍으로 方針을 바꿔야겠소."

그로부터 며칠 後: 天나라에서 어전會:議가 있었다.

"天나라의 文武 百官은 들어라!

昨今에 우리 天나라는 地上의 많은 나라를 統:合하여 大:國이 되었다.

<table>
<tr><td>潮</td><td>조수 조
氵(水)
뜻; 조수, 흘러들다, 드러나다</td><td>4급/차오
15획</td></tr>
<tr><td colspan="3">落潮(낙조) 썰물
思潮(사조) 한 시대의 사상의 일반적인 경향</td></tr>
</table>

<table>
<tr><td>底</td><td>밑 저
广
㉠;高(높을 고) ㉴;基(터 기)</td><td>4급/띠
8획</td></tr>
<tr><td colspan="3">底流(저류) 표면에 나타나지 않고 깊은 곳에서 일
底意(저의) 속으로 품은 생각　〈고 있는 움직임</td></tr>
</table>

<table>
<tr><td>針</td><td>바늘 침
金
뜻; 바늘, 침놓다</td><td>4급/전
10획</td></tr>
<tr><td colspan="3">針母(침모) 남의 집 바느질을 하고 품삯을 받는 여
針線(침선) 바늘과 실, 바느질　〈자</td></tr>
</table>

하지만 가까운 곳에 人나라와 地나라가 存在한다.

지금까지는 天上의 因緣 때문에 天, 地, 人 三國을 한 同胞라고 생각해서 스스로 합병

을 願:하여 오기를 기다렸지만, 이제는 더 以:上 기다릴 수가 없다.

좋은 意見이 있으면 말해 보아라!"

'秀' 三品士가 한 발 앞으로 나서며 天帝에게 報:告하였다.

"天帝여!

제가 거느리는 첩보 部隊에서 들어온 情報를 整:理한 結果, 우리가 다음 討伐 對:象

國家로 內:定한 人나라와 地나라는 우리 天나라의 侵攻에 對:備하여 많은 방비책을

講:究한 것으로 보입니다.

지금 같은 추세로 조금 더 時間을 지체하면 우리 天나라의 拾萬 大:軍으로도 討伐에

無理가 있을 수 있습니다.

우리 水軍이 漢:水로 들어갈 수만 있으면 쉽게 人나라를 討伐할 뿐만 아니라 水陸兩

攻으로 地나라를 공격하는 것도 可:能하며 보급도 容易합니다.

하지만 水軍 大將 '호' 大:將軍과 相議한 結果, 지금 우리 水軍으로는 漢:水 進:入이

不可能하다고 結論을 내렸습니다.

따라서 地나라부터 侵攻하는 것이 合當합니다."

"우리의 强한 水軍이 왜 漢:水로 들어갈 수 없는지 水軍 大將은 報:告하라!"

'호' 大:將軍이 고개를 숙이며, 모기 같은 목소리로 변명하였다.

"天帝여! 小:將 指揮下에 있는 水軍이 强軍인 것은 事:實이나 우리가 保:有한 板屋船

<table>
<tr><td>胞</td><td>태포 포
月(肉)
뜻; 태보, 종기, 친형제</td><td>4급/빠오
9획</td></tr>
</table>

僑胞(교포) 외국에 살고 있는 동포 〈흩씨
胞子(포자) 균사의 끝에 생기는 것 등 종류가 많음

<table>
<tr><td>揮</td><td>휘두를 휘
扌(手)
뜻; 휘두르다, 완전하다</td><td>4급/후이
12획</td></tr>
</table>

發揮(발휘) 재능이나 능력 따위를 충분히 밖으로
指揮(지휘) 지시해 일을 하도록 시킴 〈드러냄

은 물살이 빠른 漢:水에서는 人나라에 派兵된 왜나라의 배를 감당하기 어렵습니다.
　　　　　　38 10　　　　6　　　125.52

그래서 小:將 指揮下에 있는 水軍들도 陸上戰을 對:備하여 訓:練 中이오니
　　　　13 77 141.214.30　　　10.9　　98.18.35　60 97　　40 87 12

陸上戰에 投入시켜 주시면 큰 功을 세워 天帝의 期待에 보답하겠습니다."
98.18.35　170.20　　　　66　　34.167　42.95

"그럼 地나라를 이번 討伐 相對國으로 定하고, '秀' 三品士는 二:品士로 승차하고 이
　　36　　　129.129 79.60.7　42　　175　9.37.43　15 37.43

번 戰:鬪의 總:軍師를 맡아 作戰을 進:行하라."
35 171　139 6.81　　61.35　118 43

"全心全力을 다하여 勝利를 거두겠습니다."
31.18.31.24　　　41.41

'표' 上:將軍을 右軍 大將으로 하고, '호' 大:將軍을 左軍 大將으로 하며, 中軍 總:司
18 77.6 26.6 9.77　　9 77.6 26.6 9.77　　12.6 139 191

令官은 天帝가 直接 거느리기로 하였다. 數:를 헤아리니 보급 部隊를 除外하고도 족
84.109 34.167 29.141　　　19　　　　44.132 114.15

히 拾萬 大軍이 되었다.
176.9 9.6

출정식을 앞둔 天帝는 天上國에서부터 지금까지 自身이 無識하다는 所:聞이 도는 것
　　　34.167　34.18.7　　　　25.34　77.72　24 43

을 잘 알고 있는지라 이번 機會에 그 所:聞을 一擧에 解:消하고 싶다는 생각이 문득
129.59　　24 43　14.75　127 38

들었다.

그래서 全軍을 相對로 출정 演:說을 하려는데, 天帝가 名馬 위에 앉아서 拾萬 大軍 앞
31.6　79.69　138 71　　34.176 18.36　176.9 9.6

에 나서고 보니 그 많은 軍士의 머리만 보일 뿐 도저히 演:說을 할 수가 없었다.
6.43　　　　138 71

"'秀' 總:軍師는 들어라.
175　139 6.81

내가 軍士들의 士氣를 높이고자 출정 演:說을 하려 하니 단상을 만들어라.
6.43　43.24　　138 71

時間이 없으니 단은 흙(土)으로 만들고, 옆에서 보면 이런(凸) 모양으로 높게 하고,
22.22

위에서 보면 이런(回) 모양이 되도록 잘 만들어라.

또 내가 올라갈 수 있도록 사다리를 이런(且) 모양으로 設置하여라."
92.82

모두 만들어 놓으니 壇이 되었다.

<table>
<tr><td rowspan="3">壇</td><td>단 단</td><td>5급/탄</td></tr>
<tr><td>土</td><td>16획</td></tr>
<tr><td colspan="2">뜻; 단, 뜰, 징소</td></tr>
<tr><td colspan="3">壇上(단상) 교단·강단 등의 단 위</td></tr>
<tr><td colspan="3">演壇(연단) 연설 등을 하는 사람이 올라서는 단</td></tr>
</table>

<table>
<tr><td rowspan="3">檀</td><td>박달나무 단</td><td>3.2급/탄</td></tr>
<tr><td>木</td><td>17획</td></tr>
<tr><td colspan="2">뜻; 박달나무, 베풀다</td></tr>
<tr><td colspan="3">檀君(단군) 우리 민족의 국조로 받드는 태초의 임</td></tr>
<tr><td colspan="3">檀紀(단기) '단군기원'의 준말　　〈금</td></tr>
</table>

天帝가 壇을 오르며 사다리를 보니, 어디서 구했는지 사다리를 만든 나무가 단단하기

로 이름난 檀木이 아닌가.

'믿음직하고 忠誠스러운 내 臣下들.'

天帝가 壇 위에 오르니 저 멀리 數:많은 軍士가 모두 한눈에 들어왔다.

"親愛하는 나의 臣下들아! 이번 출정에 모두 파이팅하자. 파이팅!"

天帝는 이 말 한마디를 하고 壇을 내려오며 마음속으로 속삭였다.

'이놈들아, 나는 英語도 할 수 있다. 이래도 내가 無識하냐?'

김태춘 北山 봉화 大將은 그동안 산골 마을에서 苦生을 많이 한 탓인지 筋力이 예전

같이 않았지만, 지난날 地나라에서 있었던 일에 관한 悔:恨에 잠기면 眼:光이 빛나며

더욱 忠誠을 다짐하였다.

近:來에는 밤잠까지 설치며 直接 天나라를 두루두루 探檢하였다.

그것이 곧 地나라에 報:恩하는 길이라고 생각하였고, 멋있게 隱退하고 싶었다.

한편, 近:來에 地나라 北山의 봉화대에서는 바쁘게 움직이는 天나라 軍馬들의 行動이

자주 目擊되었다.

北山 봉화에 2봉화가 올라가는 날이 자주 發生하였다.

筋	힘줄 근	4급/진
	竹	12획
	뜻; 힘줄, 힘, 체력	
筋骨(근골) 근육과 뼈		
筋脈(근맥) 근육과 혈맥		

悔	뉘우칠 회	3.2급/후이
	忄(心)	10획
	뜻; 뉘우치다, 허물, 한스럽다	
悔改(회개) 잘못을 뉘우치고 고침		
悔心(회심) 잘못을 뉘우치는 마음		

恨	한할 한	4급/헌
	忄(心)	9획
	유;怨(원망할 원)	
痛恨(통한) 가슴 아프게 몹시 한탄함		
恨歎(한탄) 원망을 하며 한숨을 쉬며 탄식함		

探	찾을 탐	4급/탄
	扌(手)	11획
	뜻; 찾다, 잡다, 타다	
探檢(탐검) 탐색하고 두루 살핌 〈어 찾아 물음		
探問(탐문) 알려지지 않은 사실이나 소식을 더듬		

最:近에는 天나라 軍士들이 움직임이 날로 그 回數가 많아질 뿐 아니라 움직이는 軍
士의 數도 大:單位로 行動하였다.

김태춘 北山 봉화 大將은 모든 사항을 '玉' 軍師에게 神速하게 報:告하였다.

商團에서 들어오는 情報도 김태춘의 報:告와 다르지 않아 '玉' 軍師는 머지않아 큰
變:化가 생길 것을 豫見하였다.

그러던 어느 날, 北山 봉화대에서 3봉화가 올랐다.

또 3봉화가 오르고 며칠 後:에 北山 봉화대에서 4봉화가 올랐다.

그것을 본 南山과 城門 위의 봉화대에서도 同時에 4봉화가 올랐다.

모든 百姓이 하나같이 民防衛 訓:練 때처럼 神速하게 行動하여 '玉' 軍師와 地나라의
軍士들이 戰:鬪 準:備를 하는 데 不便이 없었다.

準: 戰:時 狀態가 완료되어 어떠한 敵의 侵攻에도 훌륭히 對:處할 수 있게 되었다.

略字 部隊 全員은 南山과 北山의 交通路에 모든 準:備를 갖추고 은폐하였고,

石洞橋 部落에서는 조세형과 그의 兄弟들, 官員들이 민첩하게 案:內하여 地나라 百姓
들을 유도하였다.

젊은 婦人이 어린 姉妹를 데리고 避:難을 가는데, 乳兒인 막내딸을 등에 업고 큰딸의
손을 잡고 머리에는 짐을 이고 老:父母는 앞에 서고, 모두 石洞 部落으로 待:避하였다.

姉	손위누이 자	4급/즈
	女	8획
	반;妹(누이 매)	
姉兄(자형) 손위 누이의 남편		
姉夫(자부) 자형		

妹	손아래누이 매	4급/메이
	女	8획
	반;男(사내 남)	
妹弟(매제) 누이동생의 남편		
男妹(남매) 한 부모의 남녀 동기		

乳	젖 유	4급/루
	乙	8획
	뜻; 젖, 낳다, 젖을 먹이나	
乳母(유모) 어머니를 대신하여 유아에게 젖을 먹여		
粉乳(분유) 가루 우유　　　〈양육하는 여자		

戰:爭이란 한 人間의 욕심을 채우기 爲:하여 많은 家庭에 苦痛과 不幸을 주는 것이다.

外:國 貿:易商들은 各自 자신의 배를 利:用하여 가까운 人나라와 그들의 本國으로 避

:身하였다.

外:國人 中에는 방금 炭:鑛에서 나온듯한 黑人도 있고 얼굴에 灰칠을 한듯한 白人도

있고, 그 많은 外:國人들이 全部 避:身하였다.

항상 複雜하였던 石洞橋 部落이 이처럼 閑散한 날은 마을이 생기고 처음이었다.

모든 百姓이 避:難을 마친 後:에 조세홍과 官員들도 '玉' 軍師의 作戰대로 모두 철수

하니 石洞橋 部落은 말 그대로 쥐죽은 듯 조용하였다.

한편, 天나라는 天帝의 출정 演:說이 끝나고 모든 軍士가 士氣도 드높게 地나라로 總:

進:擊하였다.

그 數:가 拾萬 名의 大:軍에, 또 數:많은 補給 部隊까지 합쳐져 數:많은 軍旗를 휘날

리고 창칼이 햇빛을 받아 번쩍거렸다.

누가 본다면 當場에 오금이 저려 주저앉게 될 程度로 그 氣勢가 대단하였다.

北山의 김태춘은 아침 햇살 사이로 數:많은 창검이 반짝이는 것을 보고 혹시 아침부

터 헛것이 보이나 하고 다시 보아도 天나라 大:軍이 分明하였다.

그동안 數:많은 싸움에서도 겁을 먹지 않았는데 저 大:軍을 보는 순간

"야! 큰일 났다! 큰일 났다! 點火하라! 點火하라! 5……, 5봉화로!"

"非:常이다! 天나라 놈들이 드디어 일을 냈다!"

<table>
<tr><td>鑛</td><td>쇠돌 광
金
얍;鑛</td><td>4급/쾅
23획</td></tr>
</table>

鑛脈(광맥) 광물의 줄기
金鑛(금광) 금을 캐내는 광산

<table>
<tr><td>灰</td><td>재 회
火
뜻; 재, 활기를 잃다</td><td>4급/후이
6획</td></tr>
</table>

灰色(회색) 잿빛　　　　　　　　〈얻는 돌가루
石灰(석회) 석회암을 태워 이산화탄소를 제거해서

北山의 봉화대에서 모든 百姓이 걱정하던 5봉화가 올랐다.
10. 9   19.23

北山은 물론이고 이것을 본 南山에서도 城門 위에서도 5봉화가 거의 同時에 올랐다.
10. 9   10. 9   40.10   28.22

'玉' 軍師는 모든 準:備를 마치고 地 皇帝 앞으로 나아가 出師表를 올렸다.
174   6. 81   115 97   36 209.167   30.81.164

"小:將이 아직 힘이 弱한 약관(20대)이지만, 天나라와 같은 禮儀도 모르는 小:國이 皇
13 77   65   34   41.150   13 7   209

帝의 나라를 넘보게 한 것은 小:將이 못난 탓입니다.
167   13 77

큰 不忠을 저질렀습니다.
   21.129

이제 小:將이 軍士를 일으켜 저 落葉 같은 天나라를 一擧에 소멸하겠습니다.
    13 77   6. 43   80.108   34   14.195

皇帝께서 우리 地나라 强兵의 안녕이 걱정되시면 小:將을 믿어 주십시오.
209.167   36   35.52   13 77

小:將이 일찍이 天王을 보았고 그 臣下와 軍卒들도 모두 보았습니다.
13 77   34. 9   66.30   6. 72

小:將이 太白山 白髮神人에게 天兵도 부릴 수 있는 兵法을 터득하였으니 우리 地나라
13 77   39. 8. 9 8.177.38.6   34.52   52.39   36

軍卒의 손톱 하나도 다치지 않고 無事히 大:勝을 거두고 돌아오겠습니다.
 6. 72   77.24   9 41

더구나 우리 地나라 皇帝님이 天上에서부터 孝:子로 所:聞난 大:人인 것은 天上天下
         36   209.167   34.18   31 28   24 43   9 6   34.18.34.30

가 모두 아는 事:實인데, 저 無識한 天나라 落葉들에게 皇帝님 孝:의 偉大함을 小:將
         24. 74   77.72   34   80.108   209.167 31   205.9   30 77

이 代:身하여 보여 주겠습니다.
  37 34

孝:가 있어야 忠이 있고,
31   129

孝:가 있어야 信:이 存在하며,
31   25   120.55

孝:가 있어야 禮가 생겨난다는 것을 저 無識한 天나라 落葉들에게 보여 주겠습니다.
31   41   77.72   34   80.108

이번 싸움은 孝:와 無識의 싸움이니 승부는 이미 決定되었습니다.
         31   77.72   71.42

皇帝님은 大:勝의 喜消息만 기다려 주십시오."
209.167   9 41 171.38.124

'玉' 軍師가 出師表를 읽어 나가는 동안 조정의 모든 大:臣은 물론이고 山川草木도
174   6. 81 30.81.164   9 66   9. 17.27.10

肅然히 듣는 듯하였다.
198.31

"'玉' 軍師에게 우리 地나라의 强軍을 總:指揮할 指揮權을 줄 터이니 모두 데리고 나

가 大:勝을 거두고 無事히 돌아오도록 하여라!"

"大:勝을 거두고 오겠습니다."

'玉' 軍師는 치밀하게 모든 軍令을 내려 만반의 態:勢를 갖추었다.

特히 略字 部隊에는 특수 指令을 指示하였다.

'玉' 軍師는 孝:和大門 누각에 指揮所를 設置하고 天軍을 기다렸다.

天나라를 出發한 天나라의 拾萬 大:軍이 石洞 運:河에 到達하였다.

때는 春三月이라 運:河 兩:邊에 서 있는 버드나무의 柳眼만이 敵軍을 監視하였다.

'秀' 總:軍師는 所:聞을 통하여 地나라에 대단한 智略家가 있다고 들었는데,

이렇게 地形的으로 有:利한 石洞 運:河를 포기한 것을 보고 코웃음을 치며

"天帝님, 이번 戰:鬪도 우리가 大:勝을 거둔 것과 다름이 없습니다.

이렇게 훌륭한 방어선을 포기한 것을 보면 地나라의 戰:略家는 바보이거나, 우리 天

나라에 큰 두려움을 느끼고 石洞 골짜기에 숨은 것 같습니다. 하하하!"

天帝도 遺策(失策)인 줄도 모르고 氣分이 좋아지며

"하하하! 역시 우리 天나라 軍士는 强兵이란 말이야. 하하하!"

柳	버들 류	4급/리우
	木	9획
	뜻; 버들, 모이다	
花柳(화류) 꽃과 버들		
柳絲(유사) 버드나무의 가지		

遺	남길 유/따를 수	4급/이
	⻌	16획
	뜻; 남다, 보내다, 따르다	
遺骨(유골) 죽은 사람을 화장하고 남은 뼈		
遺跡(유적) 건축물이나 전쟁이 있었던 옛터		

策	꾀 책	3.2급/처
	竹	12획
	뜻; 계책, 문서	
策動(책동) 몰래 계획하여 행동하는 것		
策定(책정) 계획이나 방책을 세움		

天帝는 여유를 부리며 孝:和門 앞에 天軍의 陣營을 設置하였다.
34.167   31 60.10   34. 6   138.170 92.82

좁은 孝:和大門 앞에 拾萬 大:軍이 장사진을 치니 그 氣勢가 대단하였다.
      31 60.9.10   176.9 9 6   24.132

天나라 大:軍의 陣法은
34   9 6   138.39

맨 앞 部隊는 肉(月) 부대로 맨몸에 짧은 短刀를 든 肉彈 部隊가 앞을 占有하며, 肖
   44.132   123   41   132.187 44.132   25

(초,소) 育, 背, 胃, 能, 脫, 腸 將軍이 있고,
                        77. 6

또 後:續 部隊로 弓(궁) 部隊가 配:置되었으며, 引, 弟, 弱, 强, 張, 彈 將軍이 있고,
   26 138 44.132   44.132   125 82   77 6

다음 部隊로 戈(창) 部隊가 配:置되었으며, 戒, 成, 戰 將軍이 있고,
    44.132   44.132   125 82   77.6

그다음은 刀 部隊로 分, 切, 列, 刑, 別, 初, 判, 刻 到, 券, 制 前, 則, 副, 創, 劃, 劇,
      221 44.132

등의 有:名한 名將들이 配:屬되었다.
    25 18   18.77   125 82

孝:和大門 위에서 天나라의 軍陣을 살피던 '玉' 軍師가 혼잣말을 하는데
31 60.9.10   34   6.138   174   6. 81

'秀' 형님도 陣法에는 一家見이 있구나!'
175   138.39   14.15.71

"여러 장수들은 저 軍陣을 잘 보시오.
              6.138

저것처럼 같은 部首들로 陣을 짜는 것은 '편방' 이라는 陣法이요. 잘 기억하시오."
          44.73   138   138.39

"네."

天나라 軍陣의 天帝가
34   6.138   34.167

"누가 먼저 나가서 地나라의 機先을 꺾겠느냐?"
                36   129.8

여기저기서 많은 將軍이 선봉을 서겠다고 서로 나섰다.
              77. 6

그때 '표' 上:將軍이 天帝 앞으로 急히 나서며
     18 77. 6   34.167   35

<table>
<tr><td rowspan="3">刀</td><td>칼 도</td><td>3.2급/다오</td></tr>
<tr><td>刀</td><td>2획</td></tr>
<tr><td colspan="2">뜻; 칼, 의술</td></tr>
<tr><td colspan="3">果刀(과도) 과일을 깎는 칼</td></tr>
<tr><td colspan="3">軍刀(군도) 군인이 차는 일정형식의 긴 칼</td></tr>
</table>

<table>
<tr><td rowspan="3">占</td><td>차지할 점</td><td>4급/잔</td></tr>
<tr><td>卜</td><td>5획</td></tr>
<tr><td colspan="2">뜻; 차지하다, 지키다, 묻다</td></tr>
<tr><td colspan="3">占據(점거) 차지하여 자리 잡음</td></tr>
<tr><td colspan="3">占領(점령) 일정한 땅을 차지하여 제 것으로 함</td></tr>
</table>

"小:將 '표' 上:將軍이 나가 地나라의 機先을 한칼에 制壓하고 오겠습니다."

"'표' 上:將軍! 그대가 나가 勝機를 잡도록 하여라!"

命:令이 떨어지기가 무섭게 性:質 急한 '표' 上:將軍이 한달음에 나아갔다.

"地나라 겁쟁이들아! 내 相對者가 있으면 나오너라!"

'표' 上:將軍은 性:質이 너무 急한 나머지 가만히 있지 못하고 暴惡스럽게 四:方八方을 누비며 粉塵(진)을 날리고 高聲을 질렀다.

"당장 못 나오겠느냐. 이 겁보들아!"

孝:和大門 上:席에서 내려다보던 '玉' 軍師가 아무리 보아도 粉塵(진) 속에 있는 저놈이 누군지 알아볼 수가 없었다.

"비장(秘書)은 나가서 저놈의 생김새를 子(仔)細히 보고 오너라!"

비장이 저놈을 仔細히 보고 그리는데 貌를 그렸다.

"그것은 '모양새 모' 字가 아니냐?"

"앗! 失手다."

비장이 다시 그리는데, 豸까지 그리자

'玉' 軍師가

"또 '모양새 모' 字를 그리느냐?"

"아닙니다. '발 없는 벌레 치'(豸) 뒤에 저놈의 시끄러운 입과 짧은 혓바닥을 그리면 됩니다.

豸 + 勹 + ― = 豹, 요롷게 생긴 놈입니다."

"저놈이 天나라 '豹' 上:將軍이구나."

粉	가루 분	4급/펀
	米	10획
	뜻; 가루, 단장하다, 희다	

粉筆(분필) 칠판에 글씨를 쓰는 물건
花粉(화분) 꽃가루

豹	표범 표	2급/빠오
	豸	5획
	뜻; 표범, 사나움	

豹文(표문) 표범의 털 무늬와 같이 아름다운 무늬
豹直(표직) 쉬는 날에 드는 번(番)

"저놈을 相對할 우리 편 將軍으로 거북 將軍 '龜' 將軍이 나가거라!"

하며 무슨 作戰인 양 두 팔을 벌리니 作戰 指示를 하는 것처럼 보였다.

그 模樣을 멀리서 보던 '秀' 總:軍師가 깜짝 놀랐다.

"아니! 저 녀석은 玉童子가 아니냐."

"天帝님, 저 孝:和門 위에 黃金 두건을 쓰고 흰 도포를 입은 녀석이 地나라 軍師인 듯

한데, 仔細히 보니 예전에 우리 天나라에 왔던 저와 同門修學한 玉童子가 分明합니다."

"오! 仔細히 보니 그때 내 名馬를 十 日 동안 굶긴 그 녀석이 맞는구나."

그때 城門이 열리고 한 將軍이 나오며

"네 이놈! 豹家 어린놈아! 어찌 禮義도 모르고 남의 나라에 와서 큰소리를 치느냐?

너 같은 어린놈은 300살 먹은 내 등짝에 난 甲衣의 흉터만 봐도 놀라 자빠질 것이다.

여기가 너의 墓를 쓸 자리니라. 이놈!"

그 소리에 '豹' 上:將軍이 '龜' 將軍의 갑옷을 보니 정말로 戰:爭의 傷處가 無數히

있었다.

오히려 '豹' 上:將軍이 氣가 죽지 않으려는 듯

"드디어 오늘에야 相對다운 相對를 만났구나. 이놈!"

하며 長刀를 휘두르니, '龜' 將軍이 머리와 팔, 다리를 甲底 속으로 집어넣고 약을 올

龜	거북 구　　　　　　3급/구이
	龜　　　　　　　　　　16획
	뜻; 거북, 점술⑭;龟

龜甲(귀갑) 거북 등의 껍데기　　　　〈터짐
龜裂(균열) 거북의 등딱지 무늬 모양으로 갈라져서

甲	갑옷 갑　　　　　　4급/지아
	田　　　　　　　　　　5획
	뜻; 껍질, 갑옷, 첫째

甲富(갑부) 첫째가는 부자　　　〈깐 평평한 바닥
甲板(갑판) 큰 배나 군함 위의 철판·나무 따위로

墓	무덤 묘　　　　　　4급/무
	土　　　　　　　　　　14획
	뜻; 무덤

墓碑(묘비) 무덤 앞에 세우는 비석
墓地(묘지) 무덤이 있는 땅

렸다.

"어린놈아! 방금 손가락을 튕겼느냐?

네놈의 칼이 鉛刀로구나. 하하하!"

'豹 上:將軍은 화가 머리끝까지 올랐다.

"다시 한 번 내 칼을 받아라!"

"쨍그랑."

'龜' 將軍은 약만 잔뜩 올리고, 다시 머리를 甲底 속으로 집어넣고 또 약을 올린다.

"이번에는 발가락으로 튕겼느냐? 하하하!"

다시 한 번 攻:擊 姿勢를 取:하고 달려가던 '豹 上:將軍이 '龜' 將軍의 말에 머리끝

까지 오른 화를 참지 못하고 오장육부의 腸器가 體液과 함께 터지며 殘惡하게 죽었다.

간장과 심장과 폐장과 비장과 신장의 5장이 四:方으로 흩어지고,

大:腸과 小:腸과 밥통(위)과 담랑과 오줌보(방광)와 삼초의 6부도 四:方八方으로 地面

위에 흩어졌다.

순간적으로 일어난 일이라 天나라 軍營에선 어안이 벙벙하였는데, '龜' 將軍이 두꺼

운 등 甲衣로 '豹 上:將軍의 首級을 잘라서 들고 孝:和門 안으로 유유히 사라지는

것이 아닌가!

鉛	납 연	4급/이엔
	金	13획
	뜻; 납, 따르다	
鉛毒(연독) 납에 함유된 독 〈무로 만든 필기도구		
鉛筆(연필) 흑연 분말을 가느다란 심을 만들고, 나		

腸	창자 장	4급/창
	月(肉)	13획
	뜻; 창자, 마음	
小腸(소장) 위와 대장 중간에 있는 소화기		
胃腸(위장) 위와 장		

液	진 액/담글 석	4.2급/이에
	氵(水)	11획
	뜻; 진, 담그다, 풀어지다	
液狀(액상) 액체의 상태, 액체와 같은 상태 〈현상		
液化(액화) 기체가 냉각·압축되어 액체로 변하는		

殘	남을 잔	4급/찬
	歹	12획
	약;殘	
殘餘(잔여) 남아 있는 것		
殘額(잔액) 나머지 액수		

이를 본 '호' 大:將軍이
9 77.6

"네 이놈! 龜家 놈아! 내 형님의 首級은 놓고 가거라!" 하며 떨치고 나갔다.
223.15   73.51

그때 城門 위에 있는 '玉' 軍師가 또다시 두 팔을 흔드는 듯 信:號를 보내자,
40.10   174 6.81   25 63

城門이 열리고 한 將軍이 달려나오며
40.10   77.6

"어느 놈이 남의 나라에서 소리를 지르는가?

豹家 놈의 首級은 郵便으로 보내 줄 터이니, 네놈의 목도 두고 가거라!"
222.15   73.51   27

仔細히 보니 방금 나온 將軍은 앞니 두 개가 툭 튀어나오고 두 귀가 멋진 토끼 模樣
28.137   77.6   183.185

을 한 '兎' 將軍이 아닌가.
      77.6

'兎' 將軍은 번쩍번쩍 빛나는 두 이빨을 앞세우고 '호' 大:將軍에게 一擊을 加하였다.
225 77.6   9 77.6   14.195 88

'호' 大:將軍이 엉겁결에 간신히 避:한 다음 精神을 차리고 보니 敵手가 안 되는 놈
    9 77.6   137   66.38   135.19

이 아닌가?

화가 난 '호' 大:將軍이
      9 77.6

"네놈을 잡아 '豹' 형님의 원수를 갚겠노라!"며 '兎' 將軍을 이리저리 攻:擊하였지만,
            222   225 77.6   132 195

武:藝는 '호' 大:將軍이 월등히 높아도 날쌘 '兎' 將軍을 따라가지 못하니 無數히 加
133 133   9 77.6   225 77.6   77.19   88

한 攻:擊이 모두 虛空을 맴돌았다.
  132 195   129.31

마치 演:劇을 하는 舞:人처럼 虛空에 손을 흔들며 춤추는 듯하다.
    138   6   129.31

<table>
<tr><td rowspan="3">郵</td><td>우편 우</td><td>4급/요우</td></tr>
<tr><td>阝(邑)</td><td>11획</td></tr>
<tr><td colspan="2">뜻; 역참, 배달</td></tr>
</table>

郵送(우송) 우편으로 보냄
軍郵(군우) '군사 우편' 의 준말

兎 토끼 토   2급/투
儿   5획
뜻; 토끼, 달의 딴 이름

兎死狗烹(토사구팽) 사냥이 끝나면 개를 잡아먹는
다는, 필요할 땐 쓰고 필요 없을 땐 버린다는 고사

劇 심할 극   4.2급/쥐
刂(刀)   15획
뜻; 심하다, 빠르다, 장난하다

劇雨(극우) 줄기차게 많이 내리는 비
喜劇(희극) 사람을 웃길 만한 일이나 사건

舞 춤출 무   4급/우
舛   14획
뜻; 춤추다, 업신여기다

舞曲(무곡) 춤과 악곡
歌舞(가무) 노래와 춤

"네 이놈 兎家야! 창검을 부딪쳐나 보자!"

"날 잡아 봐라. 미련한 '호' 家 놈아!"

벌써 數:次의 攻:擊을 가한 '호' 大:將軍은 화가 잔뜩 올랐다.

이때 城門 위 指揮所에서 또다시 '玉' 軍師가 두 팔로 信:號를 보냈다.

이것을 본 '兎' 將軍이 숲 쪽으로 냅다 줄행랑을 놓았다.

'호' 大:將軍이 숲 쪽으로 도망가는 '兎' 將軍을 쫓으며 마지막 一擊을 加하려는 찰

라, '호' 大:將軍의 몸이 순간적으로 虛空에 붕 떴다.

'玉' 軍師의 作戰대로 미리 設置한 그물 덫에 '호' 大:將軍이 잡혀 나뭇가지에 대롱

대롱 매달리는 身世가 되었다.

城壁 위에서 이 光景을 지켜보던 地나라 將:卒들이 함성을 지르고 북과 꽹과리를 치

고, 南山과 北山에서는 미리 매복하던 略字 部隊가 기다렸다는 듯 天地가 떠나가도록

爆藥을 터트리니 그 爆音 소리에 天帝를 비롯한 天軍의 將:卒들이 기겁하였다.

기다렸다는 듯 孝:和門이 활짝 열리며 地나라 大軍이 물밀 듯이 攻:擊하였다.

先頭에는 白馬가 끄는 二:輪 馬:車에 金絲로 지은 옷을 입은 '玉' 軍師가 높이 앉아

있었다.

天帝는 抗:拒할 精神도 차리지 못하며

爆	터질 폭/포	4급/빠오
	火	19획
	뜻; 터지다, 태우다	

爆發(폭발) 불이 일어나며 갑작스럽게 터짐
爆笑(폭소) 폭발하듯 갑자기 웃는 웃음

輪	바퀴 륜	4급/룬
	車	15획
	뜻; 바퀴, 수레, 돌다	

輪番(윤번) 차례로 번을 듦
輪轉(윤전) 바퀴 모양으로 회전함

絲	실 사	4급/스
	糸	12획
	㈜;糸	

原絲(원사) 직물의 원료가 되는 실
毛絲(모사) 털실

拒	막을 거	4급/쥐
	扌(手)	8획
	㈜;絕(끊을 절)抗(막을 항)	

拒否(거부) 승낙하지 않고 물리침
拒逆(거역) 윗사람의 뜻이나 명령을 어겨 거스름

"全軍은 後:退하라! 石洞 運:河 30里 밖으로 後:退하라!"
　31.6　　26 179　　　49.25 49 92　　31　　　　26 179

하며 혼쭐나게 逃亡을 갔다.
　　　　　　167.67

天나라 將:卒들도 '豹' 上:將軍의 죽음과 '虎' 大:將軍의 체포에 놀라 精神이 없던
34　　77 72　　222　18 77.6　　　　9 77.6　　　　　　66.38

차에, 天地가 개벽하는 듯한 爆音과 光景에 놀라 天帝의 命:令을 듣는 둥 마는 둥 누
　　34.36　　　　　226.61　52.94　　34.167　29 84

가 먼저라 할 것도 없이 병장기를 내던지고 줄행랑을 쳤다.

天軍이 좁은 石洞橋를 먼저 빠져나가려고 애쓰는 모습이 아비규환이었다.
34.6　　49.25.94

그 바람에 서로 밟혀 죽고, 石洞 運:河에 빠져 죽고, 뒤좇아 온 地나라 將:卒에게 맞
　　　　　　　　49.25 49 92　　　　　　36　　77 72

아 죽고, 數: 많은 天나라 將:卒들이 戰:死하였다.
　　　19　　34　　77 72　　35 67

겨우 목숨을 건진 敗:殘兵 數:가 折半을 넘지 못한 듯하였다.
　　　　　　106 224.52 19　191.61

한편, 숲 속으로 逃亡갔던 '兎' 將軍이 나오는데, '兎' 將軍은 勝利의 기쁨과 關係없
　　　　167.67　　225. 77.6　　225. 77.6　　41.41　　　69.222

이 士氣가 죽어 있었다.
　43.24

地나라 將軍 中에서 第:一로 멋을 부리는 '兎' 將軍의, 名品 中의 名品인 귀가 異:相
36　　77.6 12　44 14　　225. 77.6　18.37 12　18.37　　128 79

하였다.

하늘로 쭉 벋은 두 귀와(丿) 광채가 나는 두 뻐드렁니(山)에, 앞다리는 짧아도(丿) 매

력적으로 쭉 벋은 뒷다리(乚)와 짤록한 꼬리(丶)가 一品인데, 숲에서 나오는 토끼 귀가
　　　　　　　　　　　　14.37

뚝 부러져 꺾여있다.

兎 → 兔로 이렇게
225　　225

아니! '兎' 將軍, 어떻게 된 일이요?"
　225　77.6

"너무 急하게 逃亡가다가 나뭇가지에 귀가 걸려 부러졌소. 흑흑흑!"
　　35　　167.67

"'兎' 將軍은 귀가 부러져도 免, 안 부러져도 兎, 똑같은 '兎' 將軍이요. 하하하!"
225 77.6　　　　　225　　　　225　　225 77.6

<table>
<tr><td rowspan="3" style="font-size:2em">虎</td><td>범 호</td><td>3.2급/후</td></tr>
<tr><td>虍</td><td>8획</td></tr>
<tr><td colspan="2">뜻; 호랑이, 사납다</td></tr>
<tr><td colspan="3">虎皮(호피) 호랑이의 가죽</td></tr>
<tr><td colspan="3">虎口(호구) 매우 위태로운 처지나 형편</td></tr>
</table>

石洞 運:河에서 30里를 後:退한 天帝가 精神을 收拾(습)하고 보니 大:敗도 이런 大:敗
가 없었다.

體系도 갖추지 못하고 軍事 會議를 하는데 어느 將:卒 하나 입을 여는 사람이 없었다.

"오늘의 敗北(배)에 對:하여 누가 말을 하여 보아라!

오! 불쌍한 '豹' 上:將軍, '虎' 大:將軍……. "

'秀' 總:軍師가 群衆 속에서 한 발 앞으로 나서며

"大:帝님! 오늘의 敗北는 小:將이 放:心하여 일어난 일입니다.

小:將을 罰하여 주십시오."

"지금은 누구를 責望하자는 것이 아니오.

事:態를 어찌 收拾하여 이번 출정을 勝利로 바꾸고, 무너진 天軍의 士氣를 다시 살릴
수 있느냐는 것이오."

"……"

다시 '秀' 總:軍師가 한 발 앞으로 나서며

"小:將에게 妙:策이 있습니다."

"말하라!"

"제가 地나라의 '玉' 軍師를 잡아 오겠습니다."

"무슨 方法이 있소?"

"제 아우와 함께 가서 '玉' 軍師를 꾀어 오겠습니다."

<table>
<tr><td rowspan="3">系</td><td>이을 계</td><td>4급/지</td></tr>
<tr><td>糸</td><td>7획</td></tr>
<tr><td colspan="2">뜻; 잇다, 실마리, 계보</td></tr>
<tr><td colspan="3">家系 (가계) 한 집안의 계통</td></tr>
<tr><td colspan="3">直系 (직계) 직접 계통을 이어받음</td></tr>
</table>

<table>
<tr><td rowspan="3">群</td><td>무리 군</td><td>4급/췬</td></tr>
<tr><td>羊</td><td>13획</td></tr>
<tr><td colspan="2">㊤:衆(무리 중)</td></tr>
<tr><td colspan="3">群島(군도) 불규칙하게 모여 있는 크고 작은 섬들</td></tr>
<tr><td colspan="3">群落(군락) 같은 자연 환경에서 자라는 식물군</td></tr>
</table>

"'玉'이라는 놈이 예전의 '玉'이 아니고 한 나라의 軍師인데, 어찌 꾀어 올 수 있소?"

"제 同生 誘는 누구라도 꾀어낼 수 있는 言辯을 가졌으니 自信이 있습니다."

"玉童子 그 여우 같은 놈이 꾐에 넘어간 척하고 우리나라에 와서 못된 짓을 하면 그

때는 더 큰 일이 생길지도 모르는데, 그때는 어떻게 하겠소?"

"저에게는 막냇同生이 있습니다. 제 막냇同生 透는 사람의 마음까지도 透視하는 能力

이 있습니다."

"그래도 不安한데……."

"만약 玉童子가 거짓으로 꾐에 넘어간 척을 하면 그놈을 죽이면 됩니다."

"그럼, 한번 해보시오."

"네."

"잠깐, '秀' 三 兄弟는 앞으로 나오시오!"

秀, 誘, 透   三 兄弟가 앞으로 나왔다.

"仔細히 보니 아무리 兄弟라지만, 三 兄弟가 너무 닮았소. 하하하!"

하며 天帝가 辭說을 폈다.

한편, 地나라 軍陣에서는 石洞橋 入口에 軍營을 設置하고 다음 戰:鬪를 對:備하였다.

'玉' 軍師는 自身의 막사를 北山 옆 한적한 곳에 設置하게 하고 軍師의 旗가 유독 잘

<table>
<tr><td rowspan="3">誘</td><td>꾈 유</td><td>3.2급/요</td></tr>
<tr><td>言</td><td>14획</td></tr>
<tr><td colspan="2">뜻; 꾀이다, 당기다, 가르치다</td></tr>
<tr><td colspan="3">誘發(유발) 어떤 일의 원인이 되어 다른 일이 생김</td></tr>
<tr><td colspan="3">誘引(유인) 흥미를 일으켜 꾀어냄</td></tr>
</table>

<table>
<tr><td rowspan="3">透</td><td>통할 투</td><td>3.2급/토우</td></tr>
<tr><td>辶</td><td>11획</td></tr>
<tr><td colspan="2">뜻; 비치다, 보이다, 투과하다</td></tr>
<tr><td colspan="3">透視(투시) 막힌 물체를 환히 뚫어봄</td></tr>
<tr><td colspan="3">透過(투과) 스며들어 통과함</td></tr>
</table>

<table>
<tr><td rowspan="3">辭</td><td>말, 말씀 사</td><td>4급/츠</td></tr>
<tr><td>辛</td><td>19획</td></tr>
<tr><td colspan="2">유;說(말씀 설) 약;辞</td></tr>
<tr><td colspan="3">辭意(사의) 글이나 말의 주장되는 뜻</td></tr>
<tr><td colspan="3">辭典(사전) 국어사전, 영어사전</td></tr>
</table>

보이도록 높이 올리라고 命:令하였다.
　　　　　　　　　29　84

그리고 軍令을 指示하는데
　　　6.84　　141.98

"오늘, 모든 將:卒의 功勞를 높이 評:價하오.
　　　　　77　72　66.75　　　　89

天나라가 혼쭐이 났을 것이오. 軍陣을 再:整備하려면 많은 날이 걸릴 것이오.
34　　　　　　　　　　　　　6.138　110 182.97

오늘은 모든 將:卒이 疲困할 터인데 크게 잔치를 열고 모든 將:卒을 쉬게 하시오.
　　　　　77　72　181.163　　　　　　　　　　　　　　　77　72

警:戒兵도 最:小 兵力으로만 하고 모두 즐기게 하시오."
135 135.52　82　30　52.24

帳幕으로 돌아온 '玉' 軍師는 便紙 한 통을 써서 침상 위에 올려놓고, 다른 날과는 달
174　6.81　　27.20

리 出納을 擔當하는 비장에게 異:狀한 注:意를 주었다.
　30　152.74　　　　　128 134　46 59

"오늘 밤에 무슨 일이 생기더라도 絕對로 소란스럽게 하지 마라.
　　　　　　　　　　　139.60

모든 일이 計:劃된 것이니 그리 알고 行動하여라.
　　　53　52　　　　　　　　32.27

또 오늘은 비장도 내 軍幕에서 나와 함께 자도록 하라."
　　　　　　　6.230

그러고는 '玉' 軍師가 일찍 잠자리에 들었다.
　　　174　6.81

모든 將:卒이 즐겁게 會:食을 하고 모두 잠에 취해버렸다.
　　　77　72　　　59　28

이때 '玉' 軍師의 帳幕에 健:壯한 사나이들이 나타났으니, 그들은 天나라의 '秀' 總:
　174　6.81　230.230　93 145　　　　　　　　　34　　　175 139

軍師와 그의 同生 '誘' 였다.
6.81　　28.8　229

'玉' 軍師와 그들은 한참 무슨 말을 하더니, 함께 조용히 暗黑 속으로 사라졌다.
174　6.81　　　　　　　　　　　　　　　147.82

<table>
<tr><td rowspan="3">評</td><td>평할 평</td><td>4급/평</td></tr>
<tr><td>言</td><td>12획</td></tr>
<tr><td colspan="2">㊨;批(비평할 비)</td></tr>
<tr><td colspan="3">評說(평설) 비평을 가하여 설명함</td></tr>
<tr><td colspan="3">評判(평판) 비평하여 시비를 판정함</td></tr>
</table>

帳	휘장 장	4급/짱
	巾	11획
	뜻; 휘장, 군막, 장부	

記帳(기장) 장부에 적음　　　　　　〈장막
揮帳(휘장) 여러 폭의 피륙을 이어 만든, 둘러치는

幕　장막 막　3.2급/무
　巾　14획
　뜻; 장막, 가리다, 덮다

幕舍(막사) 임시로 지은 가건물
幕間(막간) 끝난 막과 다음 막과의 시간적 사이

納　들일 납　4급/나
　糸　10획
　㊨;受(받을 수)

納入(납입) 세금이나 공과금 등을 냄
完納(완납) 남김없이 완전히 납부함

다음날 새벽 地나라 陣營에서는 벌집을 쑤셔놓은 듯 亂離가 났다.

밤사이 '玉' 軍師와 그의 비장이 감쪽같이 사라졌기 때문이었다.

'朴' 上:將軍이 황급히 '玉' 軍師의 帳幕에 들어와 이곳저곳을 찾아보는데 침상 속에서

便紙 한 통이 나왔고 봉투에는 朱紅글씨로 急秘이라고 쓰여 있었다. 內:容인 즉,

['朴' 上:將軍님 보십시오.]

내가 計:略이 있어 當分간 出他하였으니 그렇게 알고 모든 軍營은 現在 狀態로 유지

하여 주십시오.

또 모 日 모 時에 石洞 運:河 北쪽 十 里 밖에 있는 삿갓바위에 날랜 勇士 十 名을

보내 놓으십시오. 내가 그들과 함께 돌아오겠습니다.

['玉' 軍師 秘:報]

'朴' 上:將軍은 이 事:實을 秘:密로 하며 즉시 皇帝에게 報:告하고, '玉' 軍師의 指示

대로 모든 將:卒에게 싸움을 勸:獎하지 않고 現: 位置에서 非:常 待:機하게 하였다.

朱	붉을 주	4급/주
	木	6획
	㊀;紅(붉을 홍)	
印朱(인주) 도장을 찍는 데 쓰는 붉은빛의 재료		
朱黃(주황) '주황빛' 의 준말		

獎	권면할 장	4급/장
	大	14획
	㊀;勸(권할 권)㊂;獎	
獎學(장학) 학문을 장려함		
獎勵(장려) 권하여 북돋아 줌		

지금까지 첫음절의 장음을 공부했습니다.

생활하면서 장음을 일상화하여 훌륭한 발음법을 숙련히세요.

다음에는 기본적인 옥편을 보는 방법을 재미있게 풀었습니다.

한편, 天나라 軍營에는 ‘秀’ 總軍師와 ‘玉’ 軍師 一行이 새벽어둠을 뚫고 到着하였다.
　　　34　　　　　6.170　　　　175　139.6. 81　　174　6. 81　14.43　　　　　　　　　73.73

미리 연락을 받은 天帝와 많은 臣下는 大敗한 기억을 잠시 잊은 듯 모두 흥분하였다.
　　　　　　　　　　34.167　　　　66.30　　9.106

特히 天帝 옆에는 ‘秀’ 總軍師의 막냇同生 ‘透’ 가 바싹 붙어 있었다.
37　　34.167　　　　175　139.6. 81　　28.8　175

“小將 玉童子, 天帝님께 問安 人事를 드립니다.”
13.77 174.39.28　34.167　　29.27　6. 24

天帝는 너무나 기쁜 나머지 人事를 받자마자, ‘透’ 에게
34.167　　　　　　　　　　　　6. 24　　　　175

“어떠하냐?”

‘透’ 가 손가락을 동그랗게 만들어 信號를 보냈다.
229　　　　　　　　　　　　　　25.63

“ㅅ_ㅅ”

“玉童子는 먼 길을 오느라 苦生하였소. 이곳 上席으로 올라오시오.”
174.39.28　　　　　　　　　　36. 8　　　　　18.47

天나라 軍營은 그날 하루 잠시 戰爭을 잊고 玉童子를 歡迎하는 잔치로 하루를 보냈다.
34　　　6.170　　　　　　　　　35.97　　　　174.39.28　179.187

다음날, 天帝는 秀 兄弟의 業績을 높이 치하하며,
　　　　34.167　　175　11.11　　43

“‘秀’ 總軍師를 二品士에서 一品士로 승진시키고 그의 同生들도 모두 한 階級씩 승진
175　139.6. 81　15.37.43　　14.37.43　　　　　　　28.8　　　　175.51

시키고, 玉童子도 一品士에 해당하는 國師로 任命하니 모두 忠誠을 다하여라.”
　　　174.39.28　14.37.43　　　　　7.81　　72.29　　　　129.123

“네.”

“‘玉’ 國師는 우리 天나라를 爲하여 할 말이 없소?”
175　7.81　　　34　　　116

“네, 小將이 太白山 白髮神人에게 배운 모든 智識을 天나라의 모든 將軍에게 傳授하
13.77　　39.8. 9　8.177.38.6　　　　　133.72　34　　　　　　77. 6　　73.172

겠습니다.

績	길쌈 적	4급/지
	糸	17획
	㊤;蓄(쌓을 축) 貯(쌓을 저)	
治績(치적) 정치상의 공적		
功績(공적) 공로의 실적		

모든 將軍이 最新 戰法을 배우고 익히면, 그것이 天나라가 强軍으로 다시 태어나는
길이 아니겠습니까?

제가 孝和門 위에서 두 팔을 벌린 듯이 보인 것은 다름이 아니라 제가 지은 玉篇과
國語辭典, 이 두 卷의 券帖이었습니다.

玉篇을 옆에 두고 공부하십시오

그럼 지금부터 玉篇을 보는 方法에 對하여 講義하겠습니다.

漢字를 알아야 하는 까닭은 우리의 말 中에 많은 말이 漢字여서 漢字를 알면 우리말
을 잘 구사할 수 있고 周邊 國家의 言語를 아는 데도 도움이 됩니다.

特히 玉篇과 國語辭典을 竝行해서 보면 더 큰 效果를 얻을 수 있습니다.

玉篇이라는 冊은 漢字를 찾는 冊이며, 漢字를 찾는 方法은 여러 方法이 있습니다.

첫째, 漢字의 音으로 찾는 方法과,

둘째, 漢字의 總 劃數로 찾는 方法과,

셋째, 部首를 利用하여 찾는 方法이 있습니다.

<table>
<tr><td rowspan="3">券</td><td>문서 권</td><td>4급/취엔</td></tr>
<tr><td>刀</td><td>8획</td></tr>
<tr><td colspan="2">뜻; 문서, 분명하다</td></tr>
<tr><td colspan="3">株券(주권) 주주의 출자에 대하여 교부하는 유가</td></tr>
<tr><td colspan="3">證券(증권) '유가 증권'의 통칭　　　　　　　　〈증권〉</td></tr>
</table>

<table>
<tr><td rowspan="3">帖</td><td>표제 첩</td><td>2급/티에</td></tr>
<tr><td>巾</td><td>8획</td></tr>
<tr><td colspan="2">뜻; 표제, 휘장, 편지, 수첩</td></tr>
<tr><td colspan="3">帖紙(첩지) 관청에서 내리는 임명장</td></tr>
<tr><td colspan="3">畵帖(화첩) 그림을 엮어 모은 책</td></tr>
</table>

<table>
<tr><td rowspan="3">竝</td><td>아우를 병</td><td>3급/삥</td></tr>
<tr><td>立</td><td>10획</td></tr>
<tr><td colspan="2">약:並 뜻; 나란하다, 함께하다</td></tr>
<tr><td colspan="3">竝立(병립) 공존하다</td></tr>
<tr><td colspan="3">竝設(병설) 둘 이상을 한곳에 갖추거나 세움</td></tr>
</table>

첫째 方法인, 音으로 찾는 方法은 다음과 같습니다.
18.39   61   18.39

玉篇 뒷부분에 있는 부록을 보면 [자음색인]이라는 條目이 있으며, 찾으려는 漢字의
174.182   32   38.26

모든 音이 한글의 子音, 母音 順序로 整理되어 있습니다.
      61   28.61 15.61 74.91 182.42

다시 말해 가, 각, 간, 갈, 감……, 미, 민, 밀, 바, 박, 반……, 희, 히, 힐로 되어 있습니

다.

같은 音인 글자는 部首 별로, 劃數 順序로 配列되어 있으며, 찾을 漢字 오른편에는 그
      61   44.73   52.19 74.91 125.118   38.26

漢字가 실린 面數가 表示되어 있습니다.
38.26   32.19   64.98

둘째 方法인, 漢字의 總 劃數로 찾는 方法은 다음과 같습니다.
     18.39   38.26   139 52.19   18.39

玉篇 뒷부분에 있는 부록을 보면 [총획색인]이라는 條目이 있고, 찾으려는 漢字가 劃
174.182   234.32   38.26   52

數 順으로 整理되어 있으며, 같은 劃數의 漢字는 部首 順序로 配列되어 있습니다.
19 74   182.42   52.19   38.26 44.73 74.91 125.118

玉篇의 種類에 따라서는 漢字 왼편에 작은 글씨로 部首를 나타내는 玉篇도 있으며,
174.182 90.90   38.26   44.73   174.182

오른편에 漢字가 실린 面數가 나타나 있습니다.
       38.26   32.19

例를 들어, ‘頭’를 찾는다면 劃數는 ‘豆’가 7劃이고 ‘頁’(혈)이 9劃이므로, 總 劃數
39   42   52.19 151   52   52   52   139 52.19

16劃에서 찾으며, ‘頁’ 部首가 모인 곳에서 ‘豆’를 찾을 수 있습니다.
52   44.73   151

셋째 方法인, 部首를 利用하여 찾는 方法은 다음과 같습니다.
     18.39   44.73 41.41   18.39

玉篇의 앞표지와 뒤표지에 [부수색인]이 있습니다.
174.182

部首는 總 214個며, 1劃부터 17劃까지 順序대로 羅列되어 있습니다.
44.73 139 132   52   52   74.91   143.118

例를 들어, ‘頭’를 찾는다면 ‘頁’이 頭의 部首이며, 9劃에서 ‘頁’ 部首를 찾고, 部首의
39   42   42 44.73   52   44.73   44.73

오른편이나 下段에 ‘頁’가 실린 面數가 表示되어 있습니다.
       30.75   32.19 164.98

<table>
<tr><td rowspan="3" style="font-size:2em">條</td><td>가지 조</td><td>4급/티아오</td></tr>
<tr><td>木</td><td>11획</td></tr>
<tr><td colspan="2">약;条</td></tr>
</table>

條例(조례) 조목조목 적어 놓은 규칙·명령
信條(신조) 굳게 믿어 지키고 있는 생각

‘頁’ 部首가 512쪽에 있다고 假定하면 512쪽의 ‘頁’을 먼저 찾고 ‘豆’가 7劃이므로
44.73   33.42   151   52

劃數의 順序대로 나가다 보면 518쪽 7劃에 ‘頭’가 있습니다.
52.19   74.91   52   42

部首는 어렵더라도 214個를 외워야 합니다.
44.73   132

部首는 한글의 子, 母音 24字와 같으며, 英語의 알파벳 26字와 같은 것입니다.
44.73   28 15.61   26   64.41   26

部首는 大部分이 象形文字(物體의 模樣을 文字化 한 것)로 손, 발, 몸, 自然, 植物, 動
44.73   9.44.54   86.41.22.26 22.34 183.185 22.26.88   25.31 20.22 27

物 등을 나타내는 가장 기초가 되는 文字로 이루어져 있습니다.
22   22.26

즉 部首는 가장 基本이 되는 文字이며 部首 모두가 各其 固有한 뜻을 가진 各各의 文
   44.73   86.46   22.26   44.73   37.39 97.25   37   22

字입니다.
26

이런 部首들이 두 개, 세 개 또는 더 많이 合해져서 많은 文字가 만들어집니다.
   44.73   59   22.26

이렇게 만들어진 文字를 表意文字라고 합니다.
          22.26   56.59.22.26

漢字에서 部首를 쉽게 찾는 要領
38.26   44.73   72.93

첫째, 組合된 部首 各各의 音 中에서 音이 漢字의 音과 完全히 다른 部首는 大部分 그
      65.59 44.73 37   61 12   61 38.26 61 84.31   44.73 9.44.54

漢字의 部首가 되는 法이 많습니다.
38.26   44.73   39

頭(두)는 豆(두)와 頁(혈)이 모여서 된 글자입니다. 部首는 두와 혈 中에 當然히 頁입니다.
                                      44.73   12   74.31

理(리)는 王(왕)과 里(리)가 합해져 생긴 글자이며, 部首는 왕과 리 中에 王입니다.
                      59   44.73   12   7

救(구)는 求(구)와 攵(복)이 합해져 생긴 글자이며, 部首는 求와 攵 中에 攵입니다.
                      59   44.73

둘째, 글의 뜻이 部首가 되는 경우가 있습니다.
            44.73

開(열 개), 閉(닫을 폐), 間(사이 간), 問(물을 문), 聞(들을 문), 閑(한가할 한)과

같은 글자에는 모두 門이 있습니다만,
              10

열다, 닫다, 사이를 두다의 뜻은 ‘門’이 글자이 主體이므로 그 글자의 部首가 되고,
                              10   36.34   44.73

입으로 묻다, 귀로 듣다, 나무 아래서 쉬다 등과 같이 門과 關係없는 다른 뜻이 있으

면 그 뜻에 맞는 部首 즉 口, 耳, 木이 部首가 됩니다.”

여기까지 講義한 ‘玉’ 國師가 座中을 둘러보니

天帝를 비롯한 天나라 將軍들이 ‘玉 國師의 玉篇 講義를 熱心히 傾聽하는 것처럼 보

였으나, 平素에 雜誌도 보지 않고 戰鬪만 하던 將軍들이 어려운 玉篇을 앞에 두고 있

으니, 牛耳讀經이라고 소귀에 經을 읽는 듯하였다.

“지금부터 가장 어렵고 重要한 것을 가르쳐 줄 것이오.

玉篇을 펴서 아무 漢字나 보면, 漢字의 訓과 音 뒤에 작은 四角形이 있습니다.

찾았습니까?

四角形의 네 모퉁이 中 한 곳에 작은 둥근 表示가 있습니다. 보입니까?”

“네.” 대답 소리가 점점 작아졌다.

“또 四角形 안에 글씨가 작은 漢字가 있을 것이요.

이것을 聲調라고 하며, 四聲과 106운이 있는데……."

여기까지 說明한 ‘玉’ 國師가 周圍를 살펴보더니 혀를 끌끌 차며

“나는 熱心히 說明하는데 여러 將軍이 졸고 있다니……."

여러 將軍이 合唱으로

“‘玉’ 國師님, 죄송합니다!”라고 合唱하였다.

<table>
<tr><td rowspan="3">座</td><td>자리 좌</td><td>4급/쭈오</td></tr>
<tr><td>广</td><td>10획</td></tr>
<tr><td colspan="2">뜻; 자리, 별자리</td></tr>
<tr><td colspan="3">座席(좌석) 앉는 자리 〈일</td></tr>
<tr><td colspan="3">座談(좌담) 형식에 구애됨이 없이 의견을 나누는</td></tr>
</table>

<table>
<tr><td rowspan="3">誌</td><td>기록할 지</td><td>4급/즈</td></tr>
<tr><td>言</td><td>14획</td></tr>
<tr><td colspan="2">뜻; 기록하다, 기억하다</td></tr>
<tr><td colspan="3">誌面(지면) 잡지의 지면</td></tr>
<tr><td colspan="3">會誌(회지) 회에서 발행하는 기관지</td></tr>
</table>

"밤도 늦었으니 오늘 敎育은 이것으로 끝내겠소.

대신 宿題를 내겠소. 이 宿題를 來日 日出 前에 풀면 聲調에 관한 敎育을 할 것이고,

아무도 풀지 못하면 아직 가르칠 時期가 아닌 것으로 알고 聲調 敎育을 하지 않겠소.

來日 日出 前까지 풀기 바라오."

將軍들이 죄송한 듯

"'玉' 國師의 宿題를 풀겠습니다."라고 合唱하였다.

"宿題는 다음과 같습니다. '부수색인'을 보면 모든 部首를 部首의 劃數 別로 次例로

羅列한 상태에서 面數가 整理되어 있습니다.

그런데 3劃과 4劃 등의 部首 끝 부분을 보면 面數가 次例대로 있지 않고 터무니없이

뒷면의 쪽수가 表示되어 있습니다.

그 理由를 來日 日出 前까지 알아내시오. 이것이 宿題요."

"네."

天帝를 비롯한 모든 將軍이 玉篇을 보니 역시 그렇게 되어 있다.

玉篇을 처음 본 그들이 그 理由를 알 수 없었다.

天帝는 매우 急해져서 全 軍陣에 命令을 내렸다.

"天나라 軍陣의 모든 將卒은 들어라!

'玉' 國師가 낸 宿題를 第一 먼저 풀은 將軍은 現在 空席으로 있는 上將軍 자리에 採

用할 것이고, 만약 軍卒 中에서 이 問題를 푸는 士兵이 나오면 將軍으로 採用하거나

많은 賞金과 함께 除隊를 시켜 故鄕으로 보내줄 것이다."

採	캘 채	4급/차이
	扌(手)	11획
	유;擇(가릴 택)	

採錄(채록) 채집하여 기록하거나 녹음 함　〈씀
採擇(채택) 작품 따위를 골라서 다루거나 뽑아서

軍幕으로 돌아온 ‘玉’ 軍師는 비장에게 秘密스럽게 指示하였다.

“마구간 옆 牛舍 庫房에 가면 코뚜레를 한 검은 소가 있을 것이다.

그 소를 軍陣 밖 隱密한 곳에 묶어 두고 오너라.

오늘 丁夜(4更, 새벽 1時에서 3時 사이)에 이곳을 떠날 것이다. 잘 알아들었느냐?”

“네! 指示대로 하겠습니다.”

天나라 軍營은, 張三李四한 將卒들이 이번 機會를 잡기 爲하여 모두 ‘玉’ 國師가 낸

宿題를 푸느라, 쥐 죽은 듯이 조용하였다.

三 更이 지나자 ‘玉’ 國師가 軍幕을 나서는데 보초를 서는 초병들도 구석구석에 앉아

달빛에 冊을 보며 宿題를 풀고 있었다.

“어이! 보초 뭐하시오?”

초병은 무슨 秘密스러운 것을 감추려는 듯

“뭘 보려고 하오. 아재비 堂叔도 볼 수 없소.” 하며 相對도 하지 않았다.

‘玉’ 國師는 비장과 함께 여유롭게 約束한 場所로 사라졌다.

비장은 ‘玉’ 軍師가 말한 대로 검은색(검을 현, 玄)에, 코뚜레(ㄱ)를 한 소(牛)를 데려

다 놓았다. (牽)

庫	곳집 고	4급/쿠우
	广	10획
	㊀:倉(곳집 창)	

倉庫(창고) 물품이나 자재를 저장, 보관하는 건물
金庫(금고) 도난 등을 방지하고자 보관하는 궤

丁	넷째 천간 정	4급/띵
	一	2획
	뜻; 넷째 천간, 젊은 남자	

丁壯(정장) 혈기 왕성한 남자
丁年(정년) 남자의 20세

張	베풀 장	4급/짱
	弓	11획
	뜻; 베풀다, 뽐내다	

張力(장력) 물체가 수직으로 서로 끌어당기는 힘
主張(주장) 자기 의견을 군이 내세움

叔	아재비 숙	4급/수
	又	8획
	뜻; 아재비, 젊다	

叔父(숙부) 아버지의 동생
外叔(외숙) 어머니의 남자 형제

'玉' 軍師가 소등에 올라타고 비장이 고삐를 잡으니, 검은 소가 비장을 牽引하듯 끌며
　174　6. 81　　　　　　　　　　　　　　　　　　　　　　　　　　　　　142

暗黑 속으로 사라졌다.
147.82

한참을 가던 비장이

"軍師님, 聲調와 四聲이 그렇게 重要한 것입니까?"
　6. 81　　203.83　　11.203　　　　　　28.72

"하하하! 이 미련한 비장아!

工夫에 重要하지 않은 것이 있느냐? 하지만 重要한 것을 敵에게 가르쳐 주겠느냐?
20.25　　28.72　　　　　　　　　　　　　　　　28.72　　　135

아직은 聲調를 알아도 그만, 몰라도 그만이다. 하하하!"
　　　203.83

"네……."

소는 한참 동안 暗黑 속을 걸어 '玉' 軍師와 비장을 '朴' 上將軍과 約束한 石洞 運河
　　　　　　　　147.82　　　　　174　6. 81　　73　18.77. 6　　93.104　　49.25　49.92

北쪽 10里 밖에 있는 삿갓 바위까지 無事히 牽引하였다.
10　　　31　　　　　　　　　　　77.24　239.142

한편, 삿갓 바위에는 어제저녁부터 '朴' 上將軍은 물론이고 地 皇帝까지 나와 '玉' 軍
　　　　　　　　　　　　　　73　18.77. 6　　　　　　36.209.167　　　　174　6

師를 기다리고 있었다.
81

얼마 되지도 않았는데 그사이 '朴' 上將軍은 얼굴이 수척해졌다.
　　　　　　　　　　　73　18.77. 6

玉' 軍師는 急히 소에서 내려 皇帝에게 人事를 올렸고, 모두 함께 石洞橋를 向하여 出
174　6. 81　35　　　　　　209.167　　6. 24　　　　　　　　49.25.94　　50　　30

發하였다.
30

地나라 軍陣은 '玉' 軍師가 無事히 돌아왔다는 消息에 祝祭 분위기였다.
36　　　6.138　174　6. 81　77.24　　　　38.124　74.116

牽	이끌/끌 견	3급/취엔
	牛	11획
	㈜;引(끌 인) 뜻; 끌다, 이끌다	

牽制(견제) 억눌려 자유롭지 못하게 함
牽牛(견우) '견우성(牽牛星)'의 준말

‘玉’軍師가 地 皇帝에게 報告하기를
174   6. 81   36. 209. 167   76. 73

“皇帝님, 제가 天나라 軍陣에 들어가 天軍의 모든 將卒을 흔들어 놓았으니 天나라는
209. 167   34   6. 138   34. 6   77. 72   34

머지않아 철군할 것입니다.

皇帝님께 約束하였듯이 皇帝님의 勇敢한 將卒들은 단 한 명도 損失이 없습니다.
209. 167   93. 104   209. 167   45. 133   77. 72   72. 66

모두가 皇帝님의 恩德입니다.”
209. 167   126. 71

“‘玉’軍師, 苦生했소. 앞으로는 간 떨어지는 行動을 삼가시오. 하하하!”
174   6. 81   36. 8   43. 27

한편, 天나라 軍陣에서는
34   6. 138

모든 將卒이 밤을 새워 ‘玉’國師의 宿題를 푸느라 한잠도 못 자고 새벽을 맞았다.
77. 72   174   7. 81   82. 62

그때 한 초병이 將軍 幕舍로 急히 뛰어들어오며
77. 6   230. 160   35

“天帝님! 간밤에 ‘玉’國師가 行方을 감추었습니다.”
34. 167   174   7. 81   43. 18

그때 또 다른 軍士가 뛰어들어오며
6. 43

“天帝님! 間者의 報告에 의하면, 地나라 軍陣에 ‘玉’軍師의 旗가 높이 올랐으며, 地
34. 167   22. 62   76. 73   36   6. 138   174   6. 81   18   36

나라 軍陣이 祝祭를 하는듯하다 합니다.”
6. 138   74. 116

그때야 天帝는 玉童子에게 속았다는 것을 알게 되었다.
34. 167   174. 39. 28

天나라 軍陣은 찬물을 맞은 듯 조용하였고 모든 將卒의 士氣가 땅에 떨어졌다.
34   6. 138   77. 72   43. 24

심지어 玉童子가 神通力을 부려 天軍을 전멸시킨다는 所聞도 나돌았고,
174. 39. 28   38. 43. 24   34. 6   24. 43

밤마다 脫營兵이 續出하였다.
169. 170. 52   138. 30

天帝은 ‘玉’ 소리만 들어도 등에서 식은땀이 다 났다.
34. 167   174

더구나 聲調며 四聲이며 106운이라는 것은 아무리 보아도 모르겠고,
203. 83   11. 203

또 매우 重要하게 보이는데 天나라에는 아무도 아는 사람이 없으니
28. 72   34

‘玉’軍師의 兵法을 이길 自信이 생기지 않았다.
174   6. 81   52. 39   25. 25

"모든 將卒에게 傳하라!
　　　77.72　　　73

지금부터 우리가 철군할 것이니 速히 철군 準備를 하여라."
　　　　　　　　　　　　　　35　　　　115.97

"네."

"아! 내가 어리석었다.

玉皇上帝님의 命을 저버리고 큰 욕심을 내어 罰을 받았구나.
174.209.18.167　　29　　　　　　　　　　　　　　76

孔明 先生과 같은 玉童子의 人品을 진작 몰라본 것이 恨이 되는구나."
　48　 8. 8　　　　174.39.28　 6. 37　　　　　　　216

歲月이 흘러 다시 봄이 돌아왔다.
70.6

天, 地, 人 三國에는 봄과 함께 平和가 始作되었다.
34　 36　 6　 9. 7　　　　　　　27.60　　 61.61

孔	구멍 공 子 뜻; 구멍, 크다, 깊다	4급/콩 4획
孔敎(공교) 공자의 가르침		
孔孟(공맹) 공자와 맹자		

지금까지 8급에서 4급까지의 상용한자 1,000자를 공부하였습니다.

7장은 지금까지 배운 옥편 보는 법을 활용하는 장입니다.

한자 아랫줄에 부수가 쓰여 있습니다.

백지로 하단을 가리고 부수 공부와 한자를 복습하는 마음으로 보십시오.

　　　　　イ 方

玉皇上帝가 다스리는 天上에도 變化가 일어났다.
王白一巾　　　　　　　大一　　言匕

그동안 조용했던 西域의 마귀가 '大' 上將軍과 '土' 大將軍이 地上으로 귀양을 가서
　　　　　　　西土　　　　　　大 一寸車　　土 大寸車　　土一

國防力이 弱해진 것을 눈치채고 天上國 西쪽 땅을 조금씩 侵犯하였다.
口阝力　弓　　　　　　　　　大一口西　　　　　　　イ犭

玉皇上帝는 '大' 上將軍과 '土' 大將軍이 귀양살이도 할 만큼 하였고, '人' 先生이 없
王白一巾　　　大 一寸車　　土 大寸車　　　　　　　　　　　　　人 儿生

는 學校에서도 禮義 規範이 예전 같이 않고 '人' 先生도 보고 싶던 次에, 마귀의 출몰
　子木　　　示羊 見竹　　　　　　　　　人 儿生　　　　　　次

을 理由로 귀양에 처했던 罪를 용서하고 모두를 다시 天上으로 불러들였다.
　王田　　　　　　　　罒　　　　　　　　　　大一

'大' 上將軍과 '土' 大將軍, '人' 先生은 上帝님의 부름을 받고 天上으로 復歸하였다.
大 一寸車　　土 大寸車　人 儿生　一巾　　　　　　　　大一　　イ止

地上에 남은 天, 地 人 나라의 많은 百姓은 各其 살기 爲하여 家門은 家門끼리 뭉치
土一　　　大 土人　　　　　白女　口八　　爪　　宀門　　宀門

고, 技術이 같은 사람은 같은 技術人끼리 뭉치고, 商業을 하는 사람은 商業을 하는 사
　扌行　　　　　　　扌行人　　　　　口木　　　　　　口木

람들끼리 모여 하나의 集團을 形成하여 살게 되었다.
　　　　　　　隹口　彡戈

이렇게 어느 特定 部分이 一致가 되어 모여 사는 것으로,
　　　　牛宀 阝刀　一至

같은 偏끼리 모이는 것을 '偏' 이라 하고
　　イ　　　　　イ

같은 能力을 가진 사람이 모여 工房을 이루는 것을 '旁' 이라고 한다.
　　肉力　　　　　　工戶　　　　　方

漢字에서도 偏旁이 있다.
氵子　　イ方

가장 理解하기 쉬운 것으로 214個의 部首가 代表的인 偏旁이다.
　王角　　　　　　　イ 阝首　イ衣　イ方

214個의 部首는 모두 各各 뜻과 音이 있는 獨立된 글자다.
　　イ 阝首　　　口　　音　　犭立

丨, 丶, 丿, 亅, 冖, 彳 등과 같은 現代에는 글자로 쓰지 않고 部首로만 남은 글자들도
　　　　　　　　王イ　　　　　　　阝首

獨立된 글자였다.
犭立

丨은 뚫을 곤, 丶은 점 주, 丿은 삐침 별, 亅은 갈고리 궐, 冖은 덜어서 가릴 멱, 冫은

열 빙으로 使用되었다가, 歲月이 지나고 많은 漢字가 생겨나면서 다른 글자들과 形成
　　　　　亻用　　　　　止月　　　　　　　　氵子　　　　　　　　　　　彡戈
하여 많은 글자를 만들고, 지금은 部首로나 存在하게 되었을 것이다.
　　　　　　　　　　　　　阝首　　子土

部首를 부를 때 部首가 配置되어 있는 場所에 따라 部首의 名稱이 달라진다.
阝首　　　　　　阝首　酉罒　　　　　　土戶　　　　　阝首　口禾

지금까지는 漢字를 몰랐지만, 이 책을 읽으며 많은 漢字를 배웠다.
　　　　　氵子　　　　　　　　　　　　　　氵子

따라서 部首 자리의 名稱도 알아야 한다. 아래 漢字를 最終的으로 復習하는 마음으로
　　　阝首　　　　口禾　　　　　　　　　氵子　日糸白　　亻羽

읽고, 모르는 글자는 表示를 하였다가 다시 읽기를 바란다.
　　　　　　衣示

변; 部首가 글자의 왼쪽에 있는 것을 말한다.

亻/人 사람 인 변	仁, 代, 仕, 仙, 他, 伐, 件, 伏, 任, 休, 佛, 位, 作, 低,
	178　37　105　38　91　129　83　193　72　20　117　82　61　163
	住, 例, 使, 係, 保, 俗, 信, 侵, 便, 個, 倍, 修, 假, 健,
	22　39　50　122　120　121　25　138　27　132　89　159　133　93
	偉, 備, 傾, 傷, 傳, 價, 儉, 億, 儀, 儒, 優
	105　97　190　178　73　89　151　85　150　115　179
彳　두 인변	往, 待, 律, 後, 徒, 得, 從, 德, 徹
	153　95　96　26　161　130　183　71　205
冫/氷 이 수변	冬, 冷
	17　108
氵/水 삼 수변	江, 決, 法, 油, 注, 治, 波, 河, 況, 洞, 洗, 洋, 派, 活,
	17　71　39　50　46　149　137　92　142　25　106　52　125　30
	流, 消, 浴, 海, 深, 淸, 混, 減, 測, 港, 湖, 溫, 源, 漁,
	69　38　104　18　120　52　197　149　153　157　103　66　211　103
	演, 漢, 潔, 潮, 激
	138　38　127　103　127
忄/心 심 방변	快, 性, 恨, 悔, 情, 憤
	158　70　216　216　66　201
扌/手 재 방변	打, 技, 批, 折, 投, 拒, 抗, 拍, 招, 拾, 持, 指, 掠, 掃,
	81　41　188　191　170　226　167　208　139　176　190　141　153　154
	授, 採, 推, 探, 揮, 提, 損, 擇, 據
	172　237　180　216　214　144　172　180　144
木　나무 목변	朴, 材, 村, 林, 板, 柳, 格, 校, 根, 核, 植, 極, 構, 模,
	73　102　25　27　104　220　77　12　58　193　20　162　209　183

		樣, 標, 橋, 機, 樹, 檢, 檀, 權
		185 186 94 129 61 152 215 136
禾	벼 화변	私, 科, 秋, 移, 稅, 程, 種, 稱, 積
		139 37 17 138 161 121 90 209 161
米	쌀 미변	粉, 精, 糧
		222 123 198
阝/阜	좌 부변	防, 限, 陣, 陸, 陰, 階, 隊, 陽, 障, 險, 際, 隱
		114 161 138 98 148 175 132 56 119 166 155 159
礻/示	보일 시변	社, 秘, 神, 祖, 祝, 福, 禮
		48 190 38 32 74 74 41
衤/衣	옷 의변	複
		205
犭/犬	개 견변	犯, 獨
		187 112
言	말씀 언변	計, 記, 討, 訓, 訪, 許, 評, 詩, 設, 說, 試, 話, 語, 誘,
		53 31 129 40 142 105 230 172 92 71 144 23 41 229
		認, 誌, 課, 談, 論, 調, 請, 講, 謝, 識, 證, 議, 護, 讀,
		110 236 92 91 124 83 139 150 172 72 184 130 120 60
		讚
		205
糸	실 사변	紀, 約, 紅, 納, 級, 給, 純, 紙, 細, 組, 終, 結, 絶, 統
		192 93 125 230 51 103 161 20 137 65 65 48 139 123
		經, 綠, 練, 線 績, 總, 縮, 織, 繼, 續
		117 42 87 34 232 139 202 201 138 138

방; 部首가 글자의 오른쪽에 있는 것을 말한다.

刂/刀	선칼도방	切, 列, 刑, 利, 別, 初, 判, 刻, 到, 制, 前, 則, 副, 創,
		109 118 149 41 37 103 181 120 73 115 18 99 147 134
		劃, 劇
		52 225
阝/邑	우부방	郡, 部, 郵, 都, 鄕
		36 44 225 85 136

머리; 部首가 글자의 머리에 있는 것을 말한다.

亠	돼지머리 해	亡, 交, 京
		67 58 40
冖	민갓머리	冠
宀	갓머리	守, 安, 宅, 完, 官, 定, 宗, 客, 宣, 室, 家, 宮, 容, 害,
		148 27 86 94 109 42 116 94 198 7 15 150 105 78

		寄, 密, 宿, 富, 寒, 實, 察, 寢, 寫, 寶
		176 159 82 86 85 74 116 170 205 151
罒	그물망 부	罪, 置, 罰, 羅
		76 82 162 143
艹	초두머리	花, 苦, 英, 草, 落, 萬, 葉, 蓄, 藥, 藝
		17 36 64 27 80 9 108 151 50 133
癶	필발머리	登, 發
		26 30
爫/爪	손톱머리	爭, 爲
		97 116
竹	죽머리	笑, 第, 答, 等, 策 筆, 管, 算, 範, 節, 篇, 築, 籍
		79 44 20 66 220 99 155 23 187 75 182 164 156
雨	비 우	雪, 雲, 電
		56 104 28

발; 部首가 글자 아랫부분에 있는 것을 말한다.

		皿, 盜, 盛, 監, 盡
皿	그릇명밑	益, 盜, 盛, 監, 盡
		146 192 163 135 167
儿	어진사람인발	元, 充, 兄, 光, 先, 兎, 兒
		105 93 11 52 8 225 39
灬/火	연화발	烈, 無, 然, 熱, 燃
		124 77 31 87 196

엄; 部首가 글자의 위와 왼쪽을 덮고 있는 것을 말한다.

		厚, 原
厂	민엄호	厚, 原
		208 104
尸	주검시엄	局, 尾, 居, 屋, 展, 層, 屬
		109 205 154 95 78 183 166
广	엄호	床, 序, 府, 底, 店, 度, 庫, 庭, 座, 廳
		122 91 160 213 81 35 238 61 236 164

몸; 部首가 글자를 에워싸고 있는 것을 말한다.

		四, 因, 回, 困, 固, 國, 圍, 圓, 團, 圖
囗	큰입구몸,에울 위	四, 因, 回, 困, 固, 國, 圍, 圓, 團, 圖
		11 93 131 163 97 7 184 122 75 38
門	문 문	閉, 間, 開, 閑, 關
		202 22 40 180 69

■ 받침; 部首가 글자의 아랫 부분과 왼쪽과 싸고 있는 것을 말한다.

辶/辵 책받침   近, 迎, 逃, 送, 逆, 退, 連, 速, 造, 通, 進, 透,
               40 187 167 148 146 179 81 35 103 43 118 229

               過, 道, 遇, 運, 遊, 適, 選, 遺, 避, 遠, 邊
               87 19 212 49 157 136 80 220 137 40 135

廴   민책받침   延, 建
               195 73

■ 제부수; 한 글자가 그대로 부수인 것을 말한다.

一, 木, 金, 風, 馬, 羊, 龍, 黃 臣 등
14 10 10 35 36 148 174 34 66

214個 部首의 大部分 또는 全部를 제부수라고 할 수
    亻 阝首   大阝刀   八阝
있다.

部首가 위치한 자리에 따라 자리의 이름이 偏, 旁, 머리, 발, 엄, 몸, 받침, 제부수라는
阝首   人, 方

것을 배웠고, 大略 어떤 글자가 해당하는지도 보았다.
    大田

偏, 旁이 아니고 머리와 몸이 部首라고 해도 편의상 偏旁으로 부르기도 한다.
亻 方   阝首   亻方

이제부터는 部首를 말할 때 자리 이름도 함께 表現해야 한다.
    阝首   衣王

偏旁이 學術的으로는 整理되어 있지는 않지만, 漢文을 工夫할 때 쉽게 工夫할 수 있
亻方 子行白   夊王   氵文 工大   工大

도록 '意味的 偏旁'과 '形成的 偏旁'이라는 表現을 使用하겠다.
    心口白 亻方   彡戈白 亻方   衣王   亻用

'意味的 偏旁'이란, 本文에서 天나라가 地나라를 總攻擊을 할 때 天나라 陣營이 배치
心口白 亻方   木文   大   土   糸夊手   大   阝火

한 칼 部隊, 활 部隊, 창 部隊와 같이 部首의 자리가 달라도 같은 部首로 意味가 같으
    阝阝   阝阝   阝阝   阝首   阝首 心口

면 '意味的 偏旁'이다.
  心口白 亻方

예를 들면,

246

刀部隊로 (칼은 자르다, 나누다, 긋다 라는 의미가 있음)
刀 阝 阝

分, 切, 列, 刑, 利, 別, 判, 刻, 券, 前, 則, 副, 創, 劃 등을 말하고,
54 109 118 149 41 37 181 120 233 18 99 147 134 52

肉部隊로 (육은 고기, 근육, 기르다 라는 의미가 있음)
刀 阝 阝

肉, 育, 背, 胃, 脫, 腸, 등을 말한다.
123 8 162 위 169 224

'形成的 偏旁' 이란, 秀 三兄弟와 같이 部首는 다르지만, 漢字의 一部分의 偏이나 旁이
 彡戈白 亻方   禾 一儿弓   阝首   氵子 一阝刀 亻   方

같으면 '形成的 偏旁' 이다.
     彡戈白 亻方

예를 들면,

秀(빼어남)가 말로 빼어나면 誘(말로 꾈 유)가 되고,
禾   言

걷는 것이 빼어나면 透(어디든 通過할 수 있는 투)가 된다.
          辶   辶辶

亶(믿을 단)에 흙으로 쌓아 先生님이나 믿음직한 上級者가 말하는 곳은 壇이 되고,
亠   儿生   一糸老   土

믿을 수 있을 만큼 단단한 나무는 박달나무(檀)가 된다.
                              木

心이 없어지면(亡) 잊을 망(忘)이 되고,
心   心

心이 인할 인(因)과 뜻을 같이하면 은혜 은(恩)이 되고,
       口   心

心이 선비(士)의 마음과 같이 곧은 마음을 뜻 지(志)라고 한다.
                              心

사람(人)에게서 눈(目)이 하는 것은 볼 견(見)이고,
                           見

눈(目)이 없으면(없을 망 亡) 장님 맹(盲)이 되고,
                      目

눈(目)을 가늘게 뜨고(少) 보면 살필 성(省)이 되고,
            小   目

눈(目) 위에 손(手)으로 햇빛을 가리고 보면 볼 간(看)이 된다.
                              目

이렇게 글자 속에 같은 글자가 一部分을 形成하는 것을 '形成的 偏旁' 이라고 한다.
                 一阝刀 彡戈   彡戈白 亻方

지금까지 漢字 工夫를 하느라 수고했습니다. 앞으로 常用漢字 1,800字뿐만 아니라 더

많은 漢字를 재미있게 工夫하기를 기원합니다.

찾·아·보·기

	가	각	간	감	갑	강	개	객	갱	거	건	걸	검	격	견	결	경	계	고	곡	곤	골	공	과	관	광	교	구	국	군	굴	궁	권	귀	규	균
8																											教 8	九 14	國 7	軍 6						
7	歌 27 家 15		間 22			江 17				車 19									高 57				工 20 空 31				校 12	口 20								
6		各 37 角 37		感 67		强 35	開 40										京 40 競 97	界 37 計 53	苦 36 古 39				公 47 功 66	科 37 過 87		光 52	交 58	球 65 區 40		郡 36						
5	價 89 可 95 加 88						改 90	客 94		擧 75 去 87	建 73 件 83 健 93			格 77	見 71	結 48 決 71	敬 95 景 94 輕 96		告 73 考 69 固 97	曲 94			共 48		關 69 觀 80	廣 73	橋 94	舊 99 具 102 救 108	局 109					貴 57	規 96	
4.2	假 133 街 140			監 135 減 149		康 157 講 150	個 132						檢 152			潔 127 缺 162	經 117 境 85 慶 149 警 135	係 122 繼 138 鷄 199	故 119				攻 132		官 109			求 126 句 95 究 145				宮 150	權 136			
4	暇 122	刻 120 覺 189	干 204 看 188 簡 121	敢 133 甘 145	甲 223	降 168			更 199	巨 119 拒 226 據 144 居 154		傑 177	儉 151	擊 195 激 201	堅 195 犬 44 牽 239		傾 190 更 199 鏡 206 驚 185	系 228 戒 135 階 175 季 184	孤 112 庫 238	穀 194	困 163	骨 181	孔 241		管 155	鑛 218		構 209 龜 223		君 178 群 228	屈 193	窮	券 233 卷 182 勸 203	歸 165		均 187

읽기	8	7	6	5	4.2	4
랑				朗 112		
람						覽 178
란						亂 163 卵 199
락			樂 61	落 80		
라					羅 143	
등		登 26	等 66		燈 143	
득					得 130	
두			頭 42		豆 151 斗 206	
동	東 7	冬 17 同 28 動 27 洞 25	童 39		銅 212	
독			讀 60	獨 112	督 143 毒 143	
도		道 19	圖 38 度 35	到 73 島 103 都 85	導 142	徒 161 盜 192 逃 167 刀 221
덕				德 71		
대	大 9			代 37 對 60 待 95	帶 140 隊 132	
당			堂 40	當 74	黨 125	
답		答 20				
담				談 91	擔 152	
달					達 136	
단			短 41	團 75 壇 215	斷 131 單 142 端 150 檀 215	段 175
다			多 64			
능				能 69		
농		農 24				
노					怒 131 努 152	
념				念 97		
년	年 15					
녀	女 15					
내		內 17				
납						納 230
남	南 10	男 24				
난					難 114 暖 140	
길				吉 58		
기			旗 18 氣 24 記 31	己 92 基 86 技 41 汽 89 期 42	起 154 器 119	機 129 紀 192 寄 176 奇 175
급			急 35 級 51	給 103		
금	金 10		今 58		禁 121	
근			根 58 近 40			
극					極 162	劇 225 筋 216 勤 141
	8	7	6	5	4.2	4

음	8	7	6	5	4.2	4
문	門10	文22 問29	聞43			
무				無77	武133 務115	舞225 貿194
묘						妙182 墓223
목	木10		目32		牧154	沐104
모	母15				毛171	模183
명		名18 命29	明48			鳴201
면		面32				勉203
맥					脈124	
매		每29		賣83 買94		妹217
망				望71 亡67		忘162
말				末79		
만	萬9				滿118	
막						幕230
마				馬36		
립		立29				
림		林27				
리		里31	理42 利41 李53			離176
률					律96	
륜						輪226
륙				陸		
류				流69 類90	留172	柳220
룡						龍174
료				料81		
론					論124	
록			綠42		錄155	
로		老21	路49	勞75		
례			例39 禮41			
령				領93 令84		
렬				列118		烈124
련				練87	連81	
력		力24		歷109		
려				旅82	麗114	慮177
량				良90 量89	兩123	糧198 梁192
략						略133
랭				冷108		
래		來32				

음	8	7	6	5	4.2	4	
색		色7					
상		上18		相79, 商66, 상96	常102, 床122, 狀134, 想131	象186, 傷178	
삼	三			參75			
살					殺158		
산	山9	算23		産88		散189	
사	四11	事24	社48, 使50, 死67	仕105, 士43, 史109, 思69, 寫205, 査83	寺208, 師81, 舍160, 謝172	射204, 私139, 絲226, 辭229	司191
빙				氷111			
빈					貧86		
비				比96, 費103, 鼻79	備97, 悲149, 非102, 飛159	批188, 秘190, 碑120	
불		不21			佛117		
분			分54			粉222, 憤201	
북	北10						
부	父15	夫25	部44		府160, 婦161, 副147, 復155, 富86	否165, 負196	
봉				奉105			
본			本46				
복			服34	福74		伏193, 複205	
보					保120, 寶151, 步156, 報76	普191	
병			病54	兵52			竝233
별			別37				
변		便30		變88	邊135	辯190	
벽					壁169		
법				法39			
범						範187	犯187
벌					罰162, 伐129		
번			番45				
백	白8	百19					
배	北10			倍89	拜127, 背162, 配125		
방		方18	放38		房159, 防114, 訪142	妨195	
발			發30			髮177	
반			反63, 半61, 班61				
박			朴73		博158	拍208	
밀					密159		
민	民7						
미			美53, 米66		味127, 未140		尾205
물		物22					

	8	7	6	5	4.2	4
엽			業 43			
연			言 52			
역				億 85		
양			洋 52 陽 56	養 98	羊 148	樣 185
약			弱 65 藥 50	約 93		
야			野 34 夜 35			也 36
액					液 224	額 208
애			愛 64			哀 139
압					壓 144	
암					暗 147	
안		安 27		案 99	眼 140	
악				惡 91		
아				兒 39		兒 39
십	十 15					拾 176
심		心 18			深 120	甚 39
식		食 28 植 20	式 36	識 74		
씨						氏 174
시		市 25 時 22	始 61	示 98	視 77 詩 172 試 144 是 152 施 126	
승			勝 41		承 192	
습			習 41			拾 176
숭						崇 124
술			術 41			
순				順 74	純 161	
숙				宿 82		肅 198 叔 238
수	水 10	手 19 數 19	樹 61	首 73	修 159 受 145 守 148 收 148 授 172	秀 175
송					送 148	松 183 頌 117
손			孫 48			損 172
속			速 35	束 104	俗 121 續 138	屬 166
소	小 13	少 25 所 24	消 38		掃 154 笑 79 素 121	
세		世 27		歲 70 洗 106	勢 132 稅 161 細 137	
성		姓 23	成 40 省 51	性 70	城 40 盛 163 聲 203 星 206 聖 119	誠 123
설			雪 56	說 71	設 92	舌 185
선	先 8		線 34	仙 38 船 89 善 90 選 80 鮮 91		宣 198
석		夕 23	石 49 席 47			
서	西 10		書 38	序 91		恕 199
생	生 8					
	8	7	6	5	4.2	4

	엄	여	역	연	열	엽	영	예	오	옥	온	완
8									五 9			
7				然 31					午 26			
6							英 64 永 64				溫 66	
5					熱 87	葉 108			惡 91	屋 95		完 94
4.2		餘 122 如 166	逆 143	煙 107 演 138 研 145			榮 135	藝 133	誤 142	玉 174		
4	嚴 168	與 169	易 194 域 160	延 195 緣 181 鉛 224 燃 196			營 170 迎 189 映 197	豫 128				

	왕	외	요	욕	용	우	운	웅	원	월	위	유
8	王 7	外 15								月 6		
7						右 26						有 25
6					用 41 勇 45		運 49		園 61 遠 40			由 42 油 50
5			要 72 曜 106	浴 104		友 78 牛 44 雨 110	雲 104	雄 71	原 104 院 67 願 84 元 105		位 82 偉 105	
4.2	往 153		謠 172		容 105				員 81 圓 122		爲 116 衛 160	
4						優 179 遇 212 郵 225			怨 198 援 170 源 211		危 166 圍 184 委 180 威 168 慰 194	乳 217 遊 157 遺 220 儒 115 誘 229

	육	은	음	읍	응	의	이	익	인	일	임	입
8	六 15						二 15		人 6	一 14		
7	育 8			邑 31						日 9		入
6		銀 50	音 59 飲 49			意 59 醫 67						
5						衣 34	以 70 耳 112		因 93		任 72	
4.2	肉 123	恩 126	陰 148		應 136	義 154 議 130	移 138	益 146	印 166 引 142 認 110			
4		隱 159				依 188 儀 150 疑 186	易 194 異 128		仁 178			

음	8	7	6	5	4.2	4
찬						讚 117
착				着		
차		車 19		次 105		差 158
집			集 40			
질				質 107		
진					進 118, 眞 118	盡 167, 珍 172, 陣 138
직		直 29			職 129	織 201
지		地 36, 紙 20		止 76, 知 86	至 168, 志 114, 支 119, 指 141	智 133, 持 190, 誌 236
증					增 164	證 184
중	中 12	重 28			衆 114	
준					準 115	
죽					竹 130	
주		主 36, 住 22	注 46, 晝 35	州 85, 週 91	走 165	周 184, 朱 231, 酒 186
죄				罪 76		
좌		左 26				座 236
종				種 90, 終 65	宗 116	從 183, 鐘 189
졸				卒 72		
존					尊 124	存 120
족		足 19	族 43			
조		祖 32	朝 53	調 83, 操 76	助 130, 早 153, 造 103, 鳥 147	條 234, 組 65, 潮 213
제	弟 11		第 44, 題 62	制 115, 提 144, 祭 116, 製 202, 濟 157	際 155, 除 114	帝 167
정		正 29	定 42, 庭 61	停 111, 情 66	政 92, 程 121, 精 123	丁 238, 整 182, 靜 168
접					接 141	
점				店 81		點 141, 占 221
절				節 75, 切 109	絕 139	折 191
전		全 31, 電 28	前 18, 戰 35	典 83, 傳 73, 展 78	田 154	專 191, 轉 146, 錢 212
적				的 74, 赤 69	敵 135, 適 136	積 161, 籍 156, 續 232, 賊 98
저				貯 85	低 163	底 213
쟁				爭 97		
재			才 62, 在 55	再 110, 材 102, 災 108, 財 92		
장	長 11	場 24	章 95		狀 134, 將 77, 障 119	壯 145, 帳 230, 張 238, 獎 231, 裝 134, 牆 87, 腸 224
잡						雜 224, 128
잔						殘 224
작			作 61, 昨 62			
자		自 25, 子 28	字 26, 著 62			姉 217, 姿 179, 資 188

	찰	참	창	채	책	처	천	철	청	체	초	촌	총	최	추	축	춘	출	충	취	측	층	치	칙	친	칠	침	칭	쾌	타	탁	탄	탈	탐	태	택
8									青 7			寸 11														七 15										
7							川 17 千 19				草 27	村 25			秋 17		春 17	出 30																		
6			窓 61				天 34		淸 52	體 34																親 59											太 39	
5		參 75	唱 111		責 75			鐵 87			初 103			最 82		祝 74			充 93				致 91	則 99						他 91 打 81	卓 89	炭 88				
4.2	察 80		創 134			處 132			請 139				總 139 銃 204			築 164 蓄 151			忠 129 蟲 164	取 130	測 153		置 82 齒 153 治 149				侵 138		快 158						態 134	
4			採 237		冊 182 策 220		泉 211	徹 205	聽 190 廳 164		招 139				推 180	縮 202				就 176 趣 144		層 183						寢 170 針 213	稱 209				彈 187 歎 185	脫 169	探 216		擇 180

음	8	7	6	5	4.2	4	
형	兄 11		形 41			刑 149	
협					協 144		
혈					血 123		
현			現 55		賢 137	顯 177	
혁						革 196	
험					驗 137	險 166	
헌						憲 212	
허				許 105	虛 129		
향			向 50		香 116 鄕 136		
행			行 43 幸 47				
핵						核 193	
해		海 18		害 78	解 127		
항					港 157 航 147	抗 167	
합			合 59				
한	韓 9	漢 38		寒 85	限 161	恨 216 閑 180	
학	學 12						
하		下 30 夏 17		河 92			
필				筆 99 必 72			
피						疲 181 避 137	皮 171
풍			風 35		豊 137		
품				品 37			
표			表 56		票 164	標 186	豹 222
폭					暴 141	爆 226	
포					包 196 布 151 砲 204 暴 141	胞 214 爆 226	
폐						閉 202	
평		平 27				評 230	
편		便 27				篇 182	
패				敗 106			
팔	八 14						
판				板 104		判 181	
파					波 137 破 136	派 125	
특			特 37				
투						投 170 鬪 171	
퇴					退 179		
통			通 43		統 123	痛 146	
토	土 10					討 129	兔 225

	혜	호	혹	혼	홍	화	확	환	활	황	회	획	효	후	훈	휘	휴	흉	흑	흡	흥	희
8						火 10																
7						花 17 話 23			活 30				孝 31	後 26			休 20					
6		號 63				和 60 畫 52				黃 34	會 59				訓 40							
5		湖 103				化 88		患 97					效 93					凶 82	黑 82			
4.2	惠 126	護 120 戶 149 呼 130				貨 151	確 140				回 131									吸 148	興 128	希 169
4		好 145 虎 227	或 126	混 197 婚 174	紅 125	華 208		環 193 歡 179 還 165		況 142 皇 209	灰 悔 216	劃 52		候 197 厚 208		揮 214						喜 171